FISCHER

AMY MORIN

13

Dinge, die mental starke Menschen NICHT tun

AN ALLE, DIE SICH HEUTE BESSER FÜHLEN MÖCHTEN ALS GESTERN

Aus dem Amerikanischen von
Dr. Isabel Gräfin Bülow

FISCHER

FSC
www.fsc.org
MIX
Papier | Fördert gute Waldnutzung
FSC® C083411

5. Auflage: Februar 2023

Erschienen bei FISCHER Taschenbuch
Frankfurt am Main, Juni 2016

Die Originalausgabe erschien 2014 unter dem Titel
›13 Things Mentally Strong People Don't Do‹
bei HarperCollins Publishers, New York

Satz: Pinkuin Satz und Datentechnik, Berlin
Druck und Bindung: CPI books GmbH, Leck
Printed in Germany
ISBN 978-3-596-03214-3

An alle,
die sich heute
besser fühlen möchten
als gestern.

Inhalt

Vorwort

Als ich dreiundzwanzig Jahre alt war, verstarb meine Mutter ganz plötzlich an einem Gehirnaneurysma. Sie war bis zu jenem Tag eine gesunde, engagierte und lebenslustige Frau gewesen, die das Leben in vollen Zügen genoss. Noch am Abend vor ihrem Tod hatten wir uns in einer Sporthalle verabredet, um uns ein Basketballturnier einer lokalen Highschool anzusehen. Sie hatte gelacht und war wie immer gesprächig und lebensfroh gewesen. Aber keine vierundzwanzig Stunden später war sie tot. Der Verlust meiner Mutter erschütterte mich zutiefst. Ich wusste nicht, wie ich ohne ihren Rat, ihr Lachen und ihre Zuneigung zurechtkommen sollte.

Damals arbeitete ich als Therapeutin in einer Nervenheilanstalt und musste mir einige Wochen freinehmen, um meinen Verlust zu verarbeiten. Es war unmöglich, anderen Menschen zu helfen, wenn ich selbst nicht produktiv mit meinen Gefühlen umgehen konnte. Ohne meine Mutter klarzukommen war ein Prozess. Es war nicht einfach für mich, aber ich habe mich sehr bemüht, mein Leben wieder in den Griff zu bekommen. Als Therapeutin wusste ich, dass Zeit eben nicht alle Wunden heilt. Es kommt darauf an, wie wir mit dem Leid umgehen. Nur davon hängt es ab, wie schnell oder wie langsam wir ein schlimmes Ereignis verarbeiten. Ich wusste, dass Trauerarbeit meinen Schmerz lindern würde. Daher gab ich mir die Zeit, traurig zu sein, wütend zu werden und mich dem Verlust meiner Mutter hinzugeben. Aber ich vermisste sie nicht nur, ich war auch traurig darüber, dass sie bei wichtigen zukünftigen Ereignissen nicht dabei sein konnte und dass sie ihren Ruhestand als Großmutter nicht genießen konnte. Meine Familie, meine Freunde und mein Gottvertrauen halfen mir, wieder ruhiger zu werden. Das Leben ging weiter, und irgendwann habe ich es geschafft, an meine Mutter zu denken und dabei zu lächeln.

Einige Jahre später, kurz vor dem dritten Todestag meiner Mutter, überlegten mein Mann Lincoln und ich, wie wir diesen Tag ihr zu Ehren am besten feiern sollten. Freunde hatten uns an jenem Samstag zu einem Basketballspiel eingeladen. Per Zufall fand das Spiel in derselben Sporthalle statt wie damals. Lincoln und ich sprachen darüber, wie es wohl sein würde, diese Halle wieder zu betreten.

Wir beschlossen, dass dieser Tag doch ein wunderbarer Anlass sei, uns an sie zu erinnern. Immerhin hatten wir damals einen schönen Abend miteinander verbracht, gelacht und uns über vieles ausgetauscht. Alles in allem war es ein gelungener Abend gewesen. Meine Mutter hatte die Vermutung geäußert, dass meine Schwester ihren damaligen Freund später heiraten würde, und damit lag sie genau richtig.

Und so trafen Lincoln und ich uns mit unseren Freunden in der Sporthalle. Wir wussten, dass meine Mutter dies gutgeheißen hätte. Es war schön, wieder dort zu sein, und ich fühlte mich gut. Aber gerade als ich tief durchatmen wollte und Erleichterung darüber verspürte, wie ich mit dem Tod meiner Mutter zu leben gelernt hatte, brach alles wieder in sich zusammen.

Als wir nach dem Spiel wieder zu Hause waren, klagte Lincoln über Rückenschmerzen. Er hatte sich bei einem Autounfall ein paar Jahre zuvor einige Rippen gebrochen, so dass ihm diese Schmerzen nicht fremd waren. Aber nach einigen Minuten brach er zusammen. Ich rief einen Krankenwagen, der kurz darauf eintraf und ihn ins Krankenhaus brachte.

Am gleichen Wochenende, an dem wir den dritten Todestag meiner Mutter begingen, wurde ich Witwe. Alles erschien sinnlos. Lincoln war erst sechsundzwanzig Jahre alt und hatte nie Herzprobleme gehabt. Wie konnte er gerade noch lebendig sein und kurz danach tot? Den Tod meiner Mutter hatte ich noch nicht richtig verarbeitet und musste mir darüber hinaus nun mein Leben ohne Lincoln einrichten. Ich war am Ende und wusste nicht mehr weiter.

Den Tod des eigenen Ehepartners zu erleben ist eine surreale Erfahrung. In einer Zeit, in der ich psychisch nicht in der Lage war, Entscheidungen zu fällen, mussten dennoch viele getroffen werden. In nur wenigen Stunden musste ich mich um die Beerdigung kümmern und den Nachruf verfassen. Ich hatte gar keine Zeit, das Ausmaß der Tragödie wirklich zu begreifen. Es war alles viel zu überwältigend.

Ich hatte das Glück, viele Menschen an meiner Seite zu wissen, die mich trösteten. Trauerarbeit ist zwar ein individueller Prozess, aber Freunde und Familie halfen mir sehr dabei. Es gab Zeiten, in denen es leichter war, und andere, in denen es wieder schlimmer wurde. Immer wenn ich dachte, es ginge mir besser, warf mich meine Trauer wieder emotional zurück. Trauern ist körperlich und emotional sehr anstrengend.

Es gab so vieles, was mich traurig stimmte. Ich trauerte mit der Familie meines Mannes, weil ich wusste, wie sehr sie ihn geliebt hatte. Ich war niedergeschlagen, weil Lincoln so vieles nicht mehr erleben durfte. Und ich war betrübt darüber, dass wir nichts mehr gemeinsam unternehmen konnten, ganz zu schweigen davon, wie sehr ich ihn vermisste.

Ich blieb der Arbeit so lange fern, wie ich nur konnte. Im Nachhinein vergingen die nun folgenden Monate wie in einem einzigen Nebel, in dem ich vorsichtig versuchte, einen Fuß vor den anderen zu setzen. Aber ich konnte ja nicht immer zu Hause bleiben. Ich hatte jetzt nur noch mein Einkommen und musste wieder Geld verdienen.

Nach einigen Monaten rief mich mein Vorgesetzter an und fragte, wann ich wieder arbeiten käme. Meinen Patienten war gesagt worden, dass ich in absehbarer Zeit nicht wieder zur Arbeit käme, da ich mich um einen Familiennotfall kümmern müsse. Wir hatten keinen Zeitpunkt festgelegt, da wir nicht wussten, wie schnell es mir wieder bessergehen würde. Aber jetzt wollten sie eine Antwort von mir. Es ging mir definitiv nicht »besser«, aber ich musste wieder arbeiten gehen.

Genauso wie damals bei meiner Mutter, musste ich mich meiner Trauer unmittelbar stellen. Ich konnte sie nicht ignorieren oder einfach wegschieben. Ich musste den Schmerz ertragen, mich gleichzeitig heilen und mich nicht meinen negativen Gefühlen hingeben. Es wäre sehr einfach gewesen, mich selbst zu bemitleiden und gedanklich in der Vergangenheit zu leben. Aber ich wusste auch, dass das nicht gesund wäre. Ich musste mich bewusst dafür entscheiden, den langen Weg, der vor mir lag, alleine zu gehen und mir ein neues Leben aufzubauen.

Ich musste darüber nachdenken, ob die Ziele, die Lincoln und ich hatten, in Zukunft immer noch meine Ziele wären. Einige Jahre lang waren wir Pflegeeltern gewesen und hatten uns dafür entschieden, irgendwann ein Kind zu adoptieren. Aber wollte ich das als Single immer noch? Ich blieb in den darauffolgenden Jahren weiterhin Pflegemutter, meistens in Notfällen und an Wochenenden. Aber ich war mir nicht sicher, ob ich ohne Lincoln ein Kind adoptieren wollte.

Ich musste mir auch neue Ziele setzen. Ich beschloss, mich umzusehen und neue Sachen auszuprobieren. Ich machte meinen Motorradführerschein und kaufte mir ein Motorrad. Auch begann ich zu schreiben. Zuerst war es nur ein Hobby, aber dann wurde ein Halbtagsjob daraus. Ich musste auch neue Kontakte und Freundschaften knüpfen und überlegen, welche der Freunde Lincolns wohl meine blieben und welche Beziehung ich weiterhin zu seiner Familie hätte. Glücklicherweise blieben mir die meisten seiner Freunde erhalten, und seine Familie blieb weiterhin Teil meiner Familie.

Ungefähr vier Jahre später hatte ich das Glück, mich neu zu verlieben. Oder vielleicht sollte ich sagen, die Liebe fand mich. Ich hatte mich schon an das Leben als Single gewöhnt. Aber das veränderte sich alles, als ich anfing, mit Steve auszugehen. Wir kannten uns schon seit vielen Jahren, und ganz langsam wurde aus unserer Freundschaft eine Beziehung. Irgendwann begannen wir, über unsere Zukunft zu reden. Obwohl ich gedacht hatte, nie wieder heiraten zu wollen, schien mir Steve doch genau der Richtige zu sein.

Meine Freunde waren begeistert, dass ich wieder heiratete. Ich wollte aber keine traditionelle Hochzeit oder einen Empfang, der so ähnlich war wie der bei meiner Hochzeit mit Lincoln. Also fuhren wir nach Las Vegas. Es wurde für alle ein fröhliches, harmonisches und glückliches Fest.

Als wir ein Jahr verheiratet waren, entschieden wir uns, das Haus, in dem Lincoln und ich gelebt hatten, zu verkaufen und in einer anderen Stadt ein neues zu kaufen. Einerseits wohnten wir dort in der Nähe meiner Schwester und meiner Nichten, und andererseits gab es uns die Möglichkeit, neu anzufangen. Ich fand Arbeit in einer sehr geschäftigen medizinischen Praxis, und wir sahen der Zukunft zuversichtlich und glücklich entgegen. Gerade, als unser Leben bergauf ging, nahm unser Weg hin zum Glück wieder eine Abzweigung. Steves Vater war an Krebs erkrankt.

Diese Neuigkeit war wie ein Schlag vor den Kopf. Rob war so ein lebensfroher Mensch. Er war jemand, der Kindern Geld hinter dem Ohr hervorzauberte und immer lustige Geschichten erzählte. Obwohl er in Minnesota lebte und wir in Maine, sahen wir ihn regelmäßig. Seitdem er im Ruhestand war, besuchte er uns oft wochenlang, und ich witzelte, er sei unser liebster Hausgast, obwohl er unser einziger war.

In Bezug auf meine schriftstellerischen Ambitionen war er mein größter Fan. Alles, was ich schrieb, korrigierte er, egal ob es ein Artikel über Erziehung war oder etwas Psychologisches. Oft rief er mich auch an und gab mir Ideen zu Geschichten oder machte mir Vorschläge.

Obwohl Rob zweiundsiebzig Jahre alt war, war er zu jung, um so krank zu sein. Noch im Sommer zuvor hatte er Motorradausflüge gemacht, war auf dem Lake Superior gesegelt und mit seinem offenen Cabriolet durch die Landschaft gefahren.

Aber jetzt war er zu krank dazu, und die Aussage der Ärzte war eindeutig: Sein Zustand würde sich nur noch verschlechtern.

Dieses Mal begegnete ich dem Tod anders. Der Tod meiner Mutter und auch der von Lincoln waren ganz plötzlich und unerwartet gekommen. Dieses Mal war ich vorgewarnt. Aber genau das machte mir Angst.

Mir fiel auf, dass ich oft dachte *Jetzt passiert es mir schon wieder*. Ich wollte aber nicht wieder so einen schlimmen Verlust erleben. Es war einfach unfair. Ich kannte so viele junge Leute in meinem Alter, die noch niemanden in ihrem Leben verloren hatten. Warum musste ich so viele geliebte Menschen verlieren? Ich saß am Tisch und dachte darüber nach, wie ungerecht das Leben war und wie schwer es noch sein würde und wie gerne ich wollte, dass alles anders war.

Ich wusste auch, dass ich mich diesen Gedanken nicht hingeben durfte. Ich hatte das alles schon zweimal mitgemacht. Wenn ich jetzt weiter darüber nachdachte, dass es allen anderen besserging als mir, oder wenn ich mir einredete, dass ich keinen weiteren Verlust mehr verkraftete, würde das nichts bringen. Stattdessen würde es mich zeitlich zurückwerfen und mich davon abhalten, mich der Realität zu stellen.

Zu dem Zeitpunkt begann meine Arbeit an den ›13 Dingen, die mental starke Menschen nicht tun‹.

Gegen diese dreizehn Dinge hatte ich intensiv angekämpft, um meine Trauer zu überwinden. Sie waren es gewesen, die mich davon abgehalten hatten, dass ich mich besserfühlte. Sie durften nicht stärker sein als ich.

Ich versuchte, diese Punkte auch an meine Patienten zu vermitteln. Sie aufzuschreiben half mir, auf dem für mich richtigen Kurs zu bleiben. Sie erinnerten mich daran, dass ich mental stark sein konnte. Stark deshalb, weil Rob einige Wochen, nachdem ich sie zu Papier gebracht hatte, verstarb.

Psychotherapeuten helfen gewöhnlich anderen Menschen dabei, wieder stark zu sein, und geben ihnen Tipps, wie sie sich verhalten sollen und was sie tun können, um sich zu verändern. Als ich aber meine Liste der mentalen Stärken aufschrieb, entschied ich, gewisse Dinge nicht mehr zu tun, die mir schon in Fleisch und Blut übergegangen waren. Mich dafür zu entscheiden, was ich *nicht* mehr tun wollte, war genau das Richtige. Liebe Gewohnheiten sind wichtig, aber oft sind es unsere schlechten Eigenschaften, die uns davon abhalten, unser Potential voll auszunutzen. Auch wenn man viele gute Gewohnheiten hat, ist es schwer, seine Ziele zu erreichen, wenn man die schlechten gleichermaßen beibehält. Man ist nur so gut, wie die schlechtesten Angewohnheiten es zulassen. Sie sind wie eine schwere Bürde, die man mit sich herumträgt. Sie behindern, ermüden und frustrieren.

Stellen Sie sich einen Mann vor, der jeden Tag ins Fitnessstudio geht und dort zwei Stunden lang trainiert. Penibel schreibt er seine Übungen auf, um seine Fortschritte festzuhalten. Nach sechs Monaten hat er kaum eine Veränderung an sich bemerkt. Er ist frustriert, dass er nicht abgenommen und keine Muskeln aufgebaut hat. Er teilt seiner Familie und seinen Freunden mit, dass es keinen Sinn hat, dort hinzugehen, dass er nicht besser aussieht als vorher und sich auch nicht gesünder fühlt, obwohl er doch so regelmäßig trainiert. Was er nicht erzählt, ist, dass er sich jeden Tag auf dem Nachhauseweg etwas gönnt. Nach all dem Training hat er Hunger und sagt sich: »Ich habe so hart gearbeitet. Jetzt verdiene ich eine Belohnung!« Deshalb isst er jeden Tag auf dem Nachhauseweg ein Dutzend Donuts.

Wahnsinn, nicht wahr? Aber dieses Verhalten legen wir alle an den Tag. Wir arbeiten hart an einer Verbesserung und sabotieren gleichzeitig unsere Mühen.

Die dreizehn Dinge nicht zu tun lässt Sie Ihre Trauer nicht überwinden. Sie nicht mehr zu tun wird Ihnen aber dabei helfen, die mentale Stärke zu entwickeln, die Sie benötigen, um sich den kleinen und großen Problemen Ihres Lebens zu stellen. Egal, welche Ziele Sie haben, Sie können Ihr Potential nur erreichen, wenn Sie sich mental stark fühlen.

Was ist mentale Stärke?

Es ist nicht so, dass manche Menschen mental stark sind und andere mental schwach. Wir sind alle bis zu einem gewissen Grad mental stark, aber wir können uns auch alle noch verbessern. Mentale Stärke zu entwickeln heißt, zu lernen, mit seinen Gefühlen besser umzugehen, seine Gedanken besser zu strukturieren und sich positiv zu verhalten, egal wie die Lebensumstände gerade sind.

Genauso wie manche Menschen physische Stärke leichter entwickeln als andere, scheint es, dass es manchen leichter fällt, mentale Stärke aufzubauen. Dabei spielen verschiedene Faktoren eine Rolle:

- **Vererbung** – Gene sind dafür verantwortlich, ob man zum Beispiel dazu neigt, unter Stimmungsschwankungen zu leiden.
- **Persönlichkeit** – Manche Menschen haben Charakterzüge, die ihnen helfen, realistischer zu denken und von Natur aus positiver zu sein.
- **Erfahrungen** – Lebenserfahrungen nehmen Einfluss darauf, wie man über sich selbst, über andere Menschen und die Welt im Allgemeinen denkt.

Manche dieser Faktoren kann man nicht beeinflussen. Man kann eine schwierige Kindheit nicht einfach so auslöschen. Man kann eine genetische Prädisposition für ADHS nicht ignorieren. Aber das heißt nicht, dass man seine mentale Stärke nicht steigern kann. Jeder hat die Fähigkeit, mentale Stärke aufzubauen, wenn er Zeit und Energie in die Übungen dieses Buches steckt.

Die Grundlagen mentaler Stärke

Stellen Sie sich einen Mann vor, der in Gesellschaft nervös ist. Um seine Angst zu minimieren, fängt er erst gar keine Unterhaltung mit seinen Kollegen an. Je weniger er aber mit ihnen spricht, desto weniger sprechen sie mit ihm. Immer wenn er in die Kantine geht oder an Leuten auf dem Gang vorbeiläuft und keiner mit ihm spricht, denkt er *Es liegt an meiner Unbeholfenheit.* Je mehr er darüber nachdenkt, wie schwer es ihm fällt, soziale Kontakte aufzubauen, desto nervöser wird er, und am Ende spricht er niemanden an. So wie seine Angst wächst auch sein Wunsch, seinen Kollegen aus dem Weg zu gehen, was in einem ewigen Teufelskreis endet.

Um zu verstehen, was es heißt, mental stark zu sein, muss man lernen, dass Gedanken, Verhalten und Gefühle miteinander verbunden sind. Dies führt oft zu einer Abwärtsspirale, wie das vorherige Beispiel zeigt. Deshalb ist zum Aufbau mentaler Stärke eine dreistufige Vorgehensweise nötig:

1. **Gedanken** – Man muss irrationale Gedanken als solche identifizieren und sie mit rationalen ersetzen.
2. **Verhalten** – Man muss sich, egal wie die Umstände auch sein mögen, positiv verhalten.
3. **Gefühle** – Man muss lernen, seine Gefühle zu kontrollieren, damit man nicht von ihnen beherrscht wird.

Wir hören es immer wieder: »Denke positiv.« Aber Optimismus alleine reicht nicht, um sein volles Potential auszuschöpfen.

Bringen Sie Ihre Gefühle und Ihr rationales Denken in Einklang

Ich habe fürchterliche Angst vor Schlangen. Dennoch ist meine Furcht vollkommen irrational. Bei uns gibt es keine einzige giftige Schlange. Ich sehe Schlangen noch nicht einmal sehr oft, aber wenn ich sie sehe, bekomme ich Herzklopfen und möchte am liebsten so schnell ich kann weglaufen. Für gewöhnlich bin ich in der Lage, meine Panik mit rationalen Gedanken zu kontrollieren, denn ich sage mir, dass es keinen Grund gibt, Angst zu haben. Ich kann in sicherer Entfernung an einer Schlange vorbeigehen. Aber sie aufzuheben oder zu streicheln ist mir nicht möglich.

Wir treffen unsere besten Entscheidungen, wenn unsere Gefühle und unsere Ratio in einem ausgewogenen Verhältnis zueinander stehen. Denken Sie einmal darüber nach, wie Sie sich verhalten, wenn Sie wirklich wütend sind. Höchstwahrscheinlich sagen und tun Sie Dinge, die Sie später bereuen, da Sie sich von Ihren Gefühlen und nicht von Ihrem Verstand haben leiten lassen. Aber sich nur auf den Verstand zu verlassen ist bei Entscheidungen auch nicht gut. Wir sind eben alle nur Menschen und keine Roboter. Unser Herz und unser Kopf müssen zusammenarbeiten.

Viele meiner Patienten stellen ihre Fähigkeit in Frage, ihre Gedanken, ihre Emotionen und ihr Verhalten kontrollieren zu können. »Ich kann einfach nichts dafür, wie ich empfinde«, so ihre Meinung, oder: »Ich kann meine negativen Gedanken nicht einfach verdrängen.« »Mir fehlt es an Motivation, das zu tun, was ich erreichen möchte.« Mit mehr mentaler Stärke ist dies möglich.

Die Wahrheit über mentale Stärke

Es gibt viele Fehlinformationen und Missverständnisse darüber, was mentale Stärke bedeutet. Die folgenden Punkte treffen auf jeden Fall zu:

- *Mental stark sein heißt nicht, dass man sich tough geben muss.* Man muss nicht zum Roboter werden oder sich eine harte Schale zulegen, wenn man mental stark sein möchte. Es geht darum, sich entsprechend seinen Wertvorstellungen zu verhalten.
- *Mental stark sein heißt nicht, dass man keine Gefühle zeigen darf.* Seine mentale Stärke zu steigern bedeutet nicht, seine Gefühle zu unterdrücken, aber man sollte sich ihrer sehr bewusst sein. Stattdessen sollte man verstehen, wie Gefühle Gedanken und Verhalten beeinflussen können.
- *Man muss nicht wie eine Maschine funktionieren, um mental stark zu sein.* Mentale Stärke heißt nicht, seinen Körper an seine Grenzen zu bringen, nur um sich zu beweisen, dass man Schmerz aushalten kann. Es geht darum, die eigenen Gedanken und Gefühle gut genug zu verstehen, damit man in der Lage ist, darüber zu entscheiden, wann man ihnen folgt und wann nicht.
- *Mental stark zu sein heißt nicht, dass man alles im Alleingang machen muss.* Mental stark sein heißt nicht, dass man von keinem Menschen oder keiner »höheren Macht« Hilfe in Anspruch nehmen muss. Zuzugeben, dass man nicht auf alles Antworten hat, um Hilfe zu bitten, wenn man sie braucht, und anzuerkennen, dass man auch durch Gottvertrauen zu mehr Stärke finden kann, zeigt, dass man den Wunsch hat, stärker zu werden.
- *Mental stark zu sein heißt nicht, immer positiv zu denken.* Immer nur positiv zu denken kann genauso schädlich sein wie negatives Denken. Mental stark zu sein bedeutet, rational und realistisch zu denken.
- *Mentale Stärke zu entwickeln heißt nicht, dem Glück hinterherzujagen.* Mental stark zu sein wird Ihnen aber helfen,

zufriedener im Leben zu sein. Es geht nicht darum, jeden Morgen wach zu werden und sich zu zwingen, glücklich zu sein. Stattdessen geht es darum, die Entscheidungen zu treffen, die Sie Ihr ganzes Potential entfalten lassen.

- *Mentale Stärke ist nicht der neueste psychologische Trend.* Genauso wie es in der Fitnesswelt immer neue Modediäten und Fitnesstrends gibt, gibt es in der Psychologie viele Abhandlungen darüber, wie man das Beste aus sich herausholt. Mentale Stärke ist jedoch keine Modeerscheinung. In der Psychologie gibt es schon seit den sechziger Jahren das Bestreben, Menschen dabei zu unterstützen, ihre Gedanken, ihre Gefühle und ihr Verhalten zu verändern.
- *Mentale Stärke ist nicht gleichbedeutend mit mentaler Gesundheit.* Während im Gesundheitswesen mentale Gesundheit mentaler Krankheit gegenübergestellt wird, verhält es sich bei mentaler Stärke anders. Genauso wie zum Beispiel Diabetiker, obwohl sie krank sind, mental stark sein können, können auch depressive Menschen, Menschen mit Angstneurosen oder anderen psychischen Problemen stark sein. Physisch krank zu sein heißt nicht, dass man schlechte Gewohnheiten aufrechterhalten muss. Man ist immer noch frei zu entscheiden, gesund zu leben. Es bedarf vielleicht mehr Arbeit, einer intensiveren Fokussierung und mehr Einsatz, aber es ist auf jeden Fall möglich.

Die Vorteile mentaler Stärke

Es ist einfach, sich mental stark zu fühlen, wenn im Leben alles gut läuft. Manchmal gibt es aber eben auch Probleme, der Verlust der Arbeit, eine Naturkatastrophe, eine Krankheit in der Familie oder der Tod eines geliebten Menschen. Wenn man mental stark ist, kann man sich den Herausforderungen des Lebens besser stellen. Die Vorteile, seine mentale Stärke zu steigern, sind:

- **Erhöhte Stressresistenz** – Mentale Stärke hilft einem im täglichen Leben, nicht nur in einer Krise. Sie werden besser und effizienter mit Problemen umgehen können und letztendlich Ihren Stresslevel senken.
- **Erhöhte Lebenszufriedenheit** – So wie Ihre mentale Stärke, wird auch Ihr Vertrauen zu sich selbst wachsen. Sie werden nach Ihren Wertvorstellungen leben. Das wird Ihnen ein Gefühl von Zufriedenheit geben, und Sie werden erkennen, was Ihnen im Leben wirklich wichtig ist.
- **Erhöhte Leistungssteigerung** – Ob Sie nun eine bessere Mutter, ein besserer Vater sein, Ihre Arbeitsproduktivität erhöhen oder Ihre sportlichen Leistungen verbessern wollen: Mentale Stärke wird Ihnen helfen, Ihr Potential voll auszuschöpfen.

Wie man mentale Stärke entwickelt

Ein Buch zu lesen macht aus Ihnen noch keinen Schriftsteller. Athleten werden nicht zu Profis, wenn sie nur über ihren Sport lesen, und ein guter Musiker kann sich nicht verbessern, wenn er anderen nur zuhört. Sie alle müssen selbst trainieren und üben.

Kapitel 1

Sie haben keine Zeit für Selbstmitleid

Selbstmitleid ist das destruktivste aller nichtpharmazeutischen Mittel; es macht süchtig, vorübergehend glücklich und entfremdet das Opfer von der Realität.

John Gardner

In den Wochen nach Jacks Unfall hörte seine Mutter nicht auf, über den »schrecklichen Unfall« zu reden. Jeden Tag erzählte sie die Geschichte, wie Jack sich beide Beine dabei gebrochen hatte, als er von einem Schulbus angefahren worden war. Sie fühlte sich schuldig, weil sie nicht da gewesen war, um ihn zu beschützen. Ihn wochenlang hilflos im Rollstuhl sitzen zu sehen, konnte sie kaum ertragen.

Obwohl die Ärzte ihr versichert hatten, dass er sich vollständig regenerieren würde, erinnerte sie Jack ständig daran, dass seine Beine vielleicht nie mehr ganz heilen würden. Sie wollte, im Fall von Komplikationen, dass er sich bewusstmachte, dass er vielleicht nie wieder rennen oder Fußball spielen könne.

Obwohl die Ärzte ihn wieder zur Schule schicken wollten, entschieden seine Eltern, dass seine Mutter ihren Job kündigte, um ihn für den Rest des Schuljahres zu Hause zu unterrichten. Sie glaubten, dass es zu viele negative Erinnerungen in ihm wecken würde, jeden Tag wieder in den Schulbus zu steigen. Sie wollten auch nicht, dass er den anderen Kindern vom Rollstuhl aus beim Spielen in den Pausen zuschauen musste. Sie hofften, dass Jack sich zu Hause physisch und psychisch schneller erholte.

Normalerweise erledigte Jack morgens seine Schularbeiten und schaute am Nachmittag und Abend fern oder spielte Computerspiele. Nach einigen Wochen bemerkten seine Eltern, dass sich seine Stimmung veränderte. Für gewöhnlich ein fröhliches und aufgewecktes Kind, war er jetzt leicht reizbar und traurig. Seine Eltern glaubten, der Unfall hätte ihn mehr traumatisiert, als sie ursprünglich angenommen hatten. Sie schickten ihn zur Therapie, weil sie hofften, dass diese Jacks seelische Wunden heilen könnte.

Jacks Eltern brachten ihn zu einer bekannten Kinderpsychologin mit Traumata-Erfahrung. Die Therapeutin hatte zuvor ein Arztschreiben von Jacks Kinderarzt erhalten und wusste daher über die Umstände Bescheid.

Als Jacks Eltern den Rollstuhl in ihr Büro schoben, schaute er nur auf den Boden. Seine Mutter erzählte: »Wir machen seit seinem Unfall eine so schreckliche Zeit durch. Es zerstört unser Leben und hat Jack nur emotionale Probleme gebracht. Er ist nicht mehr derselbe kleine Junge wie vorher.«

Zur Verwunderung der Mutter reagierte die Psychologin nicht mit Mitleid. Stattdessen sagte sie begeistert: »Ich habe mich so darauf gefreut, dich kennenzulernen, Jack! Ich habe noch nie ein Kind getroffen, das einen Schulbus bezwungen hat. Erzähl mal, wie hast du das geschafft?« Zum ersten Mal seit dem Unfall lächelte Jack.

In den nächsten Wochen arbeitete Jack daran, sein eigenes Buch zu schreiben. Er nannte es ›Wie man einen Schulbus bezwingt‹. Er erzählte darin, wie er es geschafft hatte, mit ein paar Knochenbrüchen davonzukommen. Trotz ein paar übertriebener Details stimmten die Fakten – er hatte überlebt, weil er ein starker Junge war. Am Ende des Buches malte Jack ein Selbstporträt. Es zeigte ihn mit einem Supermanumhang im Rollstuhl sitzend.

Die Therapeutin bezog Jacks Eltern in die Therapie mit ein. Sie half ihnen zu erkennen, wie glücklich sie sich schätzen konnten, dass Jack nur mit ein paar Knochenbrüchen davongekommen war. Sie ermutigte sie, ihren Sohn nicht zu bemitleiden. Sie empfahl ihnen, Jack als mutigen und mental starken Jungen zu betrachten, der in der Lage war, mit großen Widrigkeiten klarzukommen. Auch wenn seine Beine nicht mehr ganz heilen würden, wollte sie, dass sie sich darauf konzentrierten, *was Jack im Leben noch alles erreichen könne und nicht, wovon ihn seine Behinderung möglicherweise abhielte.*

Beide, Eltern und Therapeutin, arbeiteten mit den Lehrern zusammen, um Jacks Rückkehr in die Schule vorzubereiten. Zusätzlich zu der speziellen Behandlung, die ihm zuteilwerden musste, da er immer noch im Rollstuhl saß, wollten sie, dass weder die Kinder noch die Lehrer ihn bemitleideten. Sie schlugen vor, dass er seinen Mitschülern sein selbstgeschriebenes Buch zeigte, um ihnen deutlich zu machen, dass es keinen Grund dafür gab, ihn zu bemitleiden.

Selbstmitleid

Wir alle erleben Schmerz und Trauer in unserem Leben. Und obwohl Traurigkeit eine normale und gesunde Empfindung ist, ist es selbstzerstörerisch, wenn wir zu lange leiden und unglücklich sind. Treffen die folgenden Punkte auf Sie zu?

- ☐ Sie meinen, dass Ihre Probleme größer sind als die anderer Menschen.
- ☐ Sie meinen, nur Sie werden vom Unglück verfolgt.
- ☐ Sie meinen, dass Sie mehr Probleme als andere Menschen haben.
- ☐ Sie sind sich ziemlich sicher, dass keiner wirklich versteht, wie schwer Ihr Leben ist.
- ☐ Manchmal gehen Sie extra nicht unter Menschen oder irgendwelchen Freizeitaktivitäten nach, weil Sie zu Hause über Ihre Probleme nachdenken wollen.
- ☐ Sie erzählen Menschen eher, was schlecht als was gut gelaufen ist.
- ☐ Sie beschweren sich oft über Dinge, die Sie als ungerecht empfinden.
- ☐ Manchmal müssen Sie lange darüber nachdenken, um irgendetwas zu finden, wofür Sie dankbar sein können.

- ☐ Sie meinen, andere haben es leichter im Leben.
- ☐ Manchmal meinen Sie, die ganze Welt ist gegen Sie.

Erkennen Sie sich in einigen Beispielen wieder? Sie können in Selbstmitleid verfallen, wenn sich Ihre Gedanken und Ihr Verhalten nicht verändern. Sie haben die Kontrolle darüber. Auch wenn Sie Ihre Lebensumstände vielleicht nicht verändern können, so können Sie doch Ihre Einstellung hierzu ändern.

Warum wir uns selbst bemitleiden

Wenn Selbstmitleid so destruktiv ist, warum versinken wir darin? Und warum ist es manchmal so einfach und fast tröstlich, sich seinem Selbstmitleid hinzugeben? Mitleid war ein Schutzmechanismus für Jacks Eltern, um ihren Sohn vor zukünftigen Gefahren zu schützen. Sie hatten sich auf das konzentriert, was er nicht mehr konnte, um ihn vor weiteren potentiellen Problemen zu bewahren.

Verständlicherweise sorgten sie sich mehr denn je um seine Sicherheit. Sie wollten ihn ständig um sich haben. Und sie wollten ihn vor emotionalen Reaktionen schützen, wenn er wieder einen Schulbus betreten musste. Es konnte nicht lange dauern, bis ihr Mitleid bei Jack Selbstmitleid auslöste.

Es ist sehr leicht, in die Selbstmitleidsfalle zu tappen. Solange man sich selbst bemitleidet, kann man alle Maßnahmen verzögern, die einen mit seinen eigentlichen Ängsten konfrontieren und vermeiden, Verantwortung für seine Handlungen zu übernehmen. Durch Selbstmitleid erkauft man sich Zeit. Statt zu handeln und nach vorne zu schauen, hilft es, sich zu rechtfertigen, warum man nichts unternehmen muss, um seine Situation zu verbessern.

Menschen setzen Selbstmitleid ebenso ein, um Aufmerksamkeit auf sich zu ziehen. Zu jammern bringt einem mehr Zuneigung und Mitgefühl von anderen – zumindest am Anfang. Bei Menschen, die Angst vor Ablehnung haben, kann Selbstmitleid indirekt dafür sorgen, dass andere einem helfen und sich um einen kümmern.

Unglücklicherweise zieht Leid weiteres Leid nach sich, und manchmal wird Selbstmitleid zur Aufschneiderei. Eine Unterhaltung kann zu einem Wettbewerb darin werden, wer das Traumatischste erlebt hat. Es kann dazu führen, jegliche Verantwortung abzulehnen. Ihrem Chef zu erzählen, wie schlecht es Ihnen geht, kann die Hoffnung beinhalten, dass er in Zukunft weniger von Ihnen erwartet.

Manchmal ist Selbstmitleid auch eine Trotzreaktion. Es ist fast so, als ob wir annähmen, dass sich etwas verändert, wenn wir auf unserem Standpunkt beharren, um andere daran zu erinnern, dass wir doch wirklich etwas Besseres verdient haben. Aber so funktioniert die Welt eben nicht. Es gibt kein höheres Wesen, das dafür sorgt, dass wir alle die gleiche faire Chance im Leben haben.

Wenn Selbstmitleid zum Problem wird

Sich selbst zu bemitleiden ist selbstzerstörerisch. Es führt nur zu neuen Problemen und kann ernste Konsequenzen nach sich ziehen. Statt froh darüber zu sein, dass Jack noch lebte, sorgten sich seine Eltern darum, was der Unfall ihnen genommen hatte. Das Resultat war, dass ihnen noch mehr genommen wurde.

Natürlich taten sie das aus Liebe und nicht, um ihrem Sohn zu schaden. Sie taten es aus dem Wunsch heraus, ihren Sohn in Sicherheit zu wissen. Aber je mehr sie ihn bemitleideten, desto schlechter wurde seine Stimmung.

Sich in Selbstmitleid zu ergehen hält einen davon ab, sein Leben in vollen Zügen zu genießen, und zwar aus folgenden Gründen:

- *Es ist reine Zeitverschwendung.* Sich zu bemitleiden strengt mental sehr an und hilft nicht dabei, die Situation zu verändern. Auch wenn man das Problem nicht lösen kann, hat man die Wahl, positiv mit ihm umzugehen. Sich zu bemitleiden bringt einen nicht näher an die Lösung des Problems.
- *Es führt zu weiteren negativen Emotionen.* Wenn man zulässt, dass es übermächtig wird, dann werden eine Reihe weiterer negativer Emotionen daraus folgen. Selbstmitleid kann zu Wut, Ablehnung, Einsamkeit und anderen Gefühlen führen, die negative Emotionen verstärken.
- *Es kann zur selbsterfüllenden Prophezeiung werden.* Selbstmitleid kann dazu führen, dass man ein erbärmliches Leben führt. Wenn man sich selbst bemitleidet, kann man nicht sein Bestes geben. Die Folge davon sind Probleme und Misserfolge, die zu weiterem Selbstmitleid führen.
- *Es hält einen davon ab, andere Gefühle zu empfinden.* Selbstmitleid hält einen davon ab, Trauer, Traurigkeit, Wut und andere Gefühle zu empfinden. Es kann den eigenen Heilungsprozess behindern und einen davon abhalten, nach vorne zu schauen. Der Fokus ist nämlich darauf gerichtet, dass Dinge im eigenen Leben anders laufen sollten, statt die Situation anzunehmen wie sie ist.
- *Es hält einen davon ab zu erkennen, was einem Gutes im Leben widerfährt.* Wenn fünf Dinge am Tag gelingen und eins danebengeht, führt Selbstmitleid dazu, sich auf das Negative zu konzentrieren. Wenn man sich selbst bemitleidet, verpasst man das Positive im Leben.
- *Beziehungen können sich verschlechtern.* Es ist nicht besonders attraktiv, eine Opfermentalität zu besitzen. Sich darüber zu beklagen, wie schlecht das Leben es mit einem meint, wird andere schnell ermüden. Niemand sagt: »Was mir an ihr wirklich gut gefällt, ist, dass sie sich selbst ständig bemitleidet.«

Hören Sie auf, sich selbst zu bemitleiden

Erinnern Sie sich an die dreistufige Methode, um mentale Stärke zu entwickeln? Um Selbstmitleid zu minimieren, muss man sein mitleiderregendes Verhalten ändern und sich verbieten, mitleiderregenden Gedanken nachzugehen. Für Jack bedeutete das, nicht mehr nur Computerspiele zu spielen und fernzusehen. Er musste wieder unter Gleichaltrige und frühere Aktivitäten aufnehmen, die er noch in der Lage zu tun war, wie zum Beispiel in die Schule zu gehen. Seinen Eltern gelang es, umzudenken und Jack eher als Sieger denn als Versager zu sehen. Nachdem sie ihre Einstellung zu ihrem Sohn und seinem Unfall verändert hatten, waren sie nur noch dankbar, statt sich selbst zu bemitleiden.

Verhalten Sie sich so, dass es Ihnen schwerfällt, sich selbst zu bemitleiden

Einige Monate nachdem Lincoln verstorben war, nahte der Tag seines siebenundzwanzigsten Geburtstages. Diesen Tag hatte ich schon seit Wochen gefürchtet, weil ich nicht wusste, wie seine Familie und ich ihn begehen sollten. In meiner Vorstellung saßen wir mit Taschentüchern in der Hand am Tisch und hatten ein einziges Gesprächsthema: wie ungerecht es war, dass er jetzt nicht bei uns sein konnte.

Als ich endlich den Mut dazu hatte, meine Schwiegermutter zu fragen, was sie an diesem Tag machen wollte, sagte sie ohne zu zögern: »Was hältst du von Fallschirmspringen?« Es war ihr voller Ernst. Ich musste zugeben, dass ihre Idee, aus einem Flugzeug zu springen, besser war als meine Vorstellung. Es war die perfekte Idee, um Lincolns Abenteuergeist in Ehren zu halten. Er hatte es immer geliebt, neue Leute kennenzulernen, neue Orte zu bereisen und neue Sachen auszuprobieren. Fallschirmspringen hätte er geliebt, und deshalb war es genau das Richtige, um seinen Geburtstag zu feiern.

Wenn man aus einem Flugzeug springt, kann man sich nicht selbst bemitleiden – außer man hat keinen Fallschirm. Wir verbrachten nicht nur einen schönen Nachmittag zusammen, wir machten daraus sogar ein jährliches Event. Jedes Jahr an Lincolns Geburtstag feiern wir seine Lust am Leben und am Abenteuer. Wir erlebten dadurch einige interessante Dinge, zum Beispiel schwammen wir mit Haien und ritten mit Eseln durch den Grand Canyon. Einmal nahmen wir sogar Trapezunterricht.

Jedes Jahr nimmt die gesamte Familie an Lincolns Geburtstagsabenteuer teil. In den meisten Jahren hielt Lincolns Großmutter alles mit der Kamera fest, aber vor zwei Jahren, mit achtundachtzig, war sie die Erste, die im Hochseilgarten über den Baumwipfeln herumkletterte. Obwohl ich wieder verheiratet bin, haben wir diese Tradition fortgeführt, und mein Mann Steve nimmt auch daran teil. Es ist ein Tag, auf den wir uns jedes Jahr freuen.

Unsere Entscheidung, an diesem Tag etwas Fröhliches zu unternehmen, bedeutet nicht, dass wir unsere Trauer ignorieren oder unsere Traurigkeit kaschieren wollen. Es ist vielmehr eine bewusste Wahl, das Leben zu feiern und mitleiderregendes Handeln abzulehnen. Anstatt uns dafür zu bemitleiden, was wir verloren haben, haben wir uns dafür entschieden, dankbar für das zu sein, was wir hatten.

Wenn Sie merken, dass sich Selbstmitleid in Ihr Leben einschleicht, dann unternehmen Sie bewusst etwas, das konträr zu Ihrer Gefühlslage ist. Man muss nicht gleich aus einem Flugzeug springen, um dieses Gefühl abzuschütteln. Manchmal genügen schon kleine Verhaltensänderungen, um Großes zu bewirken. Hier einige Beispiele:

- *Bieten Sie sich an, bei einer wichtigen Sache mitzuhelfen.* Es wird Ihre Gedanken von Ihrem Problem ablenken und Sie werden sich gut dabei fühlen, jemand anderem geholfen zu haben. Es ist schwer, sich zu bemitleiden, wenn man

Hungrigen in einer Suppenküche zu essen gibt oder ältere Menschen im Altenheim besucht.
- *Seien Sie sehr nett zu jemandem.* Ob Sie nun den Rasen des Nachbarn mähen oder Hundefutter für den lokalen Hundezwinger spenden, eine gute Tat gibt Ihrem Alltag mehr Sinn.
- *Seien Sie aktiv.* Physische oder mentale Aktivitäten werden Ihnen dabei helfen, sich auf etwas anderes zu konzentrieren als auf Ihre Probleme. Treiben Sie Sport, lernen Sie eine neue Sprache, lesen Sie ein Buch oder suchen Sie sich ein neues Hobby. Es wird Ihnen helfen, Ihre Einstellung zu verändern.

Finden Sie heraus, welches Verhalten Ihnen hilft. Manchmal muss man einfach etwas ausprobieren. Falls das, was Sie gerade machen, nicht hilft, dann versuchen Sie etwas anderes. Wenn Sie nie einen Schritt in eine andere Richtung wagen, werden Sie weiterhin auf der Stelle treten.

Verdrängen Sie mitleiderregende Gedanken

Einmal beobachtete ich auf dem Parkplatz eines Supermarktes, wie zwei Autos gleichzeitig zurücksetzten und ihre Stoßstangen dabei aneinanderstießen. Die Kollision hatte beide Wagen nur leicht beschädigt. Ich sah, wie einer der beiden Fahrer aus seinem Wagen sprang und rief: »Super, das hat mir gerade noch gefehlt. Warum passiert immer mir so etwas? Als ob ich heute nicht schon genug zu tun hätte!«

Währenddessen stieg der andere Fahrer kopfschüttelnd aus seinem Wagen. Sehr ruhig entgegnete er: »Wir können ja so froh sein, dass sich niemand verletzt hat. Es ist doch gut, einen Unfall gehabt und sich dabei nicht verletzt zu haben.«

Beide Männer hatten das Gleiche erlebt. Dennoch war ihre Wahrnehmung konträr. Der eine Mann sah sich als Opfer schrecklicher Umstände, während der andere Mann seinem

Schutzengel dankte. Ihre Reaktionen hatten mit ihren unterschiedlichen Betrachtungsweisen zu tun.

Man kann das, was einem im Leben widerfährt, unterschiedlich bewerten. Wenn man denkt, man hätte etwas Besseres verdient, dann wird man Selbstmitleid empfinden. Wenn man jedoch auch in ausweglosen Situationen positiv bleibt, wird man viel öfter Glück und Freude genießen können.

Fragen Sie mal ein Kind danach, was das Gute an der Scheidung der Eltern ist. Oft hört man: »Ich bekomme an Weihnachten mehr Geschenke.« Tatsächlich sind Scheidungen keine schöne Angelegenheit, aber doppelt so viele Geschenke zu bekommen versüßt dies an manchen Tagen.

Eine Sache aus einem anderen Blickwinkel zu sehen ist nicht einfach. Besonders wenn man sich als Gastgeber seiner eigenen Mitleidsparty fühlt. Sich die folgenden Fragen zu stellen kann helfen, Ihre negativen Gedanken in realistischere umzuwandeln:

- *Wie könnte ich meine Situation anders betrachten?* Hier kommt der »Das-Glas-ist-halbvoll-oder-halbleer-Blickwinkel« ins Spiel. Betrachtet man etwas aus der »Das-Glas-ist-halbleer-Perspektive«, dann halten Sie inne, und versuchen Sie, sich vorzustellen, wie jemand die gleiche Situation aus der »Das-Glas-ist-halbvoll-Perspektive« betrachtet.
- *Welchen Rat würde ich jemandem geben, der dieses Problem hat und den ich liebe?* Es gelingt uns oft besser, jemand anderem Mut zuzusprechen als uns selbst. Es ist sehr unwahrscheinlich, dass man zu jemandem sagt: »Du hast wirklich ein fürchterliches Leben. Bei dir klappt aber auch gar nichts.« Stattdessen gibt man gute Ratschläge und sagt mit netten Worten: »Du wirst schon wissen, was du tun musst, und du wirst es schaffen. Ich weiß das.« Nehmen Sie sich diesen Rat selbst zu Herzen und befolgen Sie ihn.
- *Welchen Beweis habe ich dafür, dass ich das durchstehen kann?* Selbstmitleid basiert oft auf geringem Selbstver-

trauen in unsere Fähigkeit, Probleme bewältigen zu können. Wir tendieren dazu, anzunehmen, wir könnten etwas nicht durchstehen. Rufen Sie sich Zeiten in Erinnerung, in denen Sie Probleme gelöst und Tragödien gemeistert haben. Sich an diese Fähigkeiten, an die netten Helfer, die einen begleitet haben und an gemachte Erfahrungen zu erinnern, kann einem einen Schub geben, sich nicht mehr selbst zu bemitleiden.

Je mehr man über die Situation, in der man sich befindet, nachdenkt, desto schlechter wird man sich fühlen. Folgende Gedanken führen oft zu Selbstmitleid:

- *Ich kann kein weiteres Problem mehr lösen.*
- *Gutes widerfährt immer nur anderen.*
- *Mir passiert immer nur Schlechtes.*
- *Mein Leben wird täglich schlimmer.*
- *Niemand sonst muss sich mit solchen Dingen auseinandersetzen.*
- *Ich komme noch nicht mal dazu, Luft zu holen.*

Sie können entscheiden, negative Gedanken gar nicht erst zuzulassen, damit sie nicht außer Kontrolle geraten. Negative Gedanken durch realistischere zu ersetzen erfordert Übung und harte Arbeit, aber es ist wirksam, um Selbstmitleid zu reduzieren.

Wenn Sie denken, dass *nur Ihnen* immer *negative Dinge* passieren, dann machen Sie sich eine Liste von all den guten Dingen, die Sie erleben. Versuchen Sie, es so zu sehen: Mir widerfährt viel Negatives, aber auch viel Positives. Das soll nicht heißen, dass Sie etwas Negatives einfach in etwas Positives umkehren sollten. Betrachten Sie Ihre Situation realistisch.

Verwandeln Sie Selbstmitleid in Dankbarkeit

Marla Runyan hat in ihrem Leben viel erreicht. Sie hat einen Masterabschluss und ein Buch geschrieben und an den Olympischen Spielen teilgenommen. Sie war die erste Frau, die 2002 den New York Marathon innerhalb von zwei Stunden und siebenundzwanzig Minuten lief. Was Marla so außergewöhnlich macht, ist die Tatsache, dass sie dies alles erreicht hat, obwohl sie eigentlich blind ist.

Mit neun Jahren wurde bei Marla Morbus Stargardt festgestellt, eine Form der Makuladegeneration, die nur Kinder betrifft. Während ihre Sehkraft immer schlechter wurde, entdeckte Marla ihre Liebe zum Laufen. Heute ist sie eine der schnellsten Läuferinnen der Welt, obwohl sie die Ziellinie selbst nie gesehen hat.

Zu Beginn war Marla eine erfolgreiche Athletin bei den Paralympics. 1992 und 1996 nahm sie daran teil. Nicht nur, dass sie fünf Goldmedaillen und eine Silbermedaille gewann, sie brach auch mehrere Weltrekorde. Aber das reichte ihr noch nicht.

1999 lief sie bei den Panamerikanischen Spielen mit und gewann den 1500-Meter-Lauf. 2000 war sie die erste blinde Frau, die jemals an den Olympischen Spielen teilnahm. Sie war die erste Amerikanerin, die die Ziellinie überquerte. Sie wurde sogar Achte.

Marla betrachtet ihre Blindheit nicht als Benachteiligung. Sie sieht sie hingegen als ein Geschenk, das es ihr möglich macht, eine erfolgreiche Kurz- und Langstreckenläuferin zu sein. Über ihre Blindheit berichtet Marla in ihrem Buch ›Mein Weg an die Spitze‹ Folgendes: »Sie hat mich nicht nur dazu gezwungen, meine Kompetenzen unter Beweis zu stellen, sie hat mich auch aktiv vorangetrieben. Sie hat mir etwas geschenkt, und zwar Willen und Ausdauer, und davon mache ich jeden Tag Gebrauch.« Marla konzentriert sich in ihrem Leben nicht darauf, was ihr Sehverlust ihr genommen hat.

Stattdessen ist sie dankbar dafür, was ihre Sehbehinderung ihr geschenkt hat.

Wenn man sich bemitleidet, dann denkt man *Ich verdiene etwas Besseres.* Wenn man dankbar ist, dann denkt man *Ich besitze mehr, als ich verdiene.* Es ist nicht so schwer, dankbar zu sein. Jeder kann es lernen, dankbarer zu sein und eine neue Sichtweise anzunehmen.

Nehmen Sie die Großzügigkeit und Freundlichkeit anderer Menschen an. Stellen Sie das Gute heraus, und Sie werden sehr schnell das, was Sie besitzen, mehr zu schätzen wissen.

Man muss nicht reich, wahnsinnig erfolgreich oder das perfekte Leben haben, um dankbar zu sein. Jemand, der 34 000 Euro im Jahr verdient, mag denken, dass er nicht viel Geld hat, aber er gehört de facto zu einem Prozent der reichsten Menschen auf der Welt. Dass Sie dieses Buch lesen heißt, dass Sie mehr Glück haben als nahezu eine Milliarde Menschen auf der Welt, die nicht lesen können und in Armut leben.

Betrachten Sie auch mal die Dinge im Leben, die man als selbstverständlich ansieht, und arbeiten Sie daran, dankbarer zu sein. Hier ein paar kleine Tipps, was Sie tun können, um dies zu erreichen:

- *Führen Sie ein »Dankbarkeitstagebuch«.* Schreiben Sie jeden Tag eine Sache auf, für die es sich lohnt, dankbar zu sein. Das können kleine Dinge sein, frische Luft atmen zu können, den Sonnenschein zu genießen oder auch Ihre Arbeit oder Ihre Familie.
- *Sprechen Sie aus, wofür Sie dankbar sind.* Wenn Sie nicht gerne Tagebuch führen, dann machen Sie es sich zur Gewohnheit, laut auszusprechen, wofür Sie dankbar sind. Finden Sie jeden Morgen und jeden Abend etwas, wofür Sie dankbar sind. Sprechen Sie es laut aus, auch wenn Sie alleine sind, denn das wird Sie dankbarer werden lassen.
- *Verändern Sie Ihre Sichtweise, wenn Sie merken, dass Sie sich gerade selbst bemitleiden.* Wenn Sie bemerken, dass

Sie sich gerade selbst bemitleiden, dann ändern Sie Ihren Fokus. Verbieten Sie es sich zu denken, das Leben sei unfair oder Ihres sollte anders verlaufen. Setzen Sie sich stattdessen hin, und zählen Sie alle die Menschen und Erfahrungen in Ihrem Leben auf, für die Sie dankbar sein sollten. Wenn Sie ein Tagebuch führen, lesen Sie darin, wenn Selbstmitleid Sie überkommt.

- *Fragen Sie andere, wofür sie dankbar sind.* Machen Sie Dankbarkeit zum Gesprächsthema mit anderen Menschen, um in Erfahrung zu bringen, was andere dankbar sein lässt. Das zu hören kann Ihnen helfen, selbst dankbarer zu sein.
- *Bringen Sie Ihren Kindern Dankbarkeit bei.* Wenn Sie eine Mutter oder ein Vater sind, dann hilft es Ihnen, wenn Sie auch Ihren Kindern beibringen, dankbar zu sein. Machen Sie es sich zur Gewohnheit, Ihre Kinder danach zu fragen, wofür sie dankbar sind. Lassen Sie jeden in der Familie aufschreiben, wofür er dankbar ist, und legen Sie diese Zettel in einen Behälter oder befestigen Sie sie an einer Pinnwand. So kann sich jedes Familienmitglied täglich daran erfreuen, wofür es sich lohnt, dankbar zu sein.

Ihr Selbstmitleid aufzugeben wird Sie stärken

Jeremiah Denton arbeitete während des Vietnamkrieges als US-Marineflieger. 1965 wurde sein Flugzeug abgeschossen, und er war gezwungen, sich aus seiner Maschine herauszuschießen. Er wurde von den Nordvietnamesen gefangen genommen und als Kriegsgefangener gehalten.

Luftfahrzeugführer Denton und andere Offiziere befehligten weiterhin ihre Mitgefangenen, auch als sie täglich geschlagen, ausgehungert und gefoltert wurden. Denton wurde oft in Einzelhaft gesteckt, weil er andere Gefangene dazu aufrief, den Versuchen der Nordvietnamesen, Informationen aus ihnen herauszupressen, zu widerstehen. Aber das beeindruckte ihn nicht. Er erfand Strategien, mit anderen Gefangenen über Zeichensprache, Klopfzeichen und Hustenfrequenzen zu kommunizieren.

Als er sich bereits zehn Monate in Gefangenschaft befand, wurde er für ein propagandistisches Fernsehinterview ausgewählt. Während er befragt wurde, gab er vor, von den Lichtern der Kamera geblendet zu sein und blinkte mit den Augen in einem geheimen Morsecode das Wort F-O-L-T-E-R, um mitzuteilen, dass er und seine Mitgefangenen gequält wurden. Während seines Interviews unterstrich er seine Unterstützung für die amerikanische Regierung.

1973 wurde er aus der Gefangenschaft entlassen, 1977 Senator in Alabama.

Obwohl er in den widrigsten Umständen gelebt hatte, hat Jeremiah Denton keine Zeit darauf verschwendet, sich selbst zu bemitleiden. Stattdessen hat er Haltung bewahrt und sich darauf fokussiert, das zu tun, was er tun konnte, um mit seiner Situation zurechtzukommen.

Forscher haben untersucht, was den Unterschied ausmacht zwischen Menschen, die dankbar sind, und denen, die sich mehr darauf konzentrieren, was sie als Last empfinden. Einfach nur ein paar Dinge am Tag aufzuschreiben, für die man dankbar ist, bewirkt schon etwas. Dankbarkeit erhöht aber nicht nur Ihre psychische Gesundheit, sondern auch Ihre physische. Eine Studie aus dem Jahr 2003, die im *Journal of Personality and Social Psychology* erschienen war, hat herausgefunden, dass:

- *dankbare Menschen weniger krank sind als undankbare.* Sie haben ein besseres Immunsystem und klagen weniger über Schmerzen. Sie haben einen niedrigeren Blutdruck und machen mehr Sport als andere Menschen. Sie achten mehr auf ihre Gesundheit, schlafen länger und fühlen sich erfrischter, wenn sie aufwachen.

- *Dankbarkeit zu positiveren Gefühlen führt.* Menschen, die dankbar sind, sind fröhlicher und lustiger als andere. Sie fühlen sich ausgeruht und energiegeladen.
- *Dankbarkeit Ihr Sozialleben bereichert.* Dankbare Menschen sind eher bereit, anderen zu verzeihen. Sie sind extrovertierter und fühlen sich weniger einsam und isoliert. Sie sind auch eher bereit, anderen Menschen zu helfen und verhalten sich großzügig und mitfühlend.

Fehlerbehebung und gängige Fallen

Wenn Sie zulassen, dass Selbstmitleid Sie überkommt, wenn Sie unter Stress stehen, dann schieben Sie eine Lösung des Problems nur auf. Achten Sie auf Warnzeichen, und unternehmen Sie einen proaktiven Versuch, Ihre Einstellung zu ändern, und zwar sofort.

Was sinnvoll ist

Realistisch zu überprüfen, wo Sie stehen, damit Sie nicht übertreiben.
Negative Gedanken mit realistischen zu ersetzen.
Eine aktive Problemlösung zu suchen und daran zu arbeiten, Ihre Situation zu verbessern.
Aktiv zu sein und sich so zu verhalten, dass Sie weniger Mitleid mit sich selbst empfinden.
Jeden Tag für etwas dankbar zu sein.

Was nicht sinnvoll ist

Zu denken, dass es Ihnen schlechter geht als den meisten anderen Menschen.
Sich negativen Gedanken hinzugeben, wie schwierig das Leben ist.

Passiv zu bleiben und sich darauf zu konzentrieren, wie man fühlt statt was man verändern kann.
Erfahrungen und Aktivitäten nicht zuzulassen, die Besserung ermöglichen.
Sich weiter darauf zu konzentrieren, was man nicht besitzt, statt was man besitzt.

Kapitel 2

Sie geben ihre Macht nicht ab

Wenn wir unsere Feinde hassen, dann geben wir ihnen Macht über uns: Macht über unseren Schlaf, unseren Appetit, unseren Bluthochdruck, unsere Gesundheit und unser Glück.

Dale Carnegie

Lauren war davon überzeugt, dass ihre anmaßende und sich ständig einmischende Schwiegermutter ihre Ehe, wenn nicht gar ihr ganzes Leben ruinieren werde. Obwohl sie ihre Schwiegermutter Jackie schon in der Vergangenheit als nervig empfunden hatte, wurde es schier unerträglich, als ihr Mann und sie Kinder hatten.

Mehrmals in der Woche kam sie nun unangemeldet vorbei und blieb einfach stundenlang. Lauren empfand das als aufdringlich, weil sie nur wenig Zeit nach der Arbeit mit ihren Töchtern verbringen konnte, bevor sie ins Bett mussten.

Aber was sie am meisten störte, war, dass Jackie versuchte, ihre Autorität vor den Mädchen zu untergraben. Jackie sagte dann zum Beispiel »Ach, weißt du, ein wenig fernsehen wird dir schon nicht schaden. Ich verstehe gar nicht, warum deine Mutter immer sagt, du sollst das nicht«, oder »Ich würde dir ja etwas Süßes geben, aber deine Mutter ist der Meinung, dass Zucker schlecht für deine Gesundheit ist«. Sie hielt Lauren manchmal Vorträge über »Erziehung in der heutigen Zeit« und erzählte ihr, dass ihre eigenen Kinder auch fernsehen und Süßigkeiten essen durften und aus ihnen ja auch etwas geworden sei.

Lauren reagierte auf Jackies Kommentare immer mit höflichem Kopfnicken, innerlich jedoch kochte sie. Sie lehnte Jackie immer mehr ab und ließ ihre Wut an ihrem Mann aus. Aber immer, wenn Lauren sich über ihre Schwiegermutter beklagte, sagte dieser nur »Du weißt doch wie sie ist«, oder »Ignoriere sie einfach. Sie meint es ja nur gut«. Lauren fand lediglich bei ihren Freundinnen Trost, bei denen sie sich ausweinte. Diese bezeichneten Jackie als »Schwieger-Drachen«.

Aber an einem Abend brachte eine Bemerkung Jackies das Fass zum Überlaufen. Sie hatte Lauren dazu angehalten, mehr Sport zu machen, weil diese etwas zugenommen hatte. Jetzt war das Maß voll. Lauren stürmte aus dem Haus und verbrachte die Nacht bei ihrer Schwester. Am nächsten Tag wollte sie aber immer noch nicht nach Hause gehen. Sie hatte Angst davor, sich Jackies Anschuldigungen anhören zu müssen. An diesem Punkt wurde ihr klar, dass sie sich professionelle Hilfe holen musste oder ihre Ehe in Gefahr wäre.

Lauren suchte anfangs Rat, weil sie ihre Wut in Bezug auf die Kommentare ihrer Schwiegermutter kontrollieren wollte. Nach einigen Therapiesitzungen erkannte sie, dass sie nicht nur anders auf Jackies Kommentare reagieren, sondern auch proaktiv daran arbeiten musste, diese Unstimmigkeiten zu verhindern.

Ich bat Lauren, mir ein Kreisdiagramm zu zeichnen, das verdeutlichte, wie viel Zeit und Energie sie auf verschiedene Lebensbereiche wie Schlafen, Arbeit, Freizeit, Familie und Zeit mit ihrer Schwiegermutter verwendete. Dann bat ich sie, ein zweites Kreisdiagramm zu zeichnen, in das sie die genaue Dauer jeder einzelnen Aktivität in Stunden und Minuten eintragen sollte. Als sie damit fertig war, wurde deutlich, dass die Faktoren Zeit und Einsatz in einem unangemessenen Verhältnis zueinander standen. Obwohl sie nur circa fünf Stunden pro Woche mit ihrer Schwiegermutter zusammen war, verbrachte sie weitere fünf Stunden damit, über sie zu reden oder darüber nachzudenken, wie sehr sie diese verabscheute. Die Übung half ihr zu erkennen, dass ihre Schwiegermutter Macht über viele Bereiche ihres Lebens hatte. Statt darüber nachzudenken, wie wenig sie ihre Schwiegermutter mochte, hätte sie ihre Zeit besser mit ihrem Mann oder ihren Kindern verbracht.

Als Lauren begriff, wie viel Macht sie Jackie damit über sich gab, begann sie, über Veränderungen nachzudenken. Als Erstes arbeitete sie mit ihrem Mann daran, gesunde Grenzen für ihre Familie zu setzen. Diese sollten auch den Einfluss Jackies auf die Familie mindern. Sie erklärten Jackie, dass sie nicht länger unangekündigt mehrmals in der Woche vorbeikommen könne. Stattdessen würden sie sie einladen, wenn es ihnen zeitlich passt. Sie teilten ihr auch mit, dass sie nicht länger die Autorität Laurens als Mutter untergraben könne, und wenn sie es täte, dann würde Lauren sie bitten zu gehen. Lauren traf die bewusste Entscheidung, sich nicht mehr über Jackie zu beklagen, denn dadurch war ihre Frustration nur noch größer geworden.

Langsam, aber sicher fing Lauren an, sich ihr Leben und ihr Haus wieder zurückzuerobern. Sie fürchtete sich nun nicht mehr vor Jackies Besuchen, weil sie wusste, dass sie respektloses und unangemessenes Verhalten in ihrem Heim nicht dulden musste. Stattdessen hatte sie nun die Kontrolle darüber, was in ihrem Haus geschah.

An andere Menschen Macht abgeben

Anderen Menschen Macht darüber zu geben, wie man fühlt, denkt und sich benimmt, macht es einem unmöglich, mental stark zu sein. Klingt irgendetwas hiervon bekannt?

- ☐ Sie fühlen sich von Kritik oder negativem Feedback tief betroffen, egal wer sie äußert.
- ☐ Andere Menschen können Sie so wütend machen, dass Sie Dinge sagen oder tun, die Sie später bereuen.
- ☐ Sie haben Ihre Ziele danach ausgerichtet, was andere Menschen Ihnen vorgeschrieben haben.
- ☐ Ihr Tag wird nur gut, wenn andere Leute nett zu Ihnen sind.
- ☐ Wenn andere Menschen Sie zu etwas drängen, dann tun Sie das, auch wenn Sie es eigentlich nicht wollen.

- ☐ Sie haben ein großes Interesse daran, in gutem Licht dazustehen. Ihr Selbstwertgefühl hängt davon ab, was andere über Sie denken.
- ☐ Sie verbringen viel Zeit damit, sich über Menschen, die Sie nicht mögen, oder Umstände zu beklagen.
- ☐ Sie beschweren sich oft darüber, was Sie alles »tun müssen«, aber nicht wollen.
- ☐ Sie sind sehr bemüht, unangenehme Gefühle wie Traurigkeit oder Verlegenheit zu vermeiden.
- ☐ Es fällt Ihnen schwer, Grenzen zu setzen, lehnen dann aber Menschen ab, die Ihre Zeit und Hilfe in Anspruch nehmen.
- ☐ Sie sind lange verärgert, wenn jemand Sie beleidigt oder verletzt hat.

Finden Sie sich in einigen Beispielen wieder? Sich Macht zurückzuholen heißt, sich darüber im Klaren zu sein, wer Sie sind und welche Wahlmöglichkeiten Sie haben, ungeachtet der Menschen, die Sie umgeben, und der Umstände, in denen Sie sich befinden.

Warum wir Macht abgeben

Lauren wollte auf jeden Fall nett sein und meinte, sie sei nur dann eine gute Schwiegertochter und Mutter, wenn sie ihre Schwiegermutter tolerierte. Sie glaubte, es sei respektlos, diese zu bitten, nicht unangekündigt vorbeizukommen, deshalb zögerte sie, ihre verletzten Gefühle zu zeigen. Sie war so erzogen worden, immer die »andere Wange hinzuhalten«, wenn jemand sie schlecht behandelte. Aber mit ein wenig Hilfe erkannte sie, dass es nicht gemein oder respektlos war, Grenzen zu setzen. Es tat ihr und ihrer Familie gut und machte Lauren wieder mental stark.

Immer wenn Sie keine gesunden emotionalen und physischen Grenzen für sich und Ihre Familie setzen, riskieren Sie,

Macht an andere Menschen abzugeben. Vielleicht fällt es Ihnen schwer, nein zu sagen, wenn ein Nachbar Sie um Hilfe bittet. Oder vielleicht fürchten Sie auch einen Telefonanruf einer Freundin, die sich ständig beklagt. Dennoch nehmen Sie den Anruf immer wieder entgegen. Jedes Mal, wenn man nicht nein sagt, wenn man etwas wirklich nicht machen möchte, gibt man Macht ab. Wenn man nicht versucht, die eigenen Bedürfnisse zu befriedigen, erlaubt man Menschen, einem etwas wegzunehmen.

Darauf zu verzichten, emotionale Grenzen zu setzen, kann ebenso problematisch sein. Wenn Sie nicht mögen, wie jemand Sie behandelt, sich aber nicht behaupten, dann geben Sie dieser Person Macht über Ihr Leben.

Das Problem, Macht abzugeben

Lauren erlaubte ihrer Schwiegermutter, über ihren Feierabend zu bestimmen. Immer wenn Jackie vorbeikam, fühlte Lauren Wut in sich aufsteigen und war verbittert darüber, dass sie ihre Freizeit nicht alleine mit ihren Kindern verbringen konnte. An den Tagen, an denen Jackie nicht vorbeikam, war Lauren viel entspannter. Sie ließ es also zu, dass Jackies Verhalten die Beziehung zu ihren Kindern und ihrem Ehemann störte.

Statt mit ihrem Mann und ihren Freunden über schöne Dinge in ihrer Freizeit zu sprechen, vergeudete sie Zeit damit, sich über Jackie zu beklagen. Manchmal arbeitete sie freiwillig länger, weil sie sich nicht darauf freute, nach Hause zu gehen, da Jackie dort sein würde. Je länger sie die Macht an Jackie abgab, desto hilfloser wurde sie bei ihrem Versuch, ihr Leben wieder in den Griff zu bekommen.

Es können viele Probleme entstehen, wenn man Macht abgibt:

- *Sie sind abhängig von anderen, um Ihre Gefühle zu regulieren.* Wenn Sie Macht abgeben, dann sind Sie gefühlsmäßig vollkommen von anderen Menschen und äußeren Lebensumständen abhängig. Das Leben ist oft eine Achterbahn – wenn alles gut läuft, dann fühlt man sich auch gut, aber wenn sich Ihre Lebensumstände verändern, dann verändern sich auch Ihre Gedanken, Ihre Gefühle und Ihr Verhalten.
- *Sie lassen es zu, dass andere Menschen Ihren Selbstwert bestimmen.* Wenn Sie anderen die Macht geben, Ihren Selbstwert zu bestimmen, dann werden Sie sich nie stark fühlen. Sie werden sich nur so gut fühlen, wie das Urteil anderer über Sie ausfällt und nie in der Lage sein, genug Lob und positives Feedback zu erhalten, um Ihre Bedürfnisse zu befriedigen.
- *Sie scheuen es, sich mit dem eigentlichen Problem zu befassen.* Macht abzugeben führt zu Hilflosigkeit. Statt sich darauf zu konzentrieren, was Sie tun könnten, um Ihre Situation zu verbessern, werden Sie immer einen Grund finden, Ihre Probleme zu rechtfertigen.
- *Sie werden zum Opfer Ihrer Lebensumstände.* Statt zu agieren, werden Sie nur zuschauen. Sie werden behaupten, andere Menschen seien daran schuld, dass Sie sich gut oder schlecht fühlen oder auf eine bestimmte Art und Weise reagieren, obwohl Sie dies gar nicht wollen. Statt Verantwortung für Ihr Handeln zu übernehmen, werden Sie auf andere verweisen.
- *Sie werden sehr empfindlich in Bezug auf Kritik.* Sie werden die Fähigkeit verlieren, mit Kritik vernünftig umzugehen. Stattdessen werden Sie sich alles, was gesagt wird, zu Herzen nehmen. Sie werden Wörtern mehr Bedeutung geben, als sie es verdient haben.
- *Sie werden Ihre Ziele aus den Augen verlieren.* Sie werden nicht in der Lage sein, sich das Leben aufzubauen, das Sie möchten, wenn Sie anderen Menschen die Kontrolle über Ihre Ziele geben. Sie können nicht erfolgreich an Ihren Zie-

len arbeiten, wenn Sie anderen Menschen erlauben, Ihrem Fortkommen im Weg zu stehen.

- *Sie zerstören Beziehungen.* Wenn Sie anderen nicht zeigen, dass Sie sich verletzt fühlen, dann lassen Sie diese Verletzungen zu und werden sich wahrscheinlich diesen Menschen gegenüber ablehnend verhalten.

Fordern Sie Ihre Macht zurück

Wenn Sie kein Vertrauen zu sich selbst haben, kann es sein, dass Ihr ganzes Selbstwertgefühl davon abhängt, was andere über Sie denken. Was geschieht, wenn andere Sie beleidigen? Was wäre, wenn andere Sie nicht mehr mögen? Wenn Sie gesunde Grenzen setzen, kann es durchaus passieren, dass dies zu Gegenreaktionen führt. Aber wenn Sie selbstbewusst sind, werden Sie feststellen, dass Sie solche Rückschläge verkraften.

Lauren hat gelernt, dass sie ihrer Schwiegermutter entschieden gegenübertreten konnte. Obwohl Lauren Konfrontationen hasste, erklärte sie Jackie gemeinsam mit ihrem Mann ihre Probleme. Zu Beginn war Jackie verärgert darüber, dass sie nicht mehr jeden Abend vorbeikommen durfte. Aber langfristig musste Jackie akzeptieren, dass sie sich den Regeln anpassen musste, wenn sie weiterhin Kontakt zu ihrer Familie haben wollte.

Finden Sie die Menschen, die Ihnen Ihre Macht nehmen

Steven McDonald ist ein Mensch, der entschied, sich keine Macht nehmen zu lassen. Als er 1986 in New York City als Polizist arbeitete, hielt er einmal Jugendliche an, um sie über kürzlich geschehene Fahrraddiebstähle zu befragen. Einer der Fünfzehnjährigen zückte daraufhin eine Waffe und schoss ihm in Kopf und Hals. Die Schüsse lähmten ihn fortan vom Hals abwärts.

Es war ein Wunder, dass McDonald damals überhaupt überlebte. Er musste jedoch achtzehn Monate im Krankenhaus und in der Rehabilitation verbringen, damit er lernte, sein Leben als Quadriplegiker meistern zu können. Zum Zeitpunkt des Unfalls war er frisch verheiratet und seine Frau im sechsten Monat schwanger.

Seine Frau und er fassten den Entschluss, sich nicht darauf zu konzentrieren, was ihnen genommen worden war. Sie trafen die bewusste Entscheidung, dem Jungen zu vergeben. Einige Jahre später rief ihn sein Attentäter aus dem Gefängnis an und bat ihn um Vergebung. Steven McDonald verzieh ihm nicht nur, er schlug dem Jungen sogar vor, mit ihm durchs Land zu reisen, um anderen Menschen darüber zu berichten und sie davon abzuhalten, eine solche Tat zu begehen. Dies ergab sich jedoch leider nie. Der junge Mann kam drei Tage, nachdem er aus dem Gefängnis entlassen worden war, bei einem Motorradunfall ums Leben.

Also begab sich McDonald alleine auf seine Mission für Frieden und Vergebung. »Schlimmer als die Kugel in meiner Wirbelsäule wäre es, Rache in meinem Herzen zu empfinden«, sagt er in seinem Buch ›Why Forgive?‹. McDonald verlor zwar seine physische Beweglichkeit bei dem Anschlag, aber er gab dieser gewalttätigen Tat und seinem Attentäter nicht die Macht, sein ganzes Leben zu ruinieren. Er ist heute ein gefragter Redner, der Liebe, Respekt und Vergebung predigt. Er ist, obwohl er Opfer eines sinnlosen Gewaltangriffs geworden war, ein inspirierendes Beispiel dafür, dass man keine Zeit darauf verschwenden sollte, seinem Angreifer Macht zu geben.

Jemandem zu vergeben, der einen entweder emotional oder physisch verletzt hat, heißt nicht, dass man das Verhalten der anderen Person billigt. Wenn man aber seine Wut loslässt, kann man seine Energien auf wichtigere Dinge richten.

Wenn man sich sein Leben lang als Opfer der eigenen Lebensumstände betrachtet hat, dann fällt es oft schwer zu erkennen, dass man die Macht hat, seinen Weg selbst zu bestimmen. Der erste Schritt hierfür ist es zu erkennen, dass man äußere Umstände und andere Menschen dafür verantwortlich macht, wie man denkt, fühlt und handelt. Schauen Sie sich die Menschen, in die Sie Zeit und Kraft investieren, genau an. Sind sie es wert? Wenn nicht, dann haben Sie ihnen vielleicht mehr Macht über Sie gegeben, als sie verdienen.

Jede Sekunde, die Sie mit Kollegen darauf verschwenden, sich selbst zu bemitleiden und darüber zu lästern, wie unfair Ihr Chef ist, geben Sie Ihrem Chef mehr Macht. Jedes Mal, wenn Sie Freunden erzählen, wie herrisch Ihre Schwiegermutter ist, geben Sie ihr mehr Macht über Sie. Hören Sie auf damit, in Menschen Zeit und Kraft zu investieren, wenn Sie nicht möchten, dass diese Ihr Leben bestimmen.

Lernen Sie, anders zu formulieren

Manchmal benötigt man eine andere Sichtweise auf Dinge, um sich seine Macht zurückzuerobern. Hier einige Beispiele, wann man seine Macht abgibt:

- »Mein Chef *macht* mich so wütend.« Vielleicht mögen Sie es nicht, wie Ihr Vorgesetzter oder Chef sich Ihnen gegenüber verhält, aber ist er wirklich in der Lage, Sie wütend zu *machen*? Er mag sich nicht so benehmen, wie Sie es gerne hätten, und das hat Einfluss auf Ihre Gefühle, aber er zwingt Sie nicht dazu, etwas Konkretes zu empfinden.
- »Mein Freund hat mich verlassen, weil ich nicht *gut genug* für ihn bin.« Sind Sie wirklich nicht gut genug, oder ist das nur die Meinung eines einzelnen Menschen? Wenn Sie hundert Menschen befragten, dann würde diese Ansicht nicht von allen geteilt. Nur weil ein Mensch so etwas denkt, heißt es nicht, dass es wahr ist. Geben Sie einem Menschen nicht die Macht, darüber zu bestimmen, wer Sie sind.
- »Meine Mutter *schafft* es, dass ich schlecht von mir denke, weil sie immer so kritisch ist.« Hat man es als Erwachsener

nötig, sich immer wieder die kritischen Kommentare der eigenen Mutter anzuhören? Nur weil sie etwas sagt, das Ihnen nicht gefällt, heißt das nicht, dass dies Ihr Selbstwertgefühl beeinträchtigen sollte.

- »Ich *muss* meine Verwandten jeden Sonntagabend zum Essen einladen.« Zwingen Ihre Verwandten Sie wirklich dazu, dies zu tun, oder machen Sie es, weil es für Ihre Familie wichtig ist?

Denken Sie nach, bevor Sie reagieren

Rachel brachte ihre sechzehnjährige Tochter zu mir, weil diese sich beharrlich weigerte, auf ihre Mutter zu hören. Egal, was sie ihre Tochter zu tun bat, sie verweigerte sich. Ich fragte Rachel, wie sie darauf reagierte, wenn ihre Tochter sich ihren Anordnungen widersetzte. Aus Verzweiflung schrie sie und stritt mit ihr. Jedes Mal, wenn die Tochter »Nein!« sagte, schrie sie zurück: »Tu es!«

Rachel war sich dessen nicht bewusst, aber sie gab ihrer Tochter viel zu viel Macht. Jede Minute, in der sie mit ihrer Tochter herumstritt, war eine Minute, in der diese ihr Zimmer nicht aufräumen musste. Jedes Mal, wenn ihr der Geduldsfaden riss, gab Rachel mehr Macht ab. Statt das Verhalten ihrer Tochter zu kontrollieren, gab Rachel ihrer Tochter die Macht, sie zu kontrollieren.

Wenn jemand etwas sagt, das Ihnen nicht gefällt, und Sie schreien oder fangen an zu argumentieren, dann geben Sie den Worten noch mehr Gewicht. Denken Sie vorher darüber nach, wie Sie sich verhalten wollen, bevor Sie reagieren. Jedes Mal, wenn Sie die Kontrolle verlieren, geben Sie der anderen Person mehr Macht. Hier ein paar Strategien, wie man ruhig bleiben kann:

- *Atmen Sie tief ein.* Frustration und Wut rufen körperliche Reaktionen hervor, zum Beispiel Atemnot, Herzrasen und

Schwitzen. Langsam und tief ein- und auszuatmen entspannt Ihre Muskeln, was sich wiederum positiv auf Ihr emotionales Reaktionsvermögen auswirkt.

- *Entziehen Sie sich der Situation.* Je aufgewühlter man ist, desto weniger kann man rational denken. Erkennen Sie Ihre persönlichen Wut-Warnsignale, zum Beispiel Zittern oder Schwitzen, und gehen Sie einfach weg, bevor Sie die Kontrolle verlieren. Sagen Sie: »Darüber will ich jetzt nicht reden.«
- *Lenken Sie sich ab.* Versuchen Sie nicht, ein Problem zu lösen oder über etwas zu diskutieren, wenn Sie emotional aufgeladen sind. Lenken Sie sich mit Lesen oder Joggen ab, damit Sie wieder ruhiger werden. Wenn Sie an etwas anderes denken, auch wenn es nur für ein paar Minuten ist, wird Sie das beruhigen und Sie rationaler denken lassen.

Gehen Sie mit Feedback kritisch um

Kurz bevor Madonna eine CD veröffentlichte, die sich zehn Millionen Mal verkaufen sollte, hatte sie eine Absage des Vorsitzenden von Millenium Records erhalten, in der stand: »Was diesem Projekt fehlt, ist der Inhalt.« Hätte sie sich damals dieses Schreiben zu Herzen genommen, dann hätte sie aufgegeben und ihre Karriere als Sängerin und Songschreiberin an den Nagel gehängt. Aber glücklicherweise hat sie das nicht getan und sich in der Musikbranche weiter umgeschaut. Kurze Zeit später erhielt sie einen Vertrag, der ihre Karriere so richtig ins Rollen brachte. In den letzten Jahrzehnten hat sie bewiesen, dass sie zu Recht als beste weibliche Künstlerin aller Zeiten im Guinnessbuch der Rekorde steht. Später erhielt sie diverse andere Auszeichnungen, zum Beispiel wurde sie zur besten tourenden Künstlerin aller Zeiten gekürt und wurde Zweite beim Billboard Hot 100 aller Zeiten, Zweite … nach den Beatles.

Fast jeder erfolgreiche Mensch hat mal eine Absage bekommen. Im Jahr 1956 wollte Andy Warhol eines seiner Bilder kostenlos im Museum of Modern Art in New York ausstellen. Das wurde abgelehnt. Blicken wir auf das Jahr 1989 zurück, dann sehen wir ihn als erfolgreichen Künstler, dem ein eigenes Museum gewidmet ist. Natürlich darf jeder seine eigene Meinung vertreten, aber erfolgreiche Leute lassen sich nicht von der Meinung eines anderen definieren.

Sich seine Macht zu bewahren heißt, sich das Feedback anderer anzuhören und dann zu überprüfen, ob es sinnvoll ist. Kritik kann einem manchmal die Augen darüber öffnen, wie andere einen sehen. Manchmal sollten wir sie auch annehmen, zum Beispiel wenn ein Freund uns über eine schlechte Angewohnheit informiert oder der Ehepartner einem sein selbstbezogenes Handeln vor Augen führt. Dies gibt uns die Chance, uns zu verbessern. Wütende Menschen neigen dazu, recht regelmäßig harte Kritik zu äußern, weil sie damit Stress abbauen. Individuen mit einem geringen Selbstwertgefühl fühlen sich besser, wenn sie andere Menschen niedermachen können. Man muss also sehr genau schauen, wer einen kritisiert, bevor man eine Entscheidung trifft, wie man weiter vorgehen möchte.

Wenn Sie Kritik oder Feedback von anderen bekommen, dann warten Sie erst einmal, bevor Sie darauf antworten. Wenn Sie verärgert sind oder emotional reagieren, dann nehmen Sie sich Zeit, um sich zu beruhigen. Stellen Sie sich folgende Fragen:

- *Welchen Beweis gibt es dafür, dass das Gesagte wahr ist?* Zum Beispiel, wenn Ihr Chef behauptet, Sie seien faul, überprüfen Sie, ob es Zeiten gab, in denen Sie vielleicht nicht so ganz bei der Sache waren.
- *Welchen Beweis gibt es dafür, dass das Gesagte nicht wahr ist?* Überprüfen Sie, ob Sie viel Mühe in Ihre Arbeit investiert und hart gearbeitet haben.
- *Warum gibt mir dieser Mensch ein solches Feedback?* Ver-

suchen Sie herauszufinden, warum jemand Ihnen negatives Feedback gibt. Weiß derjenige genug über Sie? Wenn Ihr Chef Sie an einem Tag beobachtet hat, an dem Sie sich krank fühlten, dann denkt er wohlmöglich, Sie seien nicht sehr produktiv. Diese Schlussfolgerung mag aber nicht richtig sein.

- *Möchte ich mein Verhalten verändern?* Es mag Zeiten geben, in denen Sie Ihr Verhalten verändern möchten und Kritik annehmen. Wenn Ihr Chef zum Beispiel sagt, Sie seien faul, liegt es an Ihnen zu entscheiden, ob Sie tatsächlich nicht so viel Einsatz gezeigt haben, wie Sie gekonnt hätten. Vielleicht beschließen Sie, in Zukunft früher auf der Arbeit zu sein und länger zu bleiben, weil es Ihnen wichtig ist, als fleißig angesehen zu werden. Aber denken Sie immer daran, dass Ihr Chef Sie zu nichts zwingt. Sie verändern ihre Gewohnheiten, weil Sie das so wollen, nicht weil Sie müssen.

Denken Sie immer daran, dass die Meinung eines Einzelnen nicht der Wahrheit letzter Schluss ist. Man kann auch auf respektvolle Art anderer Meinung sein, ohne Zeit und Energie darauf zu verschwenden, die Meinung anderer revidieren zu wollen.

Erkennen Sie Ihre Möglichkeiten

Es gibt einige Dinge im Leben, die man tun muss, aber oft reden wir uns ein, dass wir keine Wahl hätten. Anstatt zu sagen »Ich muss morgen zur Arbeit gehen«, machen Sie sich bewusst, dass Sie die Wahl haben, ob Sie gehen oder nicht. Wenn Sie nicht gehen, wird das jedoch Konsequenzen nach sich ziehen. Vielleicht werden Sie Ihr Gehalt nicht bekommen. Oder vielleicht riskieren Sie damit sogar Ihren Job. Dennoch haben Sie die Wahl.

Sich manchmal daran zu erinnern, dass man bei allem, was man tut, denkt oder fühlt, eine Wahl hat, kann sehr befreiend sein. Wenn Sie sich Ihr ganzes Leben lang wie ein Opfer Ihrer Umstände gefühlt haben, dann wird es schwer sein zu erkennen, dass Sie die Macht haben, das Leben zu leben, das Sie möchten.

Sich Ihre Macht zurückzuholen wird Sie stärken

Keiner, der Macht abgibt, kann als »einflussreichster Mensch der Welt« bezeichnet werden. Oprah Winfrey jedoch ist zum Beispiel so bezeichnet worden. Sie wuchs in großer Armut auf und wurde in ihrer Kindheit von verschiedenen Männern sexuell missbraucht. Sie lebte mal bei ihrer Mutter, mal beim Vater oder der Großmutter, und als Teenager lief sie oft von zu Hause weg. Mit vierzehn Jahren wurde sie schwanger, aber das Baby starb kurz nach der Geburt.

Während ihrer letzten Highschool-Jahre jobbte sie bei einem ortsansässigen Radiosender. Später arbeitete sie noch in mehreren anderen Medienjobs, und irgendwann wurde sie sogar Nachrichtensprecherin. Nach kurzer Zeit jedoch wurde sie gefeuert.

Sie ließ dennoch nicht zu, dass die Meinung einer einzigen Person zu ihren »Sendequalitäten« sie davon abhielt, weiterzumachen. Mit nur zweiunddreißig Jahren hatte sie ihre eigene Talkshow, die ein nationaler Erfolg wurde. Mit zweiundvierzig Jahren hatte sie bereits netto über 340 Millionen US-Dollar verdient. Oprah gehören heute eine Illustrierte, eine Radio- und TV-Sendung, und sie ist Coautorin von fünf Büchern. Sie nennt sogar einen Acadamy Award ihr Eigen. Sie hat eine Vielzahl von Netzwerken für wohltätige Zwecke ins Leben gerufen, um Menschen in Not zu helfen. Eins davon ist die Leadership Academy für Mädchen in Südafrika.

Oprah hat sich weder durch ihre Kindheit noch durch einen Arbeitgeber ihre Macht nehmen lassen. Sie ist eine Frau, die einmal sehr arm war und dafür gehänselt wurde, schäbig gekleidet zu sein. CNN und Time kürten sie jedoch zur einflussreichsten Frau der Welt. Rein statistisch gesehen, hatte sie bei einer solchen Kindheit keinen guten Start ins Leben. Aber Oprah weigerte sich, in einer Statistik aufzutauchen. Stattdessen hat sie entschieden, wer sie sein will und ihre Macht nicht abgegeben.

Wenn Sie wissen, dass niemand die Macht hat, Einfluss darauf zu nehmen, was Sie empfinden, dann fühlen Sie sich frei. Ich möchte einige Beispiele dafür geben, wie man es schafft, seine Macht zu bewahren und mental stark zu sein:

- *Sie werden sich besser fühlen, wenn Sie darüber entscheiden, was am besten für Sie ist.*
- *Wenn Sie Verantwortung für Ihr Handeln übernehmen, dann sind Sie auch für die Fortschritte in Bezug auf Ihre Zielsetzung verantwortlich.*
- *Niemand drängt Sie dazu, etwas zu tun, das Sie nicht wollen und das auf Schuldgefühlen oder dem, was andere von Ihnen wollen, beruht.*
- *Sie werden sich die Zeit für Dinge nehmen, die Ihnen Spaß machen, und nicht anderen die Schuld dafür geben, Ihre Zeit verschwendet oder Ihren Tag ruiniert zu haben.*
- *Sich Ihre Macht zurückzuholen reduziert das Risiko, ängstlich oder depressiv zu werden oder andere mentale Probleme zu bekommen.* Viele psychische Probleme gründen auf einem Gefühl der Hoffnungs- und Hilflosigkeit. Wenn Sie aber entscheiden, anderen Menschen und äußeren Umständen nicht die Macht zu geben, Ihre Gefühle und Ihr Verhalten zu kontrollieren, dann gewinnen Sie an mentaler Stärke.

Groll, Wut und Ablehnung werden nicht dazu führen, das Leben eines anderen Menschen in irgendeiner Form zu beeinträchtigen. Stattdessen geben Sie jedoch der anderen Person mehr Macht über Ihre eigene Lebensqualität. Vergeben zu können ermöglicht es Ihnen, Ihre Macht zurückzugewinnen und zwar über Ihre psychische und physische Gesundheit. Die Forschung hat herausgefunden, dass es positive gesundheitliche Auswirkungen hat, wenn man einem anderen vergeben kann:

- *Verzeihen reduziert Stress.* Wenn man jahrelang Groll hegt, dann fügt das dem Körper kontinuierlich Stress zu. Wenn Sie in der Lage sind zu vergeben, wird Ihr Blutdruck sinken und Ihr Puls sich verlangsamen.
- *Wenn Sie verzeihen können, wird sich Ihre Schmerzgrenze erhöhen.* 2005 zeigte eine Studie, dass sich bei Menschen mit chronischen Rückenschmerzen das seelische Leid bei Zorn erhöhte und die Schmerzgrenze verringerte. Die Bereitschaft zu vergeben wurde mit einer höheren Schmerztoleranz assoziiert.
- *Bedingungsloses Verzeihen kann Ihnen dabei helfen, länger zu leben.* Eine Studie aus dem Jahr 2012, die im *Journal of Behavioral Medicine* erschien, fand heraus, dass, wenn Menschen nur unter bestimmten Bedingungen verzeihen können, zum Beispiel, wenn die andere Person sich entschuldigt oder schwört, sich nie wieder so zu verhalten, es tatsächlich deren Risiko erhöhte, früher zu sterben. Man hat aber keine Kontrolle darüber, ob sich jemand entschuldigt oder nicht. Wenn man darauf wartet, dass sich andere entschuldigen, dann gibt ihnen das nicht nur die Kontrolle über Ihr Leben, sondern vielleicht auch über Ihren Tod.

Fehlerbehebung und gängige Fallen

Beobachten Sie, wann Sie Ihre Macht freiwillig abgeben. Das kann mühsam sein. Aber wenn Sie mentale Stärke aufbauen möchten, müssen Sie Ihre Macht behalten.

Was hilft

Eine Sprache zu benutzen, die unterstreicht, dass Sie eine Wahl haben. Sagen Sie: »Ich entscheide …«

Gesunde emotionale und physische Grenzen zu setzen.

Proaktiv zu handeln, indem Sie bewusst wählen, wie Sie auf andere reagieren möchten.

Es selbst zu entscheiden, wie Sie Ihre Zeit und Energie einzusetzen wünschen.

Anderen zu verzeihen, egal ob sie etwas wiedergutmachen wollen oder nicht.

Bereit zu sein, Feedback und Kritik anzunehmen, ohne gleich voreilige Schlüsse zu ziehen.

Was nicht hilft

Eine Sprache zu benutzen, die einen zum Opfer macht, wie »Ich muss das tun« oder »Mein Chef macht mich so wütend«.

Wut und Ablehnung Menschen gegenüber zu empfinden, denen man erlaubt, einen zu verletzen.

Auf andere negativ zu reagieren und sie dann anzuklagen, wie man etwas gehandhabt hat.

Etwas zu tun, das man nicht tun möchte, und andere anzuklagen, einen »gezwungen« zu haben.

Langfristig Groll, Wut und Ablehnung zu empfinden.

Feedback und Kritik anderer zu verinnerlichen und als das Maß aller Dinge zu sehen.

Kapitel 3
Sie haben keine Angst vor Veränderungen

> Es ist nicht so, dass es Menschen mit und ohne Willenskraft gibt … Es gibt Menschen, die sich verändern wollen und solche, die es nicht wollen.
>
> *James Gordon*

Richard kam in meine Praxis, weil er keine Fortschritte bei seiner gesundheitlichen Entwicklung machte. Mit vierundvierzig Jahren hatte er 34 Kilogramm Übergewicht und war seit kurzem Diabetiker.

Kurz nach seiner Diagnose traf er sich mit einem Ernährungswissenschaftler, um zu erfahren, wie sich seine Essgewohnheiten verändern mussten, damit er abnahm und seinen Diabetes unter Kontrolle brachte. Zu Beginn ließ er Süßigkeiten weg, die er vorher regelmäßig gegessen hatte. Er entsorgte seine Eiscreme, seine Plätzchen und seine süßen Limonaden. Aber schon nach zwei Tagen kaufte er umso mehr Süßigkeiten ein und verfiel wieder in sein altes Muster.

Er war sich auch bewusst, dass er seine sportlichen Aktivitäten erhöhen musste, wenn er wieder gesund werden wollte. Sport hatte er immer gemocht. In seiner Highschool-Zeit war er ein Football- und Basketball-Star gewesen. Aber heute verbrachte er die meiste Zeit hinter dem Computer. Er arbeitete viel und war sich nicht sicher, ob er überhaupt Zeit für Sport hatte. Er war zwar Mitglied in einem Fitnessstudio, aber er war nur zweimal dort gewesen. Normalerweise war er nach der Arbeit todmüde, und außerdem hatte er jetzt schon das Gefühl, seiner Frau und seinen Kindern nicht genug Zeit zu widmen.

Richard erzählte mir von seinem Wunsch, gesünder zu leben. Aber er war frustriert. Obwohl er begriff, dass es ein Risiko für ihn war, übergewichtig zu sein und seinen Diabetes nicht im

Griff zu haben, konnte er sich nicht dazu motivieren, seine ungesunden Gewohnheiten aufzugeben.

Es wurde ihm klar, dass er versucht hatte, zu viel auf einmal zu verändern. Ich empfahl ihm, einen Schritt nach dem anderen zu machen. In der ersten Woche sollte er auf die Kekse, die er gerne nachmittags an seinem Schreibtisch aß, verzichten. Jetzt musste er etwas finden, womit er diese Gewohnheit ersetzen konnte, und er entschied sich für Minikarotten.

Ich riet ihm auch, sich bei seinen Bemühungen Hilfe zu holen. Er stimmte zu, sich mit einer Diabetesgruppe zu treffen. In den nächsten Wochen erarbeiteten wir Strategien, die seine Familie miteinbezogen. Seine Frau begleitete ihn zu einigen Therapiesitzungen und lernte, wie sie Richard bei seinen Bemühungen unterstützen konnte. Sie wollte in Zukunft nicht mehr so viel ungesundes Essen kaufen und suchte gemeinsam mit Richard nach besseren Kochrezepten.

Auch erarbeiteten wir ein realistisches Trainingsprogramm. Richard erzählte, er hätte ursprünglich vorgehabt, jeden Tag nach der Arbeit ins Fitnessstudio zu gehen, es dann aber nicht getan. Stattdessen sei er direkt nach Hause gefahren. Wir vereinbarten, dass er am Anfang dreimal in der Woche ins Studio gehen würde und sich diese Tage im Vorfeld freihalten solle. Im Auto lag ein Erinnerungszettel, auf dem stand, warum es wichtig war, ins Fitnessstudio zu gehen. An den Tagen, an denen er doch lieber direkt nach Hause fahren wollte, las er den Zettel.

In den nächsten zwei Monaten fing Richard an abzunehmen, aber sein Blutzucker war immer noch ziemlich hoch. Er gab zu, abends immer noch Süßigkeiten vor dem Fernseher zu essen. Ich ermutigte ihn, es sich schwerer zu machen, an Süßigkeiten zu kommen. Er entschied, dass er sie in den Keller räumen wolle. Wenn er dann abends in die Küche ginge, griffe er wohl eher nach einer gesunden Zwischenmahlzeit, so meinte er. Wenn ihm dann immer noch nach Plätzchen wäre, dann müsste er wohl oder übel in den Keller gehen. Da er das aber nicht wollte, würde er sich einen gesunden Snack nehmen. Als er anfing, Fortschritte zu machen, war es leichter für ihn, weitere Dinge zu verändern. Nach und nach war er immer inspirierter, abzunehmen und seinen Blutzucker unter Kontrolle zu halten.

Sich ändern oder sich nicht ändern

Sich vorzunehmen, etwas zu verändern, ist leichter, als es in die Tat umzusetzen. Unsere Gedanken und Gefühle bringen uns oft davon ab, unser Verhalten zu ändern, auch wenn dies unser Leben positiv beeinflussen würde. Schauen Sie, ob die folgenden Punkte auf Sie zutreffen:

- ☐ Sie neigen dazu, jede schlechte Angewohnheit damit zu rechtfertigen, dass sie »gar nicht so schlecht« ist.
- ☐ Sie haben Angst, Ihre tägliche Routine zu verändern.
- ☐ Auch wenn Sie in einer ungünstigen Situation sind, wagen Sie es nicht, Veränderungen herbeizuführen, weil Sie Angst haben, sie könnte sich noch mehr verschlechtern.
- ☐ Wann immer Sie versuchen, sich zu verändern, fällt es Ihnen schwer, Ihren Plan durchzuhalten.
- ☐ Wenn Ihr Chef, Ihre Familie oder Ihre Freunde etwas verändern, dann fällt es Ihnen schwer, sich anzupassen.
- ☐ Sie denken viel über Veränderungen nach, verschieben es aber auf später.
- ☐ Sie denken, dass Veränderungen sowieso langfristig nichts bringen.
- ☐ Es macht Ihnen Angst, Ihren Wohlfühlbereich zu verlassen.
- ☐ Ihnen fehlt die Motivation, etwas positiv zu verändern, weil es zu anstrengend ist.
- ☐ Sie erfinden Ausreden, warum Sie nichts verändern können wie: »Ich würde gerne mehr Sport machen, aber mein Partner will mich nicht begleiten.«

- ☐ Sie können sich nicht daran erinnern, wann Sie sich das letzte Mal herausgefordert haben.
- ☐ Sie zögern, irgendetwas Neues zu beginnen, weil das mit Verpflichtungen verbunden ist.

Trifft einer oder mehrere dieser Punkte auf Sie zu? Obwohl sich unsere Lebensumstände schnell verändern können, haben wir Schwierigkeiten damit, dies genauso schnell zu tun. Etwas anders zu machen erfordert, dass Sie Ihr Denken und Ihr Verhalten verändern, was zumeist unangenehme Gefühle hervorruft. Das soll aber nicht heißen, dass Sie sich nicht ändern sollten.

Warum wir Veränderungen fürchten

Zu Beginn versuchte Richard, zu viel auf einmal zu verändern, was ihn überforderte. Immer wenn er annahm *Das wird zu schwer für mich sein*, nahm er dies als Freibrief, damit aufzuhören. Als er aber einige positive Ergebnisse vorweisen konnte, veränderten sich seine Gedanken, und es fiel ihm leichter, motiviert zu bleiben. Viele Menschen scheuen sich vor Veränderungen, weil sie meinen, es sei zu risikoreich oder zu unbequem.

Verschiedene Arten von Veränderungen

Es gibt viele Arten von Veränderungen, einige werden Ihnen leichter fallen als andere.

- **Die Alles-oder-Nichts-Veränderung** – Einige Veränderungen erfolgen stufenweise, während andere auf Alles-oder-Nichts-Entscheidungen basieren. Sich zum Beispiel für ein Kind zu entscheiden kann nicht stufenweise erfolgen. Wenn man das Kind einmal hat, verändert sich das Leben fundamental.

- **Gewohnheiten verändern** – Man kann entweder entscheiden, schlechte Gewohnheiten aufzugeben, zum Beispiel lange zu schlafen, oder man kann entscheiden, sich gute Gewohnheiten anzueignen, wie fünfmal in der Woche trainieren zu gehen. Die meisten Veränderungen erlauben es, eine Zeitlang etwas Neues auszuprobieren, aber Sie haben immer noch die Möglichkeit, ihr altes Verhaltensmuster beizubehalten.
- **Die Etwas-Neues-ausprobieren-Veränderung** – Veränderung bedeutet manchmal, etwas Neues auszuprobieren oder in die tägliche Routine einfließen zu lassen, wie freiwillig in einem Krankenhaus zu helfen oder Geigenunterricht zu nehmen.
- **Verhaltensänderung** – Manchmal gibt es Verhaltensänderungen, die nichts mit Angewohnheiten zu tun haben. Zum Beispiel möchten Sie vielleicht alle Sportveranstaltungen Ihrer Kinder besuchen oder einfach nur freundlicher sein.
- **Emotionale Veränderung** – Nicht alle Veränderungen sind konkret. Manche sind emotionaler Natur. Wenn Sie weniger reizbar sein möchten, dann müssen Sie beleuchten, was Sie reizbar macht.
- **Kognitive Veränderung** – Es gibt viele Möglichkeiten, seine Gedanken zu beeinflussen. Vielleicht möchte man weniger über die Vergangenheit nachdenken oder sich weniger Sorgen machen.

Die Bereitschaft zur Veränderung

Gute Vorsätze für das neue Jahr brechen wir nur allzu leicht, weil wir versuchen, sie an ein Datum zu binden, und nicht, weil wir wirklich dazu bereit sind. Wenn Sie aber nicht bereit dazu sind, Dinge zu verändern, dann werden Sie auch keinen Erfolg haben. Sich etwa vorzunehmen, sich täglich die Zähne mit Zahnseide zu reinigen oder auf den Abendsnack zu verzichten, erfordert schon ein gewisses Maß an Einsatz.

Fünf Stufen der Veränderung

1. **Präkontemplation** – Wenn Menschen sich innerlich gegen Veränderungen wehren, dann entwickeln sie kein Bedürfnis danach. Richard weigerte sich innerlich jahrelang, etwas mehr für seine Gesundheit zu tun. Er wollte nicht zum Arzt gehen, sich nicht auf die Waage stellen und tat alle Bemerkungen seiner Frau ab, die Sorge um seine Gesundheit ausdrückten.
2. **Kontemplation** – Menschen, die viel nachdenken, wägen die Vor- und Nachteile einer Veränderung ab. Als ich Richard das erste Mal sah, war er sehr nachdenklich. Er war sich bewusst, dass es ernste Konsequenzen für ihn haben wird, wenn er seine Essgewohnheiten nicht verändert, aber er war sich nicht sicher, wie er diese Veränderung bewerkstelligen sollte.
3. **Vorbereitung** – In dieser Phase bereiten Menschen sich bewusst darauf vor, sich zu verändern. Sie erstellen einen Plan mit konkreten Schritten, was sie alles in Zukunft anders machen wollen. Als Richard sich in der Vorbereitungsphase befand, bestimmte er konkrete Tage, an denen er ins Fitnessstudio gehen wollte, und ersetzte einen Snack durch etwas Gesundes.
4. **Handeln** – In dieser Phase erfolgt die konkrete Umsetzung der Verhaltensänderung. Richard ging regelmäßig ins Fitnessstudio und tauschte seinen Nachmittagskeks gegen gesunde Minikarotten aus.
5. **Kontinuität** – Dieser Punkt ist sehr wichtig und wird oft vernachlässigt. Richard musste vorausschauend denken, damit er die Veränderungen auch an Feiertagen und in den Ferien aufrechterhalten konnte.

Angst

Als ich Andrew kennenlernte, hatte er einen Job, in dem er wenig verdiente und der ihn nicht besonders forderte. Er besaß einen Universitätsabschluss, aber er arbeitete in einem

Bereich, in dem er seine Fähigkeiten nicht einsetzen konnte. Es gab kaum Möglichkeiten für ihn, sich weiterzuentwickeln.

Einige Monate vor unserer ersten Sitzung war er in einen Unfall verwickelt gewesen. Nicht nur hatte sein Auto einen Totalschaden davongetragen, er hatte auch eine hohe Arztrechnung zu begleichen. Er war in Bezug auf seine Gesundheit und seinen Wagen unterversichert und sah daher große finanzielle Probleme auf sich zukommen.

Obwohl seine finanzielle Lage ihn bedrückte, hatte Andrew Angst, sich auf einen anderen Job zu bewerben. Er dachte, dass ihm ein anderer Job vielleicht nicht gefiele, und insgesamt hatte er auch zu wenig Selbstvertrauen in seine Fähigkeiten. Ebenso ängstigte ihn alles Unbekannte: eine neue Arbeitsumgebung, ein neuer Chef und neue Kollegen.

Ich half Andrew dabei, die Vor- und Nachteile eines Jobwechsels abzuwägen. Nach einer Kostenaufstellung wurde deutlich, dass er mit seinem jetzigen Job unmöglich seine monatlichen Schulden begleichen könne. Auch ohne unvorhergesehene Ausgaben hätte er circa 200 Dollar monatlich zu wenig. Dies veranlasste ihn, sich endlich um einen neuen Job zu bemühen. Seine Angst, die Schulden nicht begleichen zu können, musste größer sein als die Angst, sich einen besser bezahlten Job zu suchen.

Genau wie Andrew haben viele Menschen Angst, dass alles nur schlimmer wird, wenn man etwas in seinem Leben verändert. Vielleicht gefällt Ihnen Ihr Haus nicht, in dem Sie gerade wohnen, aber Sie fürchten, dass ein anderes Haus Ihnen noch mehr Probleme bereiten wird. Oder Sie haben Angst, eine Beziehung zu beenden, weil Sie fürchten, niemand Besseren zu finden. Sie sagen sich, dass es besser ist, in der Beziehung zu bleiben, auch wenn Sie nicht glücklich sind.

Unbequemlichkeiten vermeiden

Viele Menschen assoziieren mit Veränderungen Unbequemlichkeiten. Oft unterschätzen sie auch ihre Fähigkeit, Unbehagen ertragen zu können. Richard wusste, was er tun musste, um gesünder zu leben, aber er wollte weder auf bestimmte ungesunde Speisen verzichten noch sich beim Sport körperlich anstrengen. Hungern wollte er auch nicht. Seine Angst vor all dem war so groß, dass er sich nicht bewusstmachte, dass es lediglich galt, ein leichtes Unbehagen auszuhalten. Erst als er mehr Vertrauen zu sich selbst hatte, konnte er weitere Veränderungen vornehmen.

Trauer

Tiffany kam in meine Therapie, weil sie ihre Kauflust bremsen wollte. Diese war außer Kontrolle geraten, und sie hatte hohe Kreditkartenabzahlungen zu leisten. Sie wollte zwar kein Geld mehr ausgeben, aber sie wollte auch nicht wirklich etwas in ihrem Leben verändern. Als wir gemeinsam überlegten, was passieren würde, wenn sie sich an ein Budget hielte, war das Schlimmste für sie, keine Shopping-Samstage mehr mit ihren Freundinnen verbringen zu können. Sie glaubte, dass sie diese Samstage mit ihren Freundinnen aufgeben müsse, um ihr Kaufverhalten zu ändern, und hatte Angst vor Vereinsamung.

Etwas anders zu machen heißt oft, etwas aufgeben zu müssen. Nicht selten ist dies mit Trauer verbunden. Um uns diese Trauer zu ersparen, verändern wir uns lieber nicht. Tiffany wollte lieber an ihrem Nachmittag mit den Freundinnen in der Mall festhalten, als sich ihrem finanziellen Desaster zu stellen.

Veränderungen zu scheuen ist problematisch

Wenn man sich Veränderungen nicht stellt, kann dies ernste Konsequenzen haben. In Richards Fall können dies zum Beispiel schwerwiegende Folgen für seine Gesundheit sein. Je länger er aber wartete, desto irreversibler war der Schaden, den er davontrüge.

Sich nicht zu verändern kann aber nicht nur physische Konsequenzen haben. Es kann auch Ihre Entwicklung in anderen Bereichen Ihres Lebens beeinträchtigen.

- *Nichts zu verändern ist dasselbe, wie sich in einer Sackgasse zu befinden.* Das Leben kann ganz schön langweilig sein, wenn man nichts verändert. Wer den Ball so flach wie möglich hält, wird sein Leben höchstwahrscheinlich nicht sehr intensiv leben.
- *Sie werden nichts Neues hinzulernen.* Die Welt verändert sich, ob Sie es nun tun oder nicht. Auch wenn Sie sich nicht verändern wollen, werden andere es tun. Sie riskieren, auf der Strecke zu bleiben, wenn Sie für den Rest Ihres Lebens immer alles so machen wie bisher.
- *Ihr Leben wird sich wahrscheinlich nicht verbessern.* Wenn Sie sich nicht verändern, kann sich auch Ihr Leben nicht verbessern. Viele Probleme, die man lösen muss, erfordern Veränderungen. Aber wenn Sie nicht gewillt sind, etwas Neues auszuprobieren, werden Sie diese nicht lösen können.
- *Sie werden nicht gesünder leben.* Schlechte Gewohnheiten kann man leicht beibehalten. Sie sich abzugewöhnen erfordert die Bereitschaft, etwas Neues ausprobieren zu wollen.
- *Andere Menschen werden Sie überholen.* »Mein Mann ist nicht mehr der, den ich vor dreißig Jahren geheiratet habe.« Diesen Spruch höre ich in meiner Praxis sehr oft. Meine Antwort ist für gewöhnlich »Das hoffe ich auch nicht.« Ich bin der Meinung, dass sich jeder Mensch innerhalb von

dreißig Jahren verändert. Wenn Sie nicht bereit sind, sich herauszufordern und sich zu verbessern, dann werden Sie auf andere sehr schnell langweilig wirken.

- *Je länger Sie warten, desto schwieriger wird es.* Glauben Sie, dass es leichter ist, das Rauchen nach einer Zigarette aufzugeben oder nach zwanzig Jahren? Je länger Sie die gleichen Gewohnheiten pflegen, desto schwerer ist es, damit zu brechen. Manchmal verändern sich Menschen so lange nicht, bis die Zeit angeblich reif ist. Sie sagen »Ich werde mir einen neuen Job suchen, wenn sich die Lage etwas beruhigt hat«, oder »Ich fange erst nach den Ferien mit einer Diät an«. Aber dieser Zeitpunkt mag nie kommen. Je länger Veränderungen aufgeschoben werden, desto schwieriger ist es, sie umzusetzen.

Haben Sie Mut zur Veränderungen

Mary Deming lernte ich über eine Freundin kennen, die voll des Lobes über sie war. Als ich mehr über Mary erfuhr, verstand ich auch, warum. Aber erst als ich sie persönlich kennenlernte, teilte ich die Meinung meiner Freundin vollends.

Als Mary achtzehn Jahre alt war, bekam ihre Mutter Brustkrebs. Drei Jahre später verstarb sie. In den Folgejahren steckte Mary einfach den Kopf in den Sand. Der Grund dafür war Selbstmitleid. Ihr Vater war verstorben, als sie noch ein Teenager war. Sie empfand es einfach als ungerecht, dass sie mit einundzwanzig Jahren schon Vollwaise war. Andererseits war sie so aktiv wie möglich, um sich der Realität nicht stellen zu müssen.

Im Jahr 2000, als sie fünfzig Jahre alt war, so alt wie ihr Vater, als er verstarb, begann sie, über ihre eigene Sterblichkeit nachzudenken. Als Gymnasiallehrerin war sie damals dafür verantwortlich, eine Spendenaktion durchzuführen, die von der Schule gesponsert wurde und der Krebsforschung diente.

Dies gab Mary die Gelegenheit, andere Menschen kennenzulernen, die, ebenso wie sie, Angehörige an Krebs verloren hatten. Die Spendenaktion weckte in ihr das Verlangen, sich weiterhin für die Krebsforschung einzusetzen. So begann sie, sich regelmäßig an Spendenaktionen zu beteiligen.

Als Erstes nahm sie am »Relay for Life« teil, dem Staffellauf der American Cancer Society. 2008 nahm sie an dem von Susan G. Komen initiierten 60-Meilen-Lauf teil, der sich über drei Tage hinzog und gezielt Geld für Brustkrebs einbringen sollte. Mary hatte sich schon immer gerne mit anderen gemessen, aber als sie erkannte, wie viele Menschen bereit waren, Geld für Spenden auszugeben, kam sie erst so richtig in Schwung. Von ihr selbst organisierte Spendenaktionen brachten 38 000 Dollar ein, 1000 Dollar für jedes Jahr, das ihre Mutter tot war.

Aber anstatt sich diesen Verdienst selbst zuzuschreiben, gilt Marys Dank den Mitbewohnern ihrer Kleinstadt. Ihre Bemühungen ließen sie erkennen, dass die Krebsforschung ihren Mitmenschen am Herzen lag. Ihre Nachforschungen ergaben, dass in Connecticut, der Bundesstaat, in dem sie lebte, die zweithöchste Brustkrebsrate des Landes zu verzeichnen war. Daraufhin schmiedete sie einen Plan.

Mary gründete ihre eigene nichtkommerzielle Agentur, um Geld zu sammeln, und bezog ihre ganze Gemeinde mit ein. Sie nannte ihre Organisation nach ihrem Wohnort Seymor in Connecticut »Seymor Pink«. Jedes Jahr im Oktober, dem nationalen Gedenkmonat für Brustkrebs, schmücken die Anwohner ihre Stadt pinkfarben. Die Geschäfte dekorieren ihre Auslagen in Pink, und überall in der Stadt schmücken pinkfarbene Transparente die Straßenlaternen, um Überlebende und Angehörige, die geliebte Menschen an Krebs verloren haben, zu ehren. Sogar Privathäuser werden mit pinkfarbenen Luftballons und Bändern verziert.

Im Laufe der Jahre sammelte Mary auf diese Weise fast eine halbe Million Dollar für die Brustkrebsforschung. Ihre Organisation spendet das Geld der Krebsforschung und Familien in Not. Und selbstlos, wie Mary ist, lobt sie immer wieder nur ihre Gemeinde und dankt ihr für die Unterstützung. Ihre persönlichen Erfolge erwähnt sie nicht. Von Schwierigkeiten, die sie überwinden musste, habe ich von ihr persönlich nie gehört, nur von anderen.

Drei Jahre nach der Gründung ihrer Organisation hatte Mary einen schweren Autounfall. Eine traumatische Gehirnverletzung führte zu erheblichen Sprach- und kognitiven Einschränkungen. Achtmal in der Woche ging sie zur Sprachtherapie, denn es war ihr Ziel, sich weiter um ihre Organisation zu kümmern und Geld für Brustkrebspatienten und die Forschung zu sammeln. Jeder normale Mensch hätte sich zu dem Zeitpunkt zur Ruhe gesetzt – nicht aber Mary. »So beende ich das Ganze nicht«, war ihre Meinung. Sie wusste, dass ihre Genesung viel Zeit in Anspruch nähme, aber sie wollte nicht damit aufhören, Spenden zu sammeln. Es dauerte fünf Jahre, bis sie im Jahre 2008 wieder ihre Arbeit als Lehrerin für Naturwissenschaften aufnehmen und sich um ihre Organisation kümmern konnte.

Marys Ziel war es, anderen zu helfen. Wenn Sie beginnen, Ihr Leben zu verändern, dann verändern Sie automatisch auch das Leben anderer Menschen. Mutter Teresa sagte einmal: »Ich kann nicht die Welt verändern, aber ich kann einen Stein ins Wasser werfen und viele kleine Wellen erzeugen.«

Mary Deming hat auf das Leben vieler Menschen positiv eingewirkt.

Die Vor- und Nachteile von Veränderungen

Erstellen Sie eine Pro-und-Kontra-Liste für Veränderungen. Ihre letztendliche Entscheidung sollte jedoch nicht auf dem bloßen Abzählen der Pro- und Kontra-Stimmen beruhen. Studieren Sie die Liste sehr genau. Lesen Sie diese mehrmals durch, und denken Sie über die potentiellen Konsequenzen für beide möglichen Entscheidungen nach. Wenn Sie sich dann immer noch verändern möchten, kann die folgende Übung Ihnen dabei helfen, eine Entscheidung herbeizuführen.

Es gibt keinen Grund dafür, einfach nur per se etwas verändern zu wollen. Umzuziehen, eine neue Beziehung einzugehen oder den Job zu wechseln, machen Sie nicht grundsätzlich mental stärker. Stattdessen ist es wichtig, in sich hineinzuhorchen und zu prüfen, warum man sich verändern möchte, um dann zu schauen, ob diese Entscheidung ultimativ das Beste für einen ist.

Wenn Sie noch zögern, machen Sie einfach ein Experiment. Außer wenn es eine »Alles-oder-Nichts-Entscheidung« ist, probieren Sie die Veränderung eine Woche lang aus. Überprüfen Sie dann Ihren Fortschritt und Ihre Motivation, weitermachen zu wollen.

Machen Sie sich Ihre Gefühle bewusst

Achten Sie auf Gefühle, die Ihre Entscheidungen beeinflussen. Wenn Sie an eine Veränderung denken, wie fühlen Sie sich dabei?

Zum Beispiel:

- Haben Sie Angst, dass die Veränderung nicht von langer Dauer ist?
- Erschöpft Sie schon alleine der Gedanke an eine Veränderung?
- Haben Sie Angst davor, nicht die Kraft zu haben, diese Veränderung beizubehalten?
- Haben Sie Angst davor, dass Ihre Situation sich verschlechtert?
- Sind Sie traurig darüber, dass Sie etwas aufgeben müssen?
- Fühlen Sie sich unwohl bei dem Gedanken, ein Problem überhaupt auszusprechen?

Wenn Sie einige dieser Gefühle bei sich bemerken, dann müssen Sie entscheiden, ob es sinnvoll ist, dagegen anzugehen. Richard zum Beispiel hatte unterschiedliche Gefühle. Es machte ihn nervös, etwas in seinem Leben zu verändern. Wenn er trainieren ging, fühlte er sich schuldig, dass er seiner Familie Zeit stahl. Ebenso bereitete es ihm Sorgen, dass er seine Gesundheit nicht im Griff hatte. Letztendlich hatte er die größte Angst vor den Konsequenzen, wenn er nichts veränderte.

Geben Sie nicht unbedingt Ihren Gefühlen nach. Manchmal müssen Sie etwas verändern, auch wenn Sie sich nicht »danach fühlen«. Gefühle und rationales Denken müssen in ausgewogenem Verhältnis zueinander stehen. Wenn Sie große Angst davor haben, etwas Neues zu beginnen, es Ihr Leben aber nicht sehr verändern würde, dann entscheiden Sie vielleicht, dass Sie sich dem Stress nicht aussetzen wollen. Aber wenn Sie merken, dass eine Veränderung sich für Sie langfristig als positiv herausstellt, kann es sinnvoll sein, sich der Mühe zu unterziehen.

Kontrollieren Sie Ihre negativen Gedanken

Haben Sie oft Gedanken, die vielleicht unrealistisch sind und Sie möglicherweise negativ beeinflussen? Wenn Sie einmal damit begonnen haben, etwas zu verändern, kann dies der Motivator dafür sein, weiterzumachen. Versuchen Sie nichts zu denken, was Sie emotional blockiert. Zum Beispiel:

- *Es wird sowieso nicht klappen.*
- *Ich kann mit Veränderungen nicht umgehen.*
- *Es wird zu schwer für mich sein.*
- *Es wird zu mühsam sein, etwas zu lassen, das ich gerne tue.*
- *Was ich jetzt gerade mache, ist doch gar nicht so schlecht.*
- *Es lohnt sich nicht, es zu versuchen, weil ich es vorher schon versucht habe und es nicht geklappt hat.*
- *Ich kann mit Veränderungen schlecht umgehen.*

Nur weil Sie denken, etwas ist mühsam, heißt das nicht, dass Sie es nicht versuchen sollten. Manchmal können wir das Beste nur durch harte Arbeit erreichen und mit dem Willen, uns Herausforderungen zu stellen.

Erstellen Sie sich einen funktionierenden Plan

Sich auf die Veränderung gut vorzubereiten ist ein wichtiger Schritt. Machen Sie sich einen Plan, was Sie wie verändern möchten, und halten Sie sich daran. Anhand dieses Plans können Sie dann schrittweise vorgehen.

Zu Beginn hatte sich Richard das Ziel gesetzt, 35 Kilogramm abnehmen zu müssen. Schon alleine die hohe Zahl überwältigte ihn, und er glaubte, dieses Ziel nie erreichen zu können. Jeden Tag begann er mit neuen guten Vorsätzen, aber am Abend war er wieder in seine alte Routine verfallen. Erst als er sich darauf besann, was er an *einem* Tag erreichen konnte, zeigte sein Plan Wirkung. Es war wichtig, dass er sich kleinere Ziele setzte, zum Beispiel fünf Pfund abzunehmen. Hierzu konnte er jeden Tag aktiv beitragen. Mit Hilfe eines Tagebuchs über seine Essgewohnheiten entschied er, sich Essen von zu Hause mitzunehmen statt auswärts zu essen, und an den Tagen, an denen er nicht trainierte, ging er mit seiner Familie spazieren.

Wenn Sie keine »Alles-oder-Nichts-Entscheidung« treffen müssen, dann verändern Sie sich schrittweise. Bereiten Sie sich folgendermaßen darauf vor:

- *Setzen Sie sich ein Ziel für die nächsten dreißig Tage.* Manchmal versuchen Menschen, alles auf einmal zu verändern. Setzen Sie sich ein realistisches Ziel, das Sie in einem Monat erreichen können.
- *Verbinden Sie mit diesem Ziel konkrete Verhaltensänderungen.* Machen Sie jeden Tag einen Schritt auf Ihr Ziel zu.
- *Rechnen Sie auf Ihrem Weg mit Hindernissen.* Überlegen Sie, wie Sie auf bestimmte Herausforderungen reagieren

werden. Im Voraus zu planen kann Ihnen helfen, in der Spur zu bleiben.

- *Übernehmen Sie Verantwortung.* Das Beste ist, wenn Sie Verantwortung für Ihre Fortschritte übernehmen. Beziehen Sie Freunde und Familie mit ein, die Sie unterstützen und überprüfen, wie Sie vorankommen. Schreiben Sie Ihre Fortschritte täglich auf.
- *Halten Sie Ihren Fortschritt fest.* Entscheiden Sie, wie Sie Ihren Fortschritt am besten dokumentieren können. Sich täglich Dinge aufzuschreiben kann dabei helfen, motiviert dabeizubleiben.

Verhalten Sie sich so, wie Sie werden möchten

Wenn es Ihr Ziel ist, offener zu werden, dann verhalten Sie sich anderen gegenüber freundlich. Wenn Sie eine erfolgreiche Verkäuferin sein möchten, dann beobachten Sie, was erfolgreiche Verkäufer tun. Sie müssen nicht darauf warten, bis die Zeit reif ist. Ändern Sie Ihr Verhalten sofort.

Richard wollte gesünder leben, daher musste er sich wie ein gesunder Mensch verhalten. Mit gesunder Ernährung und körperlicher Betätigung konnte Richard seinem Ziel näher kommen.

Finden Sie heraus, wer oder wie Sie sein möchten. Verhalten Sie sich dementsprechend. Oft höre ich »Ich wünschte, ich hätte mehr Freunde und Bekannte«. Warten Sie nicht darauf, dass Menschen auf Sie zukommen. Wenn Sie freundlich sind, können Sie sofort neue Bekanntschaften schließen.

Veränderungen willkommen zu heißen, wird Sie stärken

Richter Greg Mathis war in den sechziger und siebziger Jahren in einer Sozialwohnung in Detroit aufgewachsen. Als Teenager war er oft verhaftet worden und brach letztendlich die Schule ab, um Mitglied in einer Gang zu werden. Als er siebzehn Jahre alt war und gerade in einem Jugendgefängnis inhaftiert, stellte man bei seiner Mutter Darmkrebs fest. Aufgrund ihrer Erkrankung wurde er auf Bewährung entlassen. Dies war ein Wendepunkt in seinem Leben, und er versprach seiner Mutter, sein Leben ein für alle Mal zu ändern.

Er war dazu gezwungen, sich einen Job zu suchen, und so fing er bei McDonald's an. Später schrieb er sich bei der Eastern Michigan University ein und studierte Jura. Aufgrund seiner kriminellen Vergangenheit durfte er nicht als Rechtsanwalt arbeiten, aber das hielt ihn nicht davon ab, sich für die Stadt Detroit einzusetzen. Er nahm eine leitende Position in der Stadtverwaltung ein. Zur gleichen Zeit gründeten seine Frau und er den nichtkommerziellen Verein »Junge Erwachsene setzen sich durch«, der jungen Menschen dabei helfen wollte, eine Arbeit zu finden. Einige Jahre später bewarb er sich sogar für das Richteramt. Obwohl seine Mitbewerber an seiner kriminellen Vergangenheit Anstoß nahmen, glaubten die Menschen in Detroit an ihn. Mathis wurde der jüngste Richter in der Geschichte Michigans und löste den Amtsinhaber nach zwanzig Jahren ab. Sogar Hollywood wurde auf ihn aufmerksam, und im Jahr 1999 bekam er eine TV-Sendung, in der er Bagatellverfahren schlichtete.

Da er selbst einmal kriminell war, hilft er heute verstärkt jungen Menschen, in ihrem Leben die richtigen Entscheidungen zu treffen. Er reist im Land umher und veranstaltet Messen rund ums Thema Jugend und Ausbildung, damit Jugendliche die beste Wahl für ihre Zukunft treffen. Er hat mehrere Auszeichnungen und Empfehlungen für seine Fähigkeit erhalten, junge Menschen zu inspirieren und nicht die gleichen Fehler wie er zu machen.

Manchmal führt eine Veränderung zu einer vollkommenen Transformation, die ihr ganzes Leben auf den Kopf stellt. Oft ist es so, dass Menschen zum Beispiel ihre Schulden begleichen und das wiederum positive Auswirkungen auf ihre Ehe hat.

Positive Veränderungen führen zu verstärkter Motivation, und dies zieht weitere positive Veränderungen nach sich.

Fehlerbehebung und gängige Fallen

Unglücklicherweise wird sich Ihr Leben sowieso verändern, ob Sie wollen oder nicht. Veränderungen ergeben sich durch Jobwechsel, den Tod eines lieben Menschen, einen Freund, der wegzieht, oder Kinder, die aus dem Haus gehen. Wenn Sie üben, sich kleinen Veränderungen anzupassen, dann werden Sie mit den großen Veränderungen, die Ihnen begegnen, besser zurechtkommen.

Beobachten Sie, wie Sie auf Veränderungen reagieren. Passen Sie auf Warnsignale auf, die Sie darauf hinweisen, sich verändern zu müssen. Obwohl sich Veränderungen nicht immer gut anfühlen, werden Sie nicht in der Lage sein, Ihre mentale Stärke zu erhöhen, wenn Sie nicht willig sind, zu wachsen und sich zu verbessern.

Was hilft

Unvoreingenommen Veränderungen anzunehmen.
Sich ein realistisches Zeitfenster für Ihre Ziele zu setzen.
Ihre Gefühle und Ihre rationalen Gedanken in einem ausgewogenen Verhältnis zu halten, um besser Entscheidungen treffen zu können.
Die Bereitschaft, potentielle Hindernisse in Kauf zu nehmen.
Das Pro und Kontra von Veränderungen abzuwägen.
Sich kleine Ziele zu setzen, die klare Aktionsschritte beinhalten.
Sich dazu zu verpflichten, sich so zu verhalten, wie man sein möchte.

Was nicht hilft

Veränderungen abzulehnen und nicht über sie nachzudenken.
Veränderungen zu verschieben, bis man einen bestimmten Meilenstein erreicht hat oder bis ein bestimmter Zeitpunkt gekommen ist.
Ihren Gefühlen die Oberhand zu geben, ohne logisch darüber nachzudenken, was Sie verändern können.
Ausreden zu suchen, warum Sie nichts verändern können.
Nur die negativen Aspekte einer Veränderung zu beleuchten, ohne die positiven zu beachten.
Sich einzureden, es gar nicht zu versuchen, weil es nicht zu schaffen ist.
Zu warten, bis Sie sich danach fühlen, eine Veränderung herbeizuführen.

Kapitel 4
Sie beharren nicht auf Dingen, die sie nicht verändern können

> Man kann vielleicht nicht alles im Leben kontrollieren, aber man hat es selbst in der Hand, sich durch äußere Ereignisse nicht einschränken zu lassen.
>
> *Maya Angelou*

James kam zu einer Therapiestunde, weil er verärgert darüber war, dass sein Sorgerechtsstreit kein Ende nahm. James kämpfte schon seit drei Jahren mit seiner Exfrau Carmen um das Sorgerecht ihrer siebenjährigen Tochter. Der Richter hatte Carmen das primäre Sorgerecht zugesprochen, das James gestattete, sie mittwochabends und an Wochenenden zu sehen. James war wütend über diese Entscheidung, weil er sich sicher war, der bessere Elternteil zu sein. Er war überzeugt davon, dass Carmen es auf ihn abgesehen hatte und die Beziehung zu seiner Tochter zerstören wollte. James hatte Carmen kürzlich darüber informiert, dass er eine Walbeobachtungstour für seine Tochter plane. Als der Zeitpunkt des Ausflugs näher rückte, erzählte seine Tochter ihm, dass ihre Mutter diesen Ausflug schon eine Woche zuvor mit ihr gemacht hatte. James war außer sich. Er hatte den Eindruck, dass Carmen ihm immer die Schau stehlen oder ihre Tochter für sich einnehmen wollte, indem sie ihr die größte Geburtstagsparty organisierte, ihr die teuersten Weihnachtsgeschenke machte und ihr die tollsten Ferien ermöglichte. James konnte sich weder finanziell mit seiner Exfrau messen, noch wollte er mit ihrer mangelnden Disziplin konkurrieren. Carmen erlaubte es ihrer Tochter, lange aufzubleiben, alleine draußen zu spielen und so viel Ungesundes zu essen, wie sie wollte. Er hatte schon oft mit Carmen über seine Bedenken gesprochen, aber sie hatte an seiner Meinung kein Interesse.

James war sich sicher, dass er vor seiner Tochter als der böse und strenge Vater dastehen sollte.

Er mochte es auch nicht, dass seine Exfrau sich wieder mit anderen Männern traf, da er nicht wusste, wem seine Tochter ausgesetzt sein würde. Er hatte Carmen sogar erzählt, dass er ihren Freund mit einer anderen gesehen hätte, in der Hoffnung, sie damit auseinanderzubringen. Sein Plan war fehlgeschlagen. Sie hatte mit einer einstweiligen Verfügung gedroht, falls er sie nicht in Ruhe ließe.

James war ursprünglich nicht zu mir gekommen, um seine Gefühle beherrschen zu lernen, sondern weil er einen Verbündeten suchte. Er wollte, dass ich einen Brief an den Richter schrieb, in dem stand, warum James das volle Sorgerecht erhalten solle. Als ich erklärte, dass ich das nicht tun darf, sagte er eingangs, dass er nicht glaube, eine Therapie könne helfen. Aber statt zu gehen, blieb er und erzählte mir mehr aus seinem Leben.

Als ich ihn fragte, wie erfolgreich seine Versuche gewesen seien, den Richter von seiner Meinung zu überzeugen, gab er zu, dass der Richter sehr klar in seiner Aussage darüber gewesen war, dass alles so bliebe wie es war, ob er das nun gutheiße oder nicht. Er gab auch zu, dass er nicht in der Lage gewesen war, Carmen davon zu überzeugen, irgendetwas zu verändern, obwohl er es intensiv versucht hatte. Am Ende der Sitzung stimmte James zu, wiederzukommen.

In seiner nächsten Sitzung sprachen wir darüber, wie seine Bemühungen, die Situation beherrschen zu wollen, sich negativ auf seine Tochter auswirkten. Er erkannte, dass seine Wut auf seine Exfrau auch Einfluss auf die Beziehung zu seiner kleinen Tochter hatte. Wir besprachen einige Strategien, die ihm dabei helfen könnten, sich auf seine Tochter zu fokussieren.

Als James zu seiner dritten und letzten Besprechung kam, wusste ich, dass er alles verstanden hatte, weil er sagte: »Ich hätte mich darauf konzentrieren sollen, mehr Spaß mit meiner

Tochter zu haben, als wir die Wale beobachtet haben, anstatt ihrer Mutter zu texten, dass mir ihre Versuche nicht gefielen, mich immer in den Schatten stellen zu wollen.« Er hatte auch erkannt, dass es, obwohl er mit einigen von Carmens Regeln nicht einverstanden war, wenig sinnvoll war, sie immer wieder vor Gericht zu zerren. Er würde nur noch mehr Geld verlieren. Er hatte entschieden, ein gutes Vorbild für seine Tochter zu sein, damit er ihr Leben positiv beeinflussen konnte.

So bewahren Sie die Kontrolle

Es fühlt sich gut und sicher an, wenn wir alles unter Kontrolle haben, aber anzunehmen, wir hätten immer die Zügel in der Hand, kann zu Problemen führen. Treffen die genannten Punkte auf Sie zu?

- ☐ Sie verschwenden viel Zeit und Energie darauf, damit Ihnen in Ihrem Leben nichts Schlimmes widerfährt.
- ☐ Sie hoffen immer, dass andere Menschen sich ändern.
- ☐ Sie sind der Meinung, nur Sie könnten ein Problem regeln.
- ☐ Sie meinen, Erfolg misst sich an der Energie, die man darauf verwendet.
- ☐ Sie meinen, dass Erfolg nichts mit Glück zu tun hat und dass nur Sie alleine Ihre Zukunft bestimmen können.
- ☐ Andere bezeichnen Sie manchmal als »Kontrollfreak«.
- ☐ Es fällt Ihnen schwer, eine Aufgabe an andere abzugeben, weil diese sie, Ihrer Meinung nach, nicht gut genug machen.
- ☐ Auch wenn Sie merken, dass Sie eine Situation nicht vollkommen beherrschen, kämpfen Sie damit, loszulassen.
- ☐ Wenn Ihnen etwas nicht gelingt, machen Sie sich alleine dafür verantwortlich.
- ☐ Es fällt Ihnen schwer, um Hilfe zu bitten.
- ☐ Sie glauben, dass Menschen, die ihre Ziele nicht erreichen, selbst dafür verantwortlich sind.

- ☐ Teamarbeit fällt Ihnen schwer, weil Sie an den Fähigkeiten der anderen Teammitglieder zweifeln.
- ☐ Sie haben Schwierigkeiten, intensive Beziehungen aufzubauen, weil Sie Menschen nicht vertrauen.

Treffen diese Beispiele auf Sie zu? Wir können unmöglich unsere Lebensumstände und alle Menschen so zurechtbiegen, wie wir sie uns wünschen. Wenn Sie aber lernen, etwas, das Sie nicht kontrollieren können, loszulassen, dann werden die Energie und die Zeit, die Sie Dingen widmen, die Sie kontrollieren können, Ihnen dazu verhelfen, viel zu erreichen.

Warum wir versuchen, alles zu kontrollieren

James fühlte sich schuldig, weil er sich hatte scheiden lassen. Er hatte versucht, die Ehe mit Carmen aufrechtzuerhalten, weil er wollte, dass seine Tochter in einer stabilen Beziehung und einem sicheren Zuhause aufwächst. Als die Beziehung aber nicht mehr zu retten war, wollte er auf keinen Fall, dass seine Tochter leidet.

James ist ganz eindeutig ein liebender Vater, der sich um das Wohl seiner Tochter sorgt. Es war furchtbar für ihn, erkennen zu müssen, wie wenig Kontrolle er darüber hatte, was mit seiner Tochter geschah, wenn sie bei ihrer Mutter war. Um seine Angst zu überdecken, versuchte er, so viel Kontrolle auszuüben wie möglich. Er dachte, wenn er alles kontrollierte, angefangen mit dem Freund seiner Exfrau bis hin zu den Regeln für seine Tochter, dann würde er sich besser fühlen.

Im Grunde ist der Versuch, alles kontrollieren zu wollen, der Wunsch, mit seinen eigenen Ängsten fertig zu werden. Denn wenn man alles unter Kontrolle hat, worüber muss man sich dann noch Sorgen machen? Statt die Angst aber wirklich in den Griff zu bekommen, versucht man, sein Umfeld zu kontrollieren.

Der Wunsch, alles zu richten, kann auch damit zu tun haben, immer der Held sein zu wollen. Wir halten gerne an dem Irrglauben fest, dass, wenn wir es nur intensiv versuchen, alles so wird, wie wir es uns wünschen. Statt eine Aufgabe einem Mitarbeiter oder dem Ehepartner zu überlassen, machen wir sie oft selbst, damit sie auch »richtig« gemacht wird. Das bedeutet aber, dass wir anderen Menschen nicht vertrauen.

Kontrollüberzeugung

Was sich innerhalb und außerhalb unserer Kontrolle befindet, hängt stark von unseren eigenen Ansichten ab. In der Psychologie bezeichnet man dies als Kontrollüberzeugung.
Menschen mit einer externalen Kontrollüberzeugung glauben, dass ihr Leben vom Schicksal, vom Glück oder von der Vorherbestimmung abhängt. Sie glauben, »Was auch immer passiert, es ist so gewollt.«
Menschen mit einer internalen Kontrollüberzeugung sind der Meinung, dass nur sie die Kontrolle über ihre Zukunft haben. Sie übernehmen die volle Verantwortung für ihre Siege und Niederlagen, für ihre Gesundheit und ihre finanzielle Situation.
Ihre Kontrollüberzeugung bestimmt, wie Sie Ihre Lebensumstände bewerten. Stellen Sie sich jemanden vor, der zu einem Jobinterview geht. Er bringt die Fähigkeiten, die Ausbildung und die Erfahrung mit, die diese Firma sucht. Aber einige Tage nach dem Interview erhält er eine Absage. Wenn er eine externale Kontrollüberzeugung hat, dann denkt er *Es haben sich wahrscheinlich einige überqualifizierte Personen dort beworben. Es war sowieso nicht der richtige Job für mich.* Wenn er eine internale Kontrollüberzeugung hat, dann denkt er *Ich habe sie wohl nicht überzeugen können. Ich hätte meinen Lebenslauf noch einmal überarbeiten sollen. Ich muss auch noch an meiner Interviewtechnik arbeiten.*
Verschiedene Faktoren beeinflussen unsere Kontrollüberzeugung. Auf jeden Fall spielen Ihre Kindheitserfahrungen

eine Rolle. Wenn Sie in einer Familie aufgewachsen sind, in der harte Arbeit belohnt wurde, haben Sie eher eine internale Kontrollüberzeugung, weil Sie glauben, dass Leistung sich bezahlt machen kann. Wenn Ihre Eltern Ihnen jedoch beigebracht haben, dass Sie in dieser Welt keine Bedeutung haben oder dass Sie, egal wie sehr Sie sich bemühen, erfolglos bleiben werden, dann haben Sie wahrscheinlich eher eine externale Kontrollüberzeugung.

Ihre Lebenserfahrungen können Ihre Kontrollüberzeugung ebenso beeinflussen. Wenn Sie Erfolg haben, weil Sie sich angestrengt haben, dann bestätigt es Sie darin, dass Sie viel Kontrolle über Ihr Leben haben. Aber wenn Sie denken, dass nichts richtig klappt, egal was Sie tun, dann gehen Sie davon aus, dass Sie wenig Kontrolle ausüben können.

Eine internale Kontrollüberzeugung wird allgemein als die »beste« angesehen. Wertvorstellungen wie »Du kannst alles schaffen was du willst, wenn du dich nur genug anstrengst«, sind in vielen Ländern vorherrschend. Menschen mit einem ausgeprägten Kontrollsinn sind tolle Firmenchefs, weil sie daran glauben, dass sie etwas bewirken können. Ärzte lieben Menschen mit einer ausgeprägten internalen Kontrollüberzeugung, weil sie alles dafür tun, um Krankheiten zu behandeln oder zu vermeiden. Aber es gibt auch eine Kehrseite.

Wenn man Energie in etwas investiert, das man nicht beeinflussen kann

James hat viel Zeit, Energie und Geld investiert, um seine Sorgerechtssituation zu verändern, obwohl sein wiederholtes Erscheinen vor Gericht die Meinung des Richters nicht beeinflussen konnte. Er dachte, dass es für ihn weniger Stress bedeute, mehr Energie darauf zu verwenden, die Situation unter Kontrolle zu bekommen, dennoch erhöhte sich sein Stresslevel bei jedem neuen Versuch. Sein Bemühen, mehr Einfluss auszuüben, hatte auch negative Auswirkungen auf die Beziehung zu seiner Tochter. Statt ihre gemeinsame Zeit zu genießen, überhäufte er seine Tochter mit Fragen zu ihrem täglichen Leben. Es kann in verschiedener Hinsicht problematisch sein, wenn man alles beherrschen will.

- *Alles beherrschen zu wollen führt zu größerer Angst.* Ihre Bemühungen, alles in Ihrer Umgebung kontrollieren zu wollen, werden fehlschlagen. Je erfolgloser Ihre Versuche sein werden, desto ängstlicher werden Sie.
- *Der Versuch, alles beherrschen zu wollen, ist reine Energie- und Zeitverschwendung.* Sich darüber Sorgen zu machen, was außerhalb Ihres Einflussbereichs liegt, verschwendet mentale Energie. Es ist sehr anstrengend, sich Umstände anders zu wünschen, Menschen davon überzeugen zu wollen, dass alles so laufen muss, wie Sie sich das vorstellen, und zu versuchen, Schlimmes abzuwenden. Es nimmt Ihnen Energie, die Sie für eine aktive Problemlösung und für Dinge, die Sie kontrollieren können, benötigen.
- *Ein Kontrollfreak zu sein schadet langfristig Ihren Beziehungen zu anderen Menschen.* Menschen zu erklären, wie sie etwas tun sollen oder was sie tun sollen, wird Ihnen keine Freunde einbringen. Menschen, die alles kontrollieren wollen, haben es schwer, andere an sich heranzulassen und ihnen zu vertrauen, eine Aufgabe verantwortungsbewusst zu erledigen.
- *Sie werden andere streng beurteilen.* Wenn Sie Ihren Erfolg Ihren eigenen Fähigkeiten zuschreiben, werden Sie Menschen kritisieren, die nicht dasselbe erreicht haben. Menschen mit einer hohen internalen Kontrollüberzeugung leiden eher unter Einsamkeit, weil es sie stört, wenn andere mit ihrem Standard nicht mithalten können.
- *Sie werden unnötigerweise für alles die Schuld auf sich nehmen.* Sie können Unheil nicht immer abwenden. Aber wenn Sie meinen, alles kontrollieren zu können, dann füh-

len Sie sich für alles verantwortlich, was im Leben nicht nach Plan läuft.

Entwickeln Sie ein ausgewogenes Kontrollgefühl

James konnte sein Leben so lange nicht verändern, bis er endlich einsah, dass er keinen Einfluss auf seine Sorgerechtssituation hatte. Als er dies begriffen hatte, konnte er sich auf das konzentrieren, was er beeinflussen konnte, nämlich die Beziehung zu seiner Tochter. Er wollte auch wenigstens ein einigermaßen gutes Verhältnis zu seiner Exfrau aufbauen, aber er musste sich eingestehen, dass er keinen Einfluss darauf nehmen konnte, was bei ihr zu Hause geschah. Wenn er klare Anzeichen dafür sähe, dass seiner Tochter ernsthaft Unheil widerfahren würde, könnte er handeln, aber Eis essen und lange aufbleiben zu dürfen würden einen Richter nicht davon überzeugen, ihm das Sorgerecht zu geben.

Wenn man einen guten Kontrollausgleich hat, erkennt man, wie das eigene Verhalten die eigenen Aussichten auf Erfolg positiv beeinflussen kann. Sagen Sie sich immer wieder, dass es vieles gibt, was Sie nicht beeinflussen können:

- Sie können ein tolles Fest veranstalten, aber Sie haben keinen Einfluss darauf, ob Ihre Gäste sich wirklich amüsieren.
- Sie können Ihrem Kind beibringen, wie man erfolgreich sein kann, aber Sie können es nicht zu einem guten Schüler machen.
- Sie können Ihr Bestes geben, aber Sie können Ihren Chef nicht dazu zwingen, Ihre Arbeit anzuerkennen.
- Sie können ein tolles Produkt anbieten, aber Sie können nicht bestimmen, wer es kauft.
- Sie können die klügste Person im Raum sein, aber Sie können keinen Einfluss darauf ausüben, dass die Menschen Ihren Rat befolgen.

- Sie können nörgeln, bitten oder drohen, aber Sie können Ihren Ehepartner nicht dazu zwingen, sich anders zu verhalten.
- Sie können die positivste Einstellung der Welt haben, aber Sie können keine schlechte gesundheitliche Diagnose verhindern.
- Sie haben Einfluss darauf, gesund zu leben, aber dennoch können Sie Krankheiten nicht immer verhindern.
- Sie können kontrollieren, was Sie tun, aber nicht, was Ihre Konkurrenten tun.

Stellen Sie sich Ihren Ängsten

Im Jahr 2005 wurde bei Heather Von St. James ein Mesotheliom, ein diffus wachsender Tumor, festgestellt. Ihre Tochter war zu dem Zeitpunkt erst drei Monate alt. Als kleines Mädchen hatte sie zum Spaß oft die Arbeitsjacke ihres Vaters getragen. Diese Jacke war höchstwahrscheinlich Asbest ausgesetzt gewesen, was mit Mesotheliomen in Verbindung gebracht wird und erklärt, warum sie mit nur sechsunddreißig Jahren eine »Alte-Männer-Krankheit« bekam.

Die Ärzte gaben Heather noch fünfzehn Monate zu leben; mit einer Strahlen- und Chemotherapie vielleicht fünf Jahre. Ihre größten Lebenschancen bestanden darin, sich eine Lunge entfernen zu lassen.

Heather entschied sich für die langwierige Operation, durch die sowohl die angegriffene Lunge als auch das umliegende Gewebe entfernt wurden. Darüber hinaus wurden die Hälfte ihrer Herzscheidewand und ihr Herzgewebe mit chirurgischem Gore-Tex ausgekleidet. Nach der Operation musste sie einen Monat im Krankenhaus bleiben und anschließend noch einige Monate bei ihren Eltern, damit diese sich um ihr Baby kümmern und ihr Mann wieder arbeiten gehen konnte. Als Heather Monate später wieder nach Hause kam, musste sie sich weiterhin Bestrahlungen und einer Chemotherapie unterziehen. Es dauerte fast ein Jahr, bis sie sich wieder besser fühlte, aber bis heute ist der Krebs nicht mehr ausgebrochen. Obwohl sie mit nur einer Lunge bei physischer Anstrengung schneller außer Atem ist, scheint ihr das ein geringer Preis zu sein.

Heute feiert Heather an jedem zweiten Februar den »Lungen-Abschieds-Tag«. An diesem Tag stellt sie sich ihren Ängsten, zum Beispiel, dass der Krebs wiederkommt. Sie schreibt diese Ängste auf einen Teller und wirft ihn dann als symbolischen Akt ins Kaminfeuer. In den letzten Jahren haben immer mehr Freunde und Verwandte an dieser Feier teilgenommen. Heute sind es bis zu achtzig Menschen. Auch die Gäste schreiben ihre Ängste auf einen Teller und werfen ihn ins Feuer. Sie haben aus diesen Treffen sogar eine Sammelaktion für die Mesotheliom-Forschung gemacht.

»Wenn man Krebs hat, verliert man die Kontrolle über sein Leben«, gesteht Heather. Obwohl sie momentan krebsfrei ist, hat sie dennoch Angst, dass ihre Tochter ohne Mutter aufwachsen könnte. Aber sie nimmt ihre Ängste an, indem sie aufschreibt, was sie am meisten fürchtet. Sie erkennt, dass dies außerhalb ihrer Kontrolle liegt. Stattdessen richtet sie ihre Energien auf die Dinge, die sie kontrollieren kann, wie zum Beispiel jeden Tag so schön wie möglich zu gestalten.

Wenn Sie feststellen, dass Sie etwas beeinflussen wollen, was außerhalb Ihres Kontrollbereiches liegt, dann fragen Sie sich: *Wovor habe ich eigentlich Angst?* Haben Sie Angst, jemand anderes könnte eine falsche Entscheidung treffen? Haben Sie Angst, dass etwas völlig schieflaufen könnte? Haben Sie Angst, nicht erfolgreich zu sein? Machen Sie sich Ihre Ängste bewusst, und entwickeln Sie ein Gespür dafür. Dies wird Ihnen helfen zu erkennen, wie Sie sie überwinden können.

Jenny war zwanzig Jahre alt, als sie beschloss, ihr Studium zu schmeißen. Nachdem sie einige Jahre studiert hatte, entschied sie sich, doch nicht Mathematiklehrerin zu werden. Zum Leidwesen ihrer Mutter entschied sie sich für Kunst.

Jeden Tag ermahnte ihre Mutter sie, ihr Leben nicht zu zerstören. Sie brachte sehr deutlich zum Ausdruck, dass sie von Jennys Studienabbruch nichts hielt. Sie drohte sogar damit, den Kontakt mit ihr abzubrechen, wenn sie nicht den »richtigen Weg« einschlüge.

Jenny war die tägliche Kritik an ihrer Berufswahl leid. Sie hatte ihrer Mutter wiederholt mitgeteilt, dass sie nicht zurück ans College gehen würde und dass ihre Beleidigungen und Drohungen ihre Meinung nicht ändern würden. Aber ihre Mutter hörte nicht auf, sie zu kritisieren. Jenny ging daraufhin weder ans Telefon, noch besuchte sie ihre Mutter.

Obwohl Jenny erwachsen war, wollte ihre Mutter kontrollieren, was sie tat. Es war schmerzlich für sie, nur zuschauen zu können. Sie stellte sich vor, dass ihre Tochter unglücklich sein werde und nicht genug Geld für ihren Lebensunterhalt hätte. Jennys Mutter nahm irrtümlich an, sie könne beeinflussen, was Jenny mit ihrem Leben macht. Leider zerstörte sie damit zum einen das Verhältnis zu ihrer Tochter, und zum anderen konnte sie Jenny nicht dazu motivieren, etwas anders zu machen.

Es ist schwer, sich zurückzulehnen und anderen Menschen bei einem vermeintlich selbstzerstörerischen Verhalten zuzusehen. Aber Forderungen zu stellen, zu nörgeln und zu bitten wird nicht zielführend sein. Hier sind einige Strategien, andere zu beeinflussen, ohne sie zu einem veränderten Verhalten zu zwingen.

- *Hören Sie erst zu und reden Sie dann.* Andere Menschen sind oft weniger defensiv, wenn sie merken, dass man ihnen zuhört.

- *Teilen Sie Ihre Bedenken und Ihre Meinung mit, aber nur einmal.* Wenn Sie Ihre Bedenken oft wiederholen, verstärken sich die Argumente nicht. Stattdessen wird der Schuss nach hinten losgehen.
- *Ändern Sie Ihr Verhalten.* Wenn eine Ehefrau nicht will, dass ihr Mann trinkt, dann wird es ihn nicht motivieren, damit aufzuhören, wenn sie die Bierflaschen im Ausguss entleert. Aber sie kann, wenn er nüchtern ist, Zeit mit ihm verbringen, und wenn er trinkt, nicht mit ihm zusammen sein. Wenn er gerne mit ihr zusammen ist, dann wird er vielleicht öfter nüchtern sein.
- *Stellen Sie das Positive in den Vordergrund.* Wenn jemand sich ehrlich bemüht, Veränderungen herbeizuführen, ob es nun das Rauchen aufhören oder der Trainingsbeginn ist, dann loben Sie ihn. Aber wählen Sie die Worte weise. Sagen Sie nicht: »Ich habe dir ja gleich gesagt, dass du dich besser fühlst, wenn du aufhörst, dieses ungesunde Zeug zu essen.« Zweifelhafte Komplimente oder Sätze wie »Ich habe es dir ja gesagt« motivieren Menschen nicht dazu, sich zu verändern.

Bleiben Sie gelassen

Stellen Sie sich einen Mann vor, der im Stau steht. Seit zwanzig Minuten ist er keinen Zentimeter vorangekommen, und jetzt ist er für seine Besprechung zu spät dran. Er beginnt zu schreien, zu fluchen und mit seiner Faust aufs Lenkrad zu schlagen. Er möchte die Situation so gerne beherrschen, weil er die Tatsache, zu spät zu kommen, einfach nicht tolerieren kann. *Die sollen alle mal aus dem Weg gehen*, denkt er. *Es ist doch einfach lächerlich, dass mitten am Nachmittag so viel Verkehr ist.*

Vergleichen Sie sein Verhalten mit einem anderen Fahrer neben ihm, der das Radio anmacht und einige seiner Lieblingslieder mitsingt. Er denkt *Ich komme an, wenn ich kann.*

Er nutzt seine Zeit und Energie weise, weil er weiß, dass er keine Kontrolle darüber hat, wann sich der Verkehr wieder bewegt. Stattdessen sagt er sich *Es gibt jeden Tag Millionen Autos auf der Straße. Manchmal gibt es eben Staus.*

Beide könnten in Zukunft versuchen, etwas anders zu machen. Sie könnten früher losfahren, eine andere Strecke benutzen, öffentliche Verkehrsmittel wählen, die Staumeldungen rechtzeitig hören oder sogar eine Bürgerbewegung starten, um das Verkehrssystem zu verändern. Aber jetzt haben sie nur die Möglichkeit, entweder zu akzeptieren, dass sie im Stau stehen, oder sich zu ärgern.

Auch wenn Ihnen die Situation, in der Sie sich befinden, nicht gefällt, so können Sie diese doch akzeptieren. Sie können hinnehmen, dass Ihr Chef gemein ist, dass Ihre Mutter Sie nicht anerkennt oder dass Ihre Kinder nicht strebsam sind. Das heißt nicht, dass Sie nicht weiter daran arbeiten sollten, diese durch Ihr verändertes Verhalten zu beeinflussen, aber Sie können sie nicht dazu zwingen, etwas anders zu machen.

Kontrolle abzugeben wird Sie stärken

Mit achtzehn Jahren wurde bei Terry Fox Knochenkrebs festgestellt. Die Ärzte amputierten zwar ein Bein, teilten ihm aber gleichzeitig mit, dass seine Überlebenschancen nur 50 Prozent betrügen. Sie sagten ihm aber auch, dass in den letzten Jahren enorme Fortschritte im Bereich der Krebsheilung gemacht wurden. Zwei Jahre zuvor hätte seine Überlebenschance für diese Krebsart nur 15 Prozent betragen.

Schon drei Wochen nach der Operation lief Fox mit der Hilfe einer Beinprothese umher. Seine Ärzte schoben seine schnelle Genesung auf seine positive Lebenseinstellung. Sechzehn Monate lang erhielt er Chemotherapie. In dieser Zeit verstarben viele Menschen an Krebs, die er in der Klinik kennengelernt hatte.

In der Nacht vor seiner Beinamputation hatte er eine Geschichte über einen Mann gelesen, der mit Beinprothese am New York City Marathon teilgenommen hatte. Dieser Artikel inspirierte ihn, mit dem Laufen zu beginnen, sobald er dies wieder konnte. Seinen ersten Marathon lief er in British Columbia, und obwohl er als Letzter durchs Ziel lief, haben ihn an der Ziellinie viele Menschen umjubelt.

Nachdem er diesen Marathon gelaufen war, hatte Fox eine Idee. Er entschloss sich, quer durch Kanada zu laufen, um Spendengelder für die Krebsforschung zu sammeln. Zu Beginn wollte er eine Million Dollar für gute Zwecke zusammenbringen, aber schon bald steckte er seine Ziele höher. Nun wollte er einen Dollar für jeden Einwohner Kanadas sammeln, insgesamt also 24 Millionen Dollar.

Im April 1980 setzte er sein Vorhaben in die Tat um und lief jeden Tag 26 Meilen. Sein Marathonlauf erregte öffentliche Aufmerksamkeit, und die Bevölkerung begann, ihn zu unterstützen. Die Einwohner jeder Stadt empfingen ihn mit großen Empfangskomitees. Er hielt hier und da Reden, und das Spendengeld wuchs zu einer beträchtlichen Summe an. Fox lief alles in allem 143 Tage lang. Sein Marathonlauf fand jedoch ein jähes Ende, als er plötzlich Schmerzen in der Brust und keine Luft mehr bekam. Er wurde ins Krankenhaus gebracht, und die Ärzte stellten fest, dass sein Krebs wieder ausgebrochen war und seine Lungen befallen hatte. Nach circa 3000 Meilen war er gezwungen, aufzuhören.

Er hatte bis zu dem Zeitpunkt 1,7 Millionen Dollar gesammelt. Aber als bekannt wurde, dass er wieder im Krankenhaus war, erhielt er noch mehr Unterstützung. Eine fünfstündige Telefonspendenaktion konnte 10,5 Millionen Dollar eintreiben. Die Spendenaktion lief weiter und bis zum darauffolgenden Frühjahr waren 23,5 Millionen zusammengekommen. Obwohl er verschiedene Behandlungen ausprobierte, hatte der Krebs schon gestreut, und im Juni 1981 verstarb Fox.

Fox hatte begriffen, dass er seine Krankheit nicht beeinflussen konnte. Er konnte es auch nicht verhindern, dass Menschen an Krebs erkrankten. Ebenso wenig hatte er Einfluss darauf, dass sich die Krankheit in seinem Körper ausbreitete. Stattdessen konzentrierte er sich darauf, was er beeinflussen konnte.

Seine Wahl, etwas zu tun, das unvorstellbar schien, gab ihm ein Lebensziel, dessen Auswirkungen heute noch zu spüren sind. Jedes Jahr nehmen Länder aus aller Welt am Terry-Fox-Lauf teil. Über 650 Millionen Dollar sind zu seinen Ehren auf diese Weise bisher gesammelt worden.

Wenn Sie damit aufhören, jeden Aspekt Ihres Lebens kontrollieren zu wollen, dann haben Sie mehr Zeit und Energie für die Dinge, die Sie beeinflussen können. Hier einige Beispiele dafür, welche Vorteile das für Sie haben könnte:

- **Ein größeres Glücksempfinden** – Das maximale Glücksgefühl ist dann erreicht, wenn Menschen eine ausgewogene Kontrollüberzeugung haben. Dies wird auch »bi-lokale Erwartung« genannt. Menschen, die es verstehen, einerseits aus ihrem Leben etwas zu machen, aber sich andererseits auch ihrer Grenzen bewusst sind, sind glücklicher als die Menschen, die meinen, alles kontrollieren zu müssen.
- **Bessere Beziehungen** – Wenn Sie aufhören, alles kontrollieren zu wollen, dann werden Sie wahrscheinlich eine bessere Beziehung mit Ihrem Partner haben. Sie werden weniger an anderen zweifeln und offener auf Menschen zugehen. Sie werden selbst eher um Hilfe bitten können, und andere werden Sie als weniger kritisch empfinden. Die Forschung zeigt, dass Menschen, die aufhören, alles kontrollieren zu wollen, ein größeres Gefühl von Zugehörigkeit und Gemeinschaft empfinden.
- **Weniger Stress** – Wenn Sie aufhören, das Leid der Welt auf Ihren Schultern zu tragen, dann fühlen Sie sich weniger gestresst. Zu Beginn kann dies mit Ängsten einhergehen, aber langfristig werden Sie sehr viel angst- und stressfreier sein.

- **Neue Möglichkeiten** – Wenn Sie das starke Bedürfnis haben, alles kontrollieren zu wollen, dann werden Sie weniger Veränderungen in Ihrem Leben zulassen, weil es keine Garantie für ein positives Ergebnis gibt. Wenn Sie Ihr Kontrollbedürfnis jedoch aufgeben, dann wird das Vertrauen in Ihre eigenen Fähigkeiten steigen, und Sie werden sich für neue Dinge öffnen.
- **Mehr Erfolg** – Obwohl die meisten Menschen, die alles kontrollieren wollen, den starken Wunsch verspüren, erfolgreich zu sein, kann es Erfolgen auch im Wege stehen, eine internale Kontrollüberzeugung zu haben. Die Forschung zeigt, dass Menschen, die sich zu sehr darauf fokussieren, erfolgreich zu sein, Chancen gar nicht erst wahrnehmen, die ihnen dabei helfen könnten. Wenn Sie Ihren Wunsch aufgeben, alles kontrollieren zu wollen, dann werden Sie eher bereit sein, sich zu öffnen und Chancen zu ergreifen, die nicht in direktem Zusammenhang mit Ihrer üblichen Vorgehensweise stehen.

Fehlerbehebung und gängige Fallen

Wenn Sie sich ständig Gedanken über das Unglück auf dieser Welt machen, anstatt auf Ihre Einstellung und Ihr Verhalten zu achten, werden Sie in einer Sackgasse landen. Statt Zeit und Energien darauf zu verschwenden, einen Sturm abzuwehren, bereiten Sie sich lieber darauf vor.

Was hilft

Aufgaben und Verantwortlichkeiten auf andere zu übertragen.
Um Hilfe zu bitten, wenn Sie diese benötigen.
Sich auf das Lösen von Problemen zu konzentrieren, die innerhalb Ihres Einflussbereichs liegen.

Auf andere Menschen einzuwirken, sie aber nicht kontrollieren zu wollen.
Zu wissen, was sich innerhalb und was sich außerhalb Ihres Einflussbereichs befindet.
Sich nicht nur auf sich selbst zu verlassen.

Was nicht hilft

Darauf zu bestehen, alles alleine machen zu wollen, weil niemand sonst es richtig macht.
Alles alleine zu machen, weil Sie denken, dass Sie es ohne Hilfe schaffen müssen.
Zeit darauf zu verschwenden, wie Sie etwas verändern können, das außerhalb Ihres direkten Einflussbereichs liegt.
Anderen Ihre Meinung aufzuzwingen, egal wie diese sich dabei fühlen.
Nur daran zu denken, wie man etwas verändern kann, damit es einem selbst gefällt.
Die alleinige Verantwortung für etwas zu übernehmen, ohne andere Faktoren zu berücksichtigen.

Kapitel 5

Sie wollen es nicht allen recht machen

Wenn es Dir sehr wichtig ist, was andere von Dir denken, wirst Du immer ihr Gefangener sein.

Lao Tzu

Megan kam zu meiner Therapie, weil sie sich gestresst und von ihren Problemen überwältigt fühlte. Ihr Tag sei einfach zu kurz, um alles zu erledigen, so glaubte sie.

Sie war 35 Jahre alt, verheiratet und hatte zwei Kinder. Megan arbeitete halbtags und gab sonntags Religionsunterricht. Darüber hinaus war sie Truppenführerin bei den Pfadfindern. Sie wollte unbedingt eine gute Ehefrau und Mutter sein, aber sie glaubte nicht, es zu sein. Sie war oft gereizt und ihrer Familie gegenüber schlechtgelaunt, aber sie wusste nicht recht wieso.

Je mehr Megan über sich erzählte, desto offensichtlicher wurde es, dass sie jemand war, der nicht nein sagen konnte. Samstagabends riefen oft Kirchenmitglieder an, um sie zu bitten, Muffins für den Gottesdienst am Sonntag zu backen. Die Eltern anderer Pfadfinder verließen sich manchmal darauf, dass sie ihre Kinder nach Hause brachte, wenn sie selbst noch arbeiten mussten.

Megan spielte auch oft den Babysitter für die Kinder ihrer Schwester, damit diese kein Geld dafür ausgeben musste. Auch eine Cousine benötigte oft ihren Rat und ihre Hilfe, und es war immer »dringend«. Es handelte sich meistens um finanzielle Unterstützung oder Ratschläge zur Verschönerung ihres Hauses. In der letzten Zeit hatte Megan sie gar nicht mehr zurückgerufen.

Megan sagte, es sei für sie ein ungeschriebenes Gesetz, ihrer Familie zu helfen. Jedes Mal, wenn ihre Schwester oder ihre Cousine sie also um Hilfe baten, sprang sie. Als ich sie fragte, welche Auswirkungen das auf ihr eigenes Familienleben hätte, gab sie zu, dass sie manchmal nicht zum Abendessen da war oder ihre Kinder nicht ins Bett bringen konnte. Dies einmal laut auszusprechen ließ Megan schon erkennen, dass die Opfer, die sie für ihre Schwester und ihre Cousine brachte, bedeuteten, dass sie für ihre eigene Familie weniger Zeit hatte. Obwohl sie ihre Familie sehr schätzte, hatten ihr Mann und ihre Kinder oberste Priorität, und sie entschied, in Zukunft anders zu reagieren.

Wir sprachen auch darüber, dass sie von allen gemocht werden wollte. Ihre größte Angst war es, dass andere glauben könnten, sie sei egoistisch. Nach einigen Therapiestunden erkannte sie jedoch, dass ihr Bedürfnis, von allen gemocht zu werden, egoistischer war, als manchmal nein zu sagen. Ihr Ziel war es nämlich eigentlich nicht, das Leben der anderen verbessern zu wollen; es ging vielmehr darum, dass andere sie mochten. Als sie das verstanden hatte, konnte sie ihr Verhalten entsprechend ändern.

Es dauerte einige Zeit, bis Megan nein sagen lernte. Sie wusste zu Beginn nicht einmal, wie sie das machen sollte. Sie glaubte, sie müsse eine Ausrede parat haben, aber sie wollte auch nicht lügen. Ich schlug ihr vor einfach zu sagen: »Nein, tut mir leid, das schaffe ich nicht«, ohne eine ausschweifende Begründung zu geben. So übte sie also, nein zu sagen, und stellte fest, dass es ihr immer leichterfiel, je öfter sie es tat. Obwohl sie ursprünglich dachte, die anderen seien dann wütend auf sie, stellte sie schnell fest, dass dies nicht der Fall war. Je mehr Zeit sie mit ihrer Familie verbrachte, desto entspannter wurde sie. Ihr Stresslevel verringerte sich, nachdem sie mehrmals nein gesagt hatte, und sie verspürte auch immer weniger Druck, anderen gefallen zu wollen.

Wenn Sie jedem gefallen wollen

Während es in Kapitel 2 darum ging, dass man Macht abgibt, wenn man zulässt, dass andere Menschen die eigenen Gefühle beeinflussen, handelt Kapitel 5 davon, dass diejenigen, die jedem gefallen wollen, eigentlich die Gefühle anderer kontrollieren möchten. Treffen einige der folgenden Aussagen auf Sie zu?

- ☐ Sie fühlen sich verantwortlich dafür, wie andere sich fühlen.
- ☐ Der Gedanke, dass andere wütend auf Sie sind, bereitet Ihnen Unbehagen.
- ☐ Sie neigen dazu, schnell nachzugeben.
- ☐ Sie finden es leichter, anderen zuzustimmen, als eine eigene Meinung zu äußern.
- ☐ Sie entschuldigen sich oft, auch wenn Sie nicht wissen, was Sie falsch gemacht haben.
- ☐ Sie gehen Konflikten gerne aus dem Weg.
- ☐ Sie teilen anderen Menschen für gewöhnlich nicht mit, dass Sie sich verletzt fühlen oder beleidigt sind.
- ☐ Sie neigen dazu, ja zu sagen, wenn andere Sie um etwas bitten, auch wenn Sie etwas nicht gerne tun.
- ☐ Sie richten Ihr Verhalten nach anderen Menschen aus.
- ☐ Sie verwenden große Energien darauf, andere zu beeindrucken.
- ☐ Wenn Sie eine Party veranstalten und die Gäste keinen Spaß haben, fühlen Sie sich dafür verantwortlich.
- ☐ Sie suchen von Menschen, die Ihnen nahestehen, oft Lob und Zustimmung.
- ☐ Wenn jemand in Ihrer Nähe traurig oder bedrückt ist, dann sorgen Sie dafür, ihn fröhlicher zu stimmen.
- ☐ Sie möchten nicht, dass Menschen Sie für egoistisch halten.
- ☐ Sie fühlen sich oft »fremdgesteuert« und überlastet.

Klingt irgendetwas hiervon bekannt? Versuche, immer »nett« sein zu wollen, können scheitern, wenn es bedeutet, Menschen gefallen zu wollen. Es kann sich negativ auf alle Bereiche Ihres Lebens auswirken und es Ihnen unmöglich machen, Ihre Ziele zu erreichen. Sie können ein netter und großzügiger Mensch sein, auch ohne jedem gefallen zu müssen.

Warum wir es anderen Menschen immer recht machen wollen

Megan wollte als hilfsbereiter Mensch gesehen werden. Sie definierte sich über die Meinung, die andere von ihr hatten. Konflikte, eine Zurückweisung oder der Verlust einer Beziehung waren für sie weitaus schlimmer als ihre emotionale und physische Erschöpfung.

Angst

Konflikte und Konfrontationen können unangenehm sein. Es ist nicht schön, in einer Besprechung neben sich streitenden Mitarbeitern zu sitzen. Und wer nimmt gerne an einer Familienfeier teil, auf der sich die Verwandten streiten? Da wir Konflikten gerne aus dem Weg gehen, denken wir uns *Wenn ich alle fröhlich stimmen kann, dann wird alles gut.*

Wenn jemand, der anderen gefallen will, im Rückspiegel ein heranrasendes Auto sieht, wird er ebenso das Tempo beschleunigen, weil er denkt *Dieser Typ ist in Eile. Ich möchte ihn nicht verärgern, indem ich zu langsam fahre.* Eine solche Persönlichkeit mag ebenso Angst vor Zurückweisungen oder vor dem Verlassenwerden haben. Ihr Lebensmotto ist *Wenn ich den anderen nicht glücklich mache, dann wird er mich nicht mögen.* Sie sonnen sich im Lob und der Bestätigung anderer, und wenn sie nicht genug positives Feedback bekommen, versuchen sie verstärkt, andere glücklich zu machen.

Anerzogenes Verhalten

Manchmal ist der Wunsch, Konflikten aus dem Weg gehen zu wollen, in unserer Kindheit begründet. Wenn Sie von Eltern erzogen wurden, die sich ständig gestritten haben, dann haben Sie gelernt, dass Konflikte etwas Schlechtes sind und Menschen glücklich zu machen der beste Weg ist, um Streit zu verhindern.

Kinder von Alkoholikern zum Beispiel sind oft jedermanns Freund, weil das für sie der sicherste Weg ist, mit dem unberechenbaren Verhalten der Mutter oder des Vaters klarzukommen. In anderen Fällen führen gute Taten zu mehr Aufmerksamkeit und Lob der Eltern.

Man kann auch deshalb andere Menschen in den Mittelpunkt stellen, weil man gebraucht werden möchte und sich für wichtig hält. *Ich bin nur dann etwas wert, wenn ich andere Menschen glücklich machen kann*, so ihr Credo. Es wird zur Gewohnheit, viel Energie in die Gefühle und das Leben anderer Menschen zu investieren.

Viele meiner Patienten äußerten, dass sie sich wie ein Fußabtreter fühlten, die Bibel ihnen das aber so vorschreibe. Ich bin mir sehr sicher, dass die Bibel sagt »Liebe deinen Nächsten wie dich selbst« und nicht »mehr als dich selbst«.

Das Problem, jedermanns Liebling sein zu wollen

Megans Wunsch, anderen gefallen zu wollen, versperrte ihr die Sicht auf ihre eigenen Werte. Ihre Bedürfnisse wurden dabei aber nicht befriedigt, und das wiederum hatte Einfluss auf ihre Laune. Das erkannte sie erst, als ihre Bemühungen, anderen helfen zu wollen, sich negativ auf ihr Familienleben auswirkten. Nach einigen Therapiestunden sagte ihr Mann zu ihr: »Ich glaube, ich habe meine alte Megan zurück.«

Sally lädt Jane ein, mit ihr shoppen zu gehen. Der einzige Grund, warum Sally Jane bittet, ist, dass diese sie in der Woche zuvor zum Kaffee eingeladen hatte, und dass Sally nun denkt, es sei nett, Jane auch einzuladen. Insgeheim hofft Sally jedoch, dass Jane nein sagt, denn sie will eigentlich nur schnell zur Mall fahren, um ein paar Schuhe abzuholen. Sie weiß, dass, wenn sie Jane mitnimmt, daraus einige Stunden werden.

Jane wiederum will eigentlich nicht shoppen gehen. Sie muss ein paar Besorgungen machen und ein paar Dinge im Haus erledigen. Aber sie will Sallys Gefühle nicht verletzen. Also sagt sie zu, als Sally ihr das Angebot macht.

Beide Frauen denken, sie tun der anderen einen Gefallen. Sie wissen aber beide nicht, was die andere wirklich möchte. Ihre Bemühungen, »nett« zu sein, sind eigentlich eher hinderlich für die andere. Aber keine von beiden hat den Mut, klar zu sagen, was sie will.

Die meisten von uns denken, dass ein gefälliges Verhalten zeigt, dass wir großzügige Menschen sind. Aber wenn Sie ehrlich zu sich selbst sind, ist es nicht besonders selbstlos, wenn man anderen immer gefallen möchte. Es ist sogar sehr ichbezogen. Es bedeutet, dass andere sich für alles, was Sie tun, interessieren. Es setzt auch voraus, dass Sie glauben, die Gefühle anderer Menschen beeinflussen zu können.

Wenn man immer versucht, andere glücklich zu machen und das Gefühl hat, nicht anerkannt zu werden, wird dies zur Verbitterung führen. Gedanken wie *Ich mache so viel für dich, und du machst nichts für mich* werden sich letztendlich negativ auf Ihre Beziehungen auswirken.

Es jedem recht machen zu wollen zerstört Beziehungen

Angela wollte nicht allen gefallen, unbedingt aber den Männern, mit denen sie ausging. Wenn sie sich mit jemandem traf, der sagte, er möge Frauen mit Humor, dann versuchte sie, extrem witzig zu sein. Wenn sie mit einem Mann ausging, der behauptete, spontane Frauen zu mögen, dann erzählte sie ihm von ihrem spontanen Ausflug nach Frankreich im vergangenen Sommer. Wenn ein Mann äußerte, er möge kluge Frauen, dann erzählte sie ihm von derselben Reise, fügte aber hinzu, dass es eine Kulturreise gewesen sei.

Angela tat alles Erdenkliche, um auf ihr jeweiliges Gegenüber attraktiv zu wirken. Sie glaubte, wenn sie genügend Attribute hätte, die ihrem Gegenüber gefielen, dann käme es zu einer zweiten Verabredung. Sie dachte dabei aber nicht an die langfristigen Konsequenzen ihrer wechselhaften Persönlichkeit. Tatsächlich wurde nie eine dauerhafte Beziehung daraus.

Kein Mann möchte mit einer Frau zu tun haben, die sich wie eine Marionette benimmt. Die meisten ihrer Freunde waren schon bald gelangweilt von Angela, weil sie ihnen nach dem Mund redete.

Angela hatte Angst, dass ihr Freund kein Interesse mehr an ihr habe, wenn sie eine andere Meinung äußerte und es letztendlich einen Vertrauensverlust bedeutete. *Er wird nicht mit mir zusammenbleiben, wenn ich eine andere Meinung habe*, dachte sie. Wenn man jemanden aber wirklich gerne hat und glaubt, der andere mag einen auch, dann muss man in der Lage sein, dem anderen die Wahrheit sagen zu dürfen. Sie werden feststellen, dass dieser, auch wenn es ihm nicht gefällt, was Sie sagen oder tun, immer noch gerne mit Ihnen zusammen sein möchte.

Es ist unglaublich anstrengend, alle immer glücklich machen zu wollen. Vielleicht bittet Ihr Schwiegervater Sie, ihm zu helfen. Wenn Sie dies aber tun, verärgern Sie vielleicht gleichzeitig Ihren Partner, weil Sie sich mit ihm zum Mittagessen verabredet haben. Bei einer vergleichbaren Entscheidung riskieren die Menschen, die allen gefallen wollen, diejenigen zu verletzen, die ihnen am nächsten stehen. Sie wissen, dass ihr Ehepartner am schnellsten über die Kränkung hinwegkommt, verletzen aber mit ihrer Entscheidung den Menschen, den sie am meisten lieben. Sollte es nicht genau andersherum sein? Sollten wir nicht besonders viel in die intimen und für uns besonderen Beziehungen investieren?

Haben Sie schon einmal jemanden kennengelernt, der sich wie ein Märtyrer benimmt? Die Versuche dieses Menschen, jedem gefallen zu wollen, wirken letztendlich nur abstoßend. Ständig sagt er »Ich mache ja doch alles alleine«, oder »Wenn ich es nicht mache, dann macht es ja niemand«. Märtyrer riskieren, wütende und verbitterte Menschen zu werden, wenn die Versuche, andere glücklich zu machen, scheitern.

Ob Sie nun ein Märtyrer sind oder einfach nicht nein sagen können, es gibt keine Garantie dafür, dass Menschen Sie mögen, nur weil Sie immer allen gefallen wollen. Stattdessen werden diese Sie ausnutzen, ohne eine tiefe Beziehung zu Ihnen aufzubauen, die auf Vertrauen und gegenseitigem Respekt beruht.

Jasager verlieren den Überblick über ihre eigenen Werte

Bronnie Ware, eine australische Krankenschwester, hat viele Jahre mit todkranken Patienten zu tun gehabt. Sie erzählte, dass diese am meisten bedauert haben, Jasager gewesen zu sein. In ihrem Buch ›5 Dinge, die Sterbende am meisten bereuen: Einsichten, die Ihr Leben verändern werden‹ erklärt sie, dass Sterbende sich wünschten, ein authentischeres Leben gelebt zu haben. Statt sich gekleidet, geredet oder benommen zu haben wie andere es wünschten, wären sie sich lieber treu geblieben.

Das *Journal of Social and Clinical Psychology* berichtet von Forschungsergebnissen, die belegen, dass Jasager sogar mehr essen, wenn andere dies wünschen. Diese Menschen waren dazu bereit, ihre eigene Gesundheit in der Annahme zu gefährden, es gefiele dem Partner, obwohl sie keinen direkten Beweis dafür hatten, dass dieser überhaupt bemerkte, was sie aßen.

Anderen immer gefallen zu wollen, wird sie davon abhalten, ihr volles Potential zu entfalten. Obwohl Jasager von anderen nur gemocht werden wollen, sind sie oft in nichts richtig gut, weil sie meinen, dass andere sich schlecht fühlen, wenn sie besser als sie sind. Der eine wird keine Gehaltserhöhung bekommen, weil er meint, diese nicht annehmen zu können. Eine gutaussehende Frau, die von einem attraktiven Mann angesprochen wird, entscheidet vielleicht, sich nicht mit ihm zu unterhalten, weil es ihre Freundin traurig stimmen könne, dass dieser sie nicht zuerst angesprochen hat.

Egal, welche Werte Sie haben, Sie werden nicht danach leben, wenn Sie sich darauf konzentrieren, es anderen recht machen zu wollen. Sie werden schnell die Übersicht darüber verlieren, was für Sie richtig ist, und nur das tun, was andere glücklich macht.

Vermeiden Sie es, es anderen immer recht machen zu wollen

Zu allem ja zu sagen war für Megan schon zu einem Automatismus geworden.

Daher entwickelte ich mit ihr ein Mantra, das folgendermaßen ging: »Ja zu anderen zu sagen heißt, nein zu meinem Mann und zu meinen Kindern zu sagen.« Sie wusste, dass es in Ordnung war, manchem zuzustimmen, ohne dass es ihren Mann oder ihre Kinder verärgerte. Sie konnte nur nicht immer zu allem ja sagen, sonst würden ihre Laune und ihre Familie darunter leiden.

Entscheiden Sie, wem Sie gefallen möchten

Wenn Sie erfolgreich sein möchten bei dem was Sie tun, dann müssen Sie Ihren eigenen Weg finden und nicht nur das tun, was andere von Ihnen wollen. Der CEO von Craigslist, Jim Buckmaster, kann ein Lied davon singen.

Im Jahre 2000 wurde Buckmaster CEO von Craigslist. Während sich andere Magazine darauf konzentrierten, Werbung zu schalten, tat Craigslist dies nicht. Sie lehnten sogar einige umsatzsteigernde Angebote ab. Stattdessen entschieden Buckmaster und andere, die Webseite einfach zu generieren und Benutzern nur einige besondere Angebote zu berechnen. Die meisten nutzergenerierten Angebote blieben weiterhin kostenfrei. Die Firma verzichtete sogar auf eine Marketingabteilung.

Craigslist musste für diese Entscheidung mit Rückschlägen bezahlen, und Buckmaster musste sich der Kritik stellen. Er wurde als »antikapitalistisch« und als »sozialer Anarchist« bezeichnet. Aber Buckmaster hatte nicht vor, es seinen Kritikern recht zu machen. Stattdessen führte er Craigslist so weiter, wie es immer geführt worden war.

Seine Bereitschaft, gegen den Strom zu schwimmen und sich nicht zu sehr auf Werbung zu konzentrieren, hat die Firma höchstwahrscheinlich gerettet. Den Dotcom-Zusammenbruch (2001–2013) überwand er mit Leichtigkeit, und auch heute noch hat Craigslist eine der populärsten Webseiten der Welt. Craigslist ist geschätzte fünf Milliarden US-Dollar wert. Buckmaster, der es nicht allen recht machen wollte, war in der Lage, seine Zielgruppe weiterhin zu erreichen.

Bevor Sie automatisch Ihr Verhalten danach ausrichten, was Sie glauben tun zu müssen, weil andere es von Ihnen verlangen, gehen Sie in sich, und denken Sie gut nach. Wenn Sie unschlüssig sind, ob Sie Ihre Gedanken verbalisieren sollten, dann rufen Sie sich Folgendes in Erinnerung:

- *Sich darüber Gedanken zu machen, jedem immer gefallen zu wollen, ist reine Zeitverschwendung.* Sie können nicht beeinflussen, wie andere Menschen fühlen, und je mehr Zeit Sie darauf verschwenden, ob Menschen glücklich sind oder nicht, desto weniger Zeit haben Sie, darüber nachzudenken, was für Sie wirklich wichtig ist.
- *Jasager sind leicht zu beeinflussen.* Andere Menschen durchschauen Jasager sehr leicht. Die Menschen, die andere gerne manipulieren, benutzen Taktiken, um die Gefühle von Jasagern zu beeinflussen. Nehmen Sie sich in Acht vor Menschen, die sagen: »Ich bitte Sie nur darum, weil Sie es am besten können«, oder »Ich bitte Sie ungern, aber …«
- *Es ist in Ordnung, wenn andere wütend oder enttäuscht sind.* Es gibt keinen Grund dafür, dass Menschen immer glücklich oder zufrieden sein müssen. Jeder ist in der Lage, mit verschiedenen Gefühlen klarzukommen, und es ist nicht Ihre Aufgabe, sie davor zu bewahren. Nur weil jemand wütend wird, heißt das nicht, dass Sie irgendetwas falsch gemacht haben.
- *Sie können nicht jedem gefallen.* Es können sich nicht alle Menschen über dasselbe freuen. Akzeptieren Sie, dass manche Menschen nie zufrieden sind und es nicht Ihre Aufgabe ist, alle glücklich zu machen.

Machen Sie sich Ihre Werte bewusst

Stellen Sie sich eine alleinerziehende Mutter vor, die den ganzen Tag in einer Fabrik arbeitet. Eines Morgens, als sie ihren Sohn weckt, sagt er, er fühle sich nicht gut. Sie misst seine Temperatur und stellt fest, dass er Fieber hat. Das heißt, er kann nicht zur Schule gehen.

Sie muss nun schnell überlegen, was sie mit ihm machen soll. Sie hat weder Freunde noch Familie, die sich um ihn kümmern könnten. Sie könnte sich krankmelden, aber dann erhielte sie weniger Lohn, und sie schaffte es so schon kaum, die Lebensmittel zu bezahlen. Sie fürchtete auch um ihren Job. Sie musste sich aufgrund der Krankheiten ihrer Kinder schon oft genug krankmelden.

Sie entscheidet also, ihren Sohn an jenem Tag alleine zu Hause zu lassen. Sie weiß, dass andere schlecht über sie reden werden, weil er erst zehn Jahre alt ist. Ihr Gefühl sagt ihr jedoch, dass es die richtige Entscheidung in ihrer Situation ist, egal wie andere über sie urteilen. Es ist nicht so, dass sie ihre Arbeit ihrem Sohn vorzieht. Ganz im Gegenteil. Ihre Familie ist ihr mehr wert als ihr Job. Aber sie weiß, dass arbeiten zu gehen langfristig das Beste für sie und ihre Familie ist.

Wenn Sie in Ihrem Leben Entscheidungen treffen müssen, dann müssen Sie Ihre Werte genau kennen, damit Sie richtig entscheiden. Können Sie aus dem Stegreif Ihre fünf wichtigsten Werte benennen? Die meisten Menschen können das nicht. Aber wenn Sie sich nicht darüber im Klaren sind, woher wollen Sie dann wissen, wie Sie Ihre Energie einsetzen und die richtigen Entscheidungen treffen sollen? Sich einmal die Zeit zu nehmen, sich seiner Werte bewusst zu werden, kann eine wichtige Übung sein. Häufig aufgelistet werden:

- Kinder
- Eine romantische Beziehung
- Familie
- Religiöse/Spirituelle Glaubenssätze
- Sich freiwillig für andere Menschen einzusetzen
- Eine berufliche Karriere
- Geld
- Freundschaften zu pflegen
- Sich um seine Gesundheit zu kümmern
- Zielstrebigkeit
- Freizeitaktivitäten
- Menschen gefallen zu wollen
- Ausbildung

Suchen Sie sich Ihre fünf wichtigsten Werte aus, und schreiben Sie diese nach ihrer Wichtigkeit auf. Dann überprüfen Sie sich. Wie viel Zeit, Geld und Energie sind jedem Punkt gewidmet? Stecken Sie zu viel Energie in etwas, das nicht einmal auf Ihrer Liste steht?

Hin und wieder diese Werteliste zu überprüfen kann Ihnen dabei helfen, herauszufinden, ob Ihr Leben ausgewogen ist oder nicht.

Nehmen Sie sich Zeit, bevor Sie ja oder nein sagen

Megan ging ihrer Cousine aus dem Weg, weil sie wusste, dass sie nicht nein sagen konnte, falls diese sie um etwas bat. Um Megan beim nein sagen zu helfen, entwarfen wir einen Text. Wann immer jemand sie um etwas bat, sollte sie antworten »Lass mich auf meinen Terminplan schauen, ich melde mich wieder bei dir«. Das gab ihr Zeit, darüber nachzudenken, ob sie etwas wirklich tun wollte. Wenn sie zusagte, dann sollte sie auch wirklich helfen und nicht nur anderen gefallen wollen.

Wenn ja sagen in Ihrem Leben zu einem Automatismus geworden ist, dann versuchen Sie, Ihre Entscheidung abzuwägen, bevor Sie antworten.

Wenn jemand Sie um etwas bittet, dann stellen Sie sich die folgenden Fragen, bevor Sie antworten:

- *Ist es etwas, das ich tun möchte?* Die meisten Menschen wissen nicht einmal, was sie wollen, weil sie daran gewöhnt sind, etwas automatisch zu tun. Geben Sie sich ein wenig Zeit, um darüber nachzudenken.
- *Was muss ich dafür aufgeben, um dies tun zu können?* Wenn Sie etwas für jemand anderen tun, dann müssen Sie etwas anderes dafür aufgeben. Vielleicht ist es Zeit für Ihre Familie, oder vielleicht kostet es auch Geld. Bevor Sie eine Entscheidung treffen, finden Sie heraus, was Sie für eine Zusage opfern müssen.

- *Was bringt es mir, dies zu tun?* Vielleicht gibt es Ihnen die Gelegenheit, Ihre Beziehung zu verbessern, oder vielleicht ist es etwas, das Ihnen sogar gefällt. Denken Sie über Ihre potentiellen Vorteile nach.
- *Was werde ich empfinden, wenn ich dies tue?* Werden Sie wütend sein oder sich eher ablehnend verhalten, werden Sie glücklich sein oder stolz? Nehmen Sie sich die Zeit, sich vorzustellen, wie Sie sich wahrscheinlich fühlen werden.

Megan erkannte, dass Sie sich nicht dafür entschuldigen musste, etwas nicht tun zu wollen. Wenn Sie nein sagen möchten, dann können Sie dies zum Beispiel so formulieren: »Ich wünschte, ich könnte dir helfen, aber ich schaffe es leider nicht«, oder: »Tut mir leid, aber ich werde es nicht schaffen.« Wenn Sie es nicht gewohnt sind, nein zu sagen, dann wird es Sie etwas Übung kosten. Mit der Zeit wird es Ihnen aber immer leichter fallen.

Üben Sie, sich durchzusetzen

Eine Auseinandersetzung muss weder negativ noch bedrohlich sein. Selbstbewusst geführte Diskussionen können sogar ganz gesund sein, und Bedenken zu äußern kann Ihre Beziehung verbessern. An einem bestimmten Punkt konfrontierte Megan ihre Cousine damit, dass sie sich in der Vergangenheit ausgenutzt gefühlt habe. Ihre Cousine entschuldigte sich daraufhin und sagte, dass sie keine Ahnung hatte, dass Megan sich so fühlte. Sie wollte sich fest vornehmen, dass dies nicht mehr passierte. Megan sah ein, dass auch sie für ihre Gefühle und ihr Verhalten verantwortlich war, weil sie nicht nein gesagt hatte, als sie etwas tun sollte, was ihr nicht gepasst hat. Megan und ihre Cousine waren in der Lage, ihre Beziehung wieder in Ordnung zu bringen.

Sprechen Sie es aus, wenn Sie das Gefühl haben, jemand nutzt Sie aus, und achten Sie auf Ihre Bedürfnisse. Sie müssen nicht fordernd oder unhöflich sein. Bleiben Sie respektvoll und höflich. Verbalisieren Sie Ihre Gefühle, und halten Sie sich an die Fakten. Beziehen Sie das Gesagte auf sich. Sagen Sie »Mich frustriert es, dass du immer dreißig Minuten zu spät kommst«, statt zu sagen: »Du bist niemals pünktlich.«

Ich arbeite viel mit Eltern, die es nicht ertragen können, wenn ihre Kinder unglücklich sind. Sie möchten ihnen nicht sagen, dass etwas nicht geklappt hat, weil sie fürchten, dass diese dann weinen oder sie beschuldigen, böse Eltern zu sein. Ob es nun Ihre Kinder, ein Freund, ein Kollege oder sogar ein Fremder ist, manchmal ist es unangenehm, zu wissen, dass jemand wütend auf Sie ist, wenn Sie es nicht gewohnt sind, Ihre Meinung zu äußern. Aber mit ein wenig Übung können Sie dieses Gefühl überwinden, und es wird Ihnen leichter fallen, sich durchzusetzen.

Zu akzeptieren, dass Sie es nicht jedem recht machen können, wird Sie stärken

Mose Gingerich musste in seinem Leben eine Entscheidung treffen, die für die meisten von uns unvorstellbar ist. Er war in einer Gemeinde der Amish in Wisconsin aufgewachsen, wo es seine Aufgabe gewesen war, die Felder zu bestellen und Kühe mit der Hand zu melken. Aber Mose war sich nicht sicher, ob er für immer Amish bleiben wollte. In einer Gemeinschaft, in der es nicht willkommen war, Fragen zu stellen, stellte Mose alles in Frage, und zwar Gott und das Leben der Amish selbst.

Er verbrachte Jahre damit, darüber nachzudenken, wie er die Amish verlassen könne. Denn das Leben dort war alles, was er bisher gekannt hatte. Wenn er wegging, war ihm künftig der Kontakt zu den Amish für immer verwehrt, ebenso zu seiner Mutter und seinen Geschwistern. Die Welt da draußen war ein fremdes Land für ihn. Mose war es nie erlaubt gewesen, moderne Technik wie Computer oder andere elektronische Geräte zu benutzen. Wie konnte er es alleine da draußen schaffen, in dieser Welt, von der er so gar nichts wusste?

Es war ihm, als müsse er die Hölle selbst betreten, denn es war ihm beigebracht worden, dass der Gott der Amish der einzig wahre Gott sei, und die Amish zu verlassen demnach bedeute, Gott zu verlassen. Die älteren Mitglieder der Gemeinde erzählten, dass es für die Menschen »da draußen« keine Hoffnung gäbe. Menschen, die die Amish verließen, aber Christen bleiben wollten, spielten mit dem Feuer, so die Meinung der Amish.

Mose hatte seine Gemeinde hier und da für kurze Zeit als Teenager und auch als junger Erwachsener verlassen. Er war im Land umhergereist und hatte andere Amish-Gemeinden kennengelernt. So hatte er ein Gespür dafür bekommen, wie die Welt draußen aussah. Seine Ausflüge hatten ihm geholfen, sich seine eigene Meinung von Gott und der Welt zu machen. Und er hatte gemerkt, dass seine Wertvorstellungen mit denen der Amish nicht mehr übereinstimmten. Daher hatte er sich entschieden, sein Leben als Amish ein für alle Mal hinter sich zu lassen.

In Missouri hatte er ein neues Leben begonnen und eine Reihe von Abenteuern erlebt, angefangen von der Eröffnung seiner eigenen Baufirma bis hin zu Gastauftritten in Realityshows. Er hatte sich ohne die Hilfe seiner Familie durchschlagen müssen, weil diese, wie auch der Rest der Gemeinschaft, fortan nicht mehr mit ihm sprach. Mose betreut heute andere junge Amish, die damit kämpfen, in der »englischen Welt« Fuß zu fassen, da er aus eigener Erfahrung weiß, wie schwer es ist, ohne Hilfe einen Job zu finden, seinen Führerschein zu machen und andere kulturelle Werte zu verinnerlichen.

Ich hatte die Gelegenheit, ihn zu fragen, wie er diese Entscheidung gefällt hat, und er erzählte mir, dass er, als er sich mit seinen eigenen Werten auseinandergesetzt hatte, erkannte, dass »das Leben das ist, was man aus ihm macht. Und ich hatte die Möglichkeit, etwas anderes zu wählen. Daher entschied ich zu gehen und mein Glück in der modernen Welt zu versuchen. Und jeden Tag, an dem ich neben meiner Frau aufwache und den ich mit meinen beiden Töchtern und meinem Stiefsohn verbringe, danke ich Gott, dass ich diese Entscheidung getroffen habe.«

Wenn Mose sich darauf konzentriert hätte, allen gefallen zu wollen, dann würde er heute immer noch in der Amish-Gemeinde leben, auch wenn dies für ihn nicht das Richtige wäre. Aber Mose war stark genug, sich von allem und jedem zu lösen, was er je gekannt hatte, um sein Leben zu leben. Er ist zufrieden mit dem Leben, das er sich aufgebaut hat und selbstbewusst genug, die Ablehnung der ganzen Amish-Gemeinde zu tolerieren.

Ihre Worte und Taten müssen sich mit Ihren Wertvorstellungen decken, damit Sie ein authentisches Leben führen können. Wenn Sie damit aufhören, jedem gefallen zu wollen, und stattdessen mutig genug sind, nach Ihren eigenen Wertvorstellungen zu leben, dann wird Ihnen das viele Vorteile bringen:

- *Ihr Selbstbewusstsein wird steigen.* Je mehr Sie in der Lage sind, zu erkennen, dass Sie Menschen nicht glücklich machen müssen, desto unabhängiger und selbstbewusster werden Sie. Sie werden mit den Entscheidungen, die Sie treffen, zufrieden sein, auch wenn andere Ihr Handeln kritisieren, weil Sie wissen, dass Sie die richtige Wahl getroffen haben.
- *Sie werden mehr Zeit und Energie für Ihre eigenen Ziele haben.* Statt Energie darauf zu verschwenden, so zu sein, wie andere es möchten, werden Sie Zeit und Energie haben, an sich zu arbeiten. Wenn Sie diese Bemühungen auf Ihr Ziel ausrichten, werden Sie höchstwahrscheinlich erfolgreicher sein.
- *Sie werden sich weniger gestresst fühlen.* Wenn Sie gesunde Grenzen setzen, dann werden Sie viel weniger Stress und Verärgerung empfinden. Sie werden feststellen, dass Sie mehr Kontrolle über Ihr Leben haben.

- *Sie werden gesündere Beziehungen führen.* Andere Menschen werden Ihnen mehr Respekt entgegenbringen, wenn Sie sich durchsetzen können. Ihre Kommunikation wird sich verbessern, und Sie werden in der Lage sein, anderen Menschen gegenüber keinen Zorn und keine Ablehnung zu empfinden.
- *Sie werden mehr Willenskraft entwickeln.* Eine interessante Studie aus dem Jahr 2008, die im *Journal of Experimental Psychology* erschien, hat gezeigt, dass Menschen mehr Willenskraft haben, wenn sie selbst Entscheidungen treffen, statt das zu tun, was andere möchten. Wenn Sie nur etwas tun, um andere glücklich zu machen, dann werden Sie damit kämpfen, Ihre eigenen Ziele zu verwirklichen. Sie können nur dann weiterhin leistungsstark sein, wenn Sie davon überzeugt sind, dass die Wahl, die Sie treffen, für Sie die richtige ist.

Fehlerbehebung und gängige Fallen

Es mag Bereiche in Ihrem Leben geben, in denen es leichter für Sie ist, Ihre Wertvorstellungen durchzusetzen. Achten Sie auf Warnsignale, und versuchen Sie, ein Leben nach Ihren Vorstellungen zu leben, und nicht eins, das andere befriedigt.

Was hilft

Erkennen Sie Ihre Werte, und leben Sie danach.
Gehen Sie in sich, und denken Sie nach, bevor Sie sich entscheiden, ob Sie zustimmen oder etwas ablehnen.
Sagen Sie nein, wenn Sie etwas nicht tun möchten.
Üben Sie, unbequeme Gefühle, die mit Konflikten und Auseinandersetzungen einhergehen, zu tolerieren.

Setzen Sie sich durch, auch wenn es bei anderen nicht gut ankommt, wenn Sie Ihre Meinung sagen.

Was nicht hilft

Sich selbst und seine Werte aus den Augen zu verlieren.
Nur an die Gefühle der anderen zu denken, ohne auf die eigenen zu achten.
Eine Einladung automatisch anzunehmen, ohne darüber nachzudenken, ob die Entscheidung richtig ist.
Menschen zuzustimmen und Bitten nachzugeben, nur um Auseinandersetzungen zu vermeiden.
Mit den Wölfen zu heulen oder die eigene Meinung zu verschweigen, wenn sie von dem abweicht, was die meisten Menschen denken.

Kapitel 6
Sie scheuen keine kalkulierbaren Risiken

> Seien Sie nicht zu schüchtern und zögerlich in Ihren Handlungen. Das ganze Leben ist ein Experiment. Je mehr Sie experimentieren, desto besser.
>
> *Ralph Waldo Emerson*

Dale arbeitete schon dreißig Jahre lang als Werklehrer an einer Highschool, und obwohl ihm sein Job grundsätzlich Spaß machte, war er nicht mehr mit sehr viel Freude bei der Sache. Er träumte davon, flexibler und freier zu sein und ein eigenes Geschäft mit selbstentworfenen Möbeln zu eröffnen. Aber als er seinen Plan mit seiner Frau diskutieren wollte, hatte diese nur mit den Augen gerollt und ihn als Träumer bezeichnet.

Je länger Dale darüber nachdachte, desto eher glaubte er, sie hätte recht. Aber er hatte auch keine Lust mehr, als Werklehrer zu arbeiten. Teils weil er des Unterrichtens müde war, teils weil er sich ausgebrannt fühlte. Er merkte, dass er nicht mehr so effizient arbeitete wie früher. Er glaubte, dass dies seinen Schülern gegenüber nicht fair sei.

Der Traum von einem eigenen Geschäft war nicht die erste Idee, die Dale in die Tat umsetzen wollte. Einst hatte er davon geträumt, auf einem Segelboot zu leben. Später hatte er ein Bed and Breakfast eröffnen wollen. Er hatte seine Pläne nie weiterverfolgt, weil er glaubte, in erster Linie für seine Familie sorgen zu müssen. Obwohl seine Kinder nun erwachsen waren und es ihm und seiner Frau finanziell gutging, schien es sicherer zu sein, bis zur Rente in seinem Lehrberuf zu arbeiten.

Im Laufe der Zeit schlugen sich seine unverwirklichten Pläne auf seine Laune nieder. Er fühlte sich niedergeschlagen und depressiv. So hatte er sich vorher noch nie gefühlt. Er kam zur Beratung, weil er annahm, dass mit ihm irgendetwas nicht in

Ordnung sei. Zum ersten Mal machte ihm sein Job als Lehrer keinen Spaß mehr.

Obwohl Dale mir mitteilte, dass er mit seiner Frau darin übereinstimmte, sich nicht selbständig zu machen, war es ganz offensichtlich, dass er in seinem Inneren diesen Traum noch hatte. Schon bei der Erwähnung, seinen eigenen Möbelladen eröffnen zu wollen, erhellte sich sein Gesicht, veränderte sich seine Körpersprache und verbesserte sich seine Laune zusehends.

Wir sprachen über seine bisherigen Erfahrungen mit Risiken. Er erzählte, dass er vor Jahren in Immobilien investiert und eine Menge Geld verloren hätte. Seit dieser Zeit hatte er Angst, finanzielle Risiken einzugehen. Nach einigen Therapiestunden gab Dale zu, dass er immer noch gerne sein eigenes Geschäft eröffnen würde. Aber er hatte furchtbare Angst, seinen Job als Lehrer an den Nagel zu hängen, da dieser ihm Sicherheit bot. Er hatte Zutrauen in seine Fähigkeiten, wunderbare Möbel aus Holz zu designen, aber es mangelte ihm an Geschäftserfahrung. Wir sprachen dann über Schritte, die er einleiten könne, um sich auf dem Gebiet kundig zu machen. Dale war bereit, Betriebswirtschaftskurse zu belegen, und wollte auch gerne Mitglied einer Netzwerkgruppe werden und nach einem Mentor suchen, der ihm am Anfang zur Seite stünde. Auf dieser Basis wog Dale das Für und Wider eines eigenen Möbelgeschäftes ab.

Einige Wochen später traf Dale dann eine Entscheidung. Er würde zunächst sein Geschäft auf Halbtagsbasis betreiben. Sein Plan war es, abends und am Wochenende in seiner Garage Möbel zu designen und zu fertigen. Vieles, was er benötigte, um sein Geschäft zu eröffnen, besaß er schon, aber er müsste Geld in Materialien investieren. Er glaubte jedoch, sein Geschäft mit geringen Investitionskosten eröffnen zu können. Zu Beginn wollte er noch kein Ladengeschäft anmieten, sondern seine Möbel online und über die Zeitung verkaufen. Wenn es dann Interesse an seinen Möbeln gäbe, würde er später ein

Ladenlokal anmieten und konnte so vielleicht seinen Job als Lehrer aufgeben.

Nach einigen weiteren Therapiesitzungen ging es Dale zusehends besser, da er an der Verwirklichung seiner Ziele arbeitete. Wir verabredeten, uns einmal im Monat zu treffen, um zu schauen, ob seine gute Laune anhielt. Dabei erzählte er mir etwas Interessantes. Er hatte nicht nur Möbel für sein Ladengeschäft kreiert, er hatte jetzt auch wieder viel mehr Spaß an seinem Job als Lehrer. Er plante, weiterhin Möbel zu bauen, war aber nicht mehr darauf fixiert, seinen Job als Lehrer aufgeben zu müssen. Stattdessen machte es ihm nun Spaß, seine Ideen und das, was er gelernt hatte, an seine Schüler weiterzuvermitteln.

Risikovermeidung

In unserem Leben begegnen wir ständig Risiken finanzieller, physischer, emotionaler und sozialer Art. Oft vermeiden es Menschen, Risiken einzugehen, die es Ihnen ermöglichen könnten, ihr volles Potential auszuschöpfen, weil ihre Angst überwiegt. Reagieren Sie positiv auf einige der folgenden Punkte?

- ☐ Es fällt Ihnen schwer, wichtige Entscheidungen in Ihrem Leben zu treffen.
- ☐ Sie verschwenden viel Zeit damit, zu träumen, aber Sie setzen Ihre Träume nicht in die Tat um.
- ☐ Manchmal treffen Sie Impulsiventscheidungen, weil es Ihnen zu viel Angst macht, lange über etwas nachzudenken.
- ☐ Sie denken oft, dass Sie Abenteuerlicheres und Aufregenderes erleben könnten, aber Sie sind zu ängstlich.
- ☐ In Bezug auf ein Risiko stellen Sie sich immer das schlimmste Szenario vor und verpassen dadurch viele Chancen.

- ☐ Manchmal lassen Sie andere Menschen Entscheidungen für Sie treffen, damit Sie selbst nicht handeln müssen.
- ☐ Sie meiden soziale, finanzielle und physische Risiken, weil Sie Angst haben.
- ☐ Sie machen Entscheidungen von dem Grad Ihrer Angst abhängig. Wenn Sie wenig Angst haben, handeln Sie vielleicht. Ist Ihre Angst jedoch groß, dann bleiben Sie passiv.
- ☐ Sie glauben, dass Erfolge meist Glückstreffer sind.

Wenn Sie nicht wissen, wie Sie Ihr Risiko kalkulieren können, erhöht das Ihre Angst. Und Angst vor Risiken zu haben führt dazu, sie zu meiden. Aber es gibt Hilfen, mit denen Sie Risiken richtig einschätzen können. Ein wenig Übung hilft.

Warum wir Risiken meiden

Als Dale sich ausmalte, ein eigenes Ladenlokal zu eröffnen, hielt ihn seine zuletzt fehlgeschlagene Investition zunächst davon ab. Daher stand er einem weiteren Risiko ablehnend gegenüber. Er vermutete, entweder pleitezugehen oder seine Rente aufs Spiel zu setzen. Seine übertrieben negativen Gedanken hielten ihn davon ab, zu handeln. Es war ihm jedoch nie in den Sinn gekommen, seine Risiken zu minimieren und damit seine Aussichten auf Erfolg zu steigern.

Gefühle überwiegen die Logik

Auch wenn unsere Gefühle keinerlei logische Basis haben, lassen wir uns oft von ihnen leiten. Statt uns die Zukunft positiv vorzustellen, zweifeln wir. Risiken müssen jedoch nicht leichtsinnig eingegangen werden.

Mein Labrador Jet ist ziemlich gefühlsbetont. Sein Verhalten wird total von seinen Gefühlen beherrscht. Er fürchtet sich aus unerklärlichen Gründen vor den merkwürdigsten Dingen. Zum Beispiel hat er vor den meisten Bodenbelägen Angst. Er liebt es, auf Teppichen zu laufen, aber Linoleum betritt er nicht.

So wie Menschen ihre Ängste zu beherrschen versuchen, hat Jet gewisse Regeln für sich aufgestellt, um seine Ängste zu umgehen. Er kann ohne Probleme über den Holzboden im Wohnzimmer laufen, aber er setzt keine Pfote auf die Fliesen im Flur. Schon oft stand er am anderen Ende des Flures und jaulte, weil er mich gerne in meinem Büro besuchen wollte, es aber nicht wagte, über die Fliesen zu laufen. Ich hatte gehofft, dass der Wunsch, mich sehen zu wollen, größer als seine Angst sei, aber er hat sich einfach nicht getraut. Ich legte dann verschiedene Fußmatten aus, auf denen er sich nun vorsichtig fortbewegt.

Er hat auch bestimmte Regeln aufgestellt, wenn er sich in anderen Häusern aufhält. Wenn er im Haus meiner Schwiegermutter ist, die auch Fliesen im Flur hat, dann läuft er rückwärts ins Wohnzimmer.

Einmal hat mein Vater auf Jet aufgepasst, als wir nicht in der Stadt waren, und das ganze Wochenende lang war er auf dem Türvorleger im Haus sitzen geblieben. Manchmal weigert er sich auch, ein Gebäude zu betreten und muss getragen werden, weil er nicht auf Linoleum laufen will. Und es ist weiß Gott nicht leicht, einen 35 Kilogramm schweren Hund in das Behandlungszimmer eines Tierarztes zu tragen. Manchmal nehmen wir Bodenmatten mit, um sie für ihn auszulegen.

Jets Angst ist für gewöhnlich so groß, dass er das Risiko, auf manchen Böden zu laufen, nicht eingeht. Aber Ausnahmen bestätigen die Regel – dann nämlich, wenn es um Katzenfutter geht. Dann wagt er alles. Jet hatte sich wegen des Fliesenbelags noch nie vorher in die Küche getraut. Aber als er herausfand, dass dort unbewachtes Katzenfutter stand, war seine Begeisterung größer als seine Angst.

Fast jeden Tag, wenn er denkt, wir beobachten ihn nicht,

berührt er zuerst mit einer Pfote den Küchenboden, dann mit zweien und streckt sich so weit auf dem Boden aus, wie er nur kann. Dann berührt er mit drei Pfoten den Boden. Mit einer Pfote noch außerhalb der Küche, streckt er sich so weit er kann aus, und manchmal schafft er es bis zum Katzenfutter, mit allen vier Pfoten auf den Fliesen.

Ich weiß nicht, wie Jet beurteilt, welche Böden »sicher« und welche »gefährlich« sind. Auch wenn es gar keinen Sinn ergibt, für ihn gibt es offensichtlich Unterschiede.

Oft kalkulieren Menschen ihre Risiken genauso wie Jet. Meistens basieren unsere Entscheidungen auf Gefühlen statt auf unserer Ratio. Wir nehmen an, dass es eine direkte Beziehung zwischen unserer Angst und dem Risiko gibt. Aber unsere Emotionen sind nun einmal nicht rational. Wenn wir wirklich verstünden, wie wir Risiken kalkulieren könnten, dann wüssten wir, welche Risiken sich lohnten und hätten weniger Angst, sie einzugehen.

Wir denken nicht über die Risiken nach

Um Risiken richtig abzuwägen, müssen wir überprüfen, ob unser Verhalten positive oder negative Konsequenzen mit sich bringen wird. Manchmal weckt alleine der Gedanke an ein Wagnis so große Ängste in uns, dass wir lieber gar nicht erst über die Konsequenzen nachdenken möchten. Wenn wir den potentiellen Ausgang eines Risikos aber nicht einschätzen können, dann lassen wir Ideen oder Träume gar nicht erst zu.

Zu Beginn wägen wir unser Risiko gedanklich ab. Ob es nun ein Hauskauf ist, ob Sie sich im Auto anschnallen oder auch nicht; jede Entscheidung birgt ein gewisses Risiko. Ihre Gedanken beeinflussen Ihre Gefühle und ultimativ auch Ihr Verhalten. Wenn Sie mit dem Auto fahren, dann entscheiden Sie, wie schnell Sie fahren. Sie müssen sich täglich mit Fahr- und Sicherheitsrisiken auseinandersetzen und diese zeitlich einkalkulieren. Je schneller Sie fahren, desto weniger lange müssen Sie im Auto sitzen, aber wenn Sie schneller fahren, ist Ihr Risiko größer, in einen Unfall verwickelt oder geblitzt zu werden.

Wahrscheinlich denken Sie darüber auf dem täglichen Weg zur Arbeit gar nicht nach, denn Autofahren ist zur Routine geworden. Sind Sie aber einmal spät dran, dann müssen Sie entscheiden, ob Sie schneller fahren wollen und sich größeren körperlichen und legalen Gefahren aussetzen möchten oder lieber zu spät zur Arbeit kommen.

Tatsächlich wägt keiner seine Risiken so genau ab. Stattdessen basieren unsere Entscheidungen auf Emotionen oder Gewohnheiten. Wenn etwas zu angsteinflößend erscheint, dann meiden wir das Risiko eher. Wenn wir uns auf die möglichen Vorteile freuen, dann sind wir eher bereit, ein Wagnis einzugehen.

Wenn die Angst vor Risiken zum Problem wird

Als Dales Kinder alle das College beendet hatten, wollte er mit seinem Leben etwas Aufregenderes anfangen. Als er darüber nachdachte, möglicherweise ein Geschäft zu eröffnen, fühlte er sich, als spränge er ohne Auffangnetz von einem Felsen. Was Dale nicht bedacht hatte, war, dass er emotional darunter leiden würde, wenn er das Risiko nicht einginge.

Man hebt sich nicht von der Menge ab, wenn man keine kalkulierbaren Risiken eingeht

Othmar Ammann war ein Schweizer Ingenieur, der in die USA ausgewandert war. Sein erster Job war leitender Ingenieur beim Port Authority, der Hafenverwaltung von New York. Innerhalb von sieben Jahren wurde er dort Technischer Direktor.

Aber immer schon hatte Ammann davon geträumt, als Architekt zu arbeiten. Also eröffnete er ein Architekturbüro und kündigte seinen heißbegehrten Job. In den Folgejahren arbeitete Ammann an beeindruckenden amerikanischen Brücken mit: der Verrazzano-Narrows-, der Delaware-Memorial- und der Walt-Whitman-Brücke. Seine Fähigkeit, komplizierte, schwierige und kunstvolle Strukturen zu entwerfen, brachte ihm zahlreiche Auszeichnungen.

Man sollte vielleicht erwähnen, dass Ammann seine neue Karriere mit sechzig Jahren begann. Noch mit achtzig Jahren entwarf er architektonische Meisterwerke. In einem Alter, in dem die meisten Menschen keine Risiken mehr eingehen möchten, traf Ammann die Entscheidung, ein kalkulierbares Risiko einzugehen, das es ihm erlaubte, seinen Traum zu verwirklichen. Wenn wir lediglich Risiken eingehen, mit denen wir bequem leben können, dann werden wir uns tolle Chancen entgehen lassen.

Angst behindert logische Entscheidungen

Sie sollten eigentlich Angst davor haben, sich im Verkehr zu bewegen. Sie schauen rechts und links, bevor Sie eine Straße überqueren, damit Sie das Risiko minimieren, von einem Wagen angefahren zu werden. Wenn Sie keine Angst hätten, wären Sie wahrscheinlich leichtsinniger. Aber unsere »Angstmesser« sind nicht immer verlässlich. Manchmal haben wir Angst, obwohl wir uns nicht in Gefahr befinden. Wenn wir Angst haben, dann benehmen wir uns dementsprechend und denken *Wenn es mir Angst macht, dann wird es wohl zu risikoreich sein.*

Seit Jahren wird uns über die Medien Angst eingejagt. Sie berichten über Killerbienen und Rinderwahn. Statistiken, Forschungsergebnisse und Warnungen über Gefahren machen es uns schwer, das Ausmaß an Gefahr abzuschätzen, dem wir täglich ausgesetzt sind. Nehmen wir einmal die Krebsforschung als Beispiel. Einige Studien besagen, dass jeder vierte Todesfall auf Krebs zurückzuführen ist. Andere warnen davor, dass jeder Zweite in einigen Jahren daran erkranken wird. Obwohl diese Statistiken besorgniserregend sind, können sie oft irreführend sein. Schaut man genauer hin, so zeigen die Zahlen, dass ein normaler junger Mensch, der gesund lebt, im Vergleich zu einem übergewichtigen älteren Menschen, der raucht, ein minimales Risiko hat, an Krebs zu erkranken.

Hersteller von Reinigungsmitteln versuchen uns ständig davon zu überzeugen, dass wir im Haushalt starke chemische Mittel einsetzen müssen, zum Beispiel Desinfektionsmittel und antibakterielle Seifen, um uns vor Bakterien zu schützen. Über die Medien erfahren wir, dass unsere Küchenarbeitsflächen mehr Bakterien aufweisen als unser Toilettensitz, und es wird uns visuell vorgeführt, wie schnell sich Bakterien in einer Petrischale ausbreiten können. Menschen, die Angst vor Bakterien haben, treffen unglaubliche Vorkehrungen, um das Risiko zu verringern, mit zu vielen Bakterien in Berührung zu kommen. Sie reinigen täglich ihr Haus mit scharfen Reinigungsmitteln, waschen sich ständig die Hände mit antibakterieller Seife, und statt jemandem die Hand zu geben, begrüßen sie andere mit dem Faustgruß, um sich keine Bakterien einzufangen. Aber Versuche, den Krieg gegen Bakterien zu gewinnen, können mehr Schaden anrichten als gedacht. Es gibt Forschungen, die zeigen, dass es unser Immunsystem sogar beeinträchtigt, wenn man versucht, alle Bakterien abzutöten. Eine Studie des John-Hopkins-Kinderkrankenhauses fand heraus, dass Neugeborene, die Bakterien, zum Beispiel Schuppen von Haus- und Nagetieren, und Küchenschaben-Allergenen ausgesetzt sind, weniger häufig an Asthma und Allergien erkranken.

Es ist wichtig, seine eigenen Gefühle bei einem Entscheidungsprozess zu berücksichtigen. Wenn man traurig ist, dann antizipiert man wahrscheinlich Versagen und geht kein Risiko ein. Wenn man glücklich ist, dann geht man über ein Risiko hinweg und handelt einfach. Es gibt Forschungen, die besagen, dass Ängste, die gar nichts mit dem eigentlichen Risiko zu tun haben, eine Entscheidung beeinflussen können. Wenn

Ihnen Ihr Job Stress bereitet und Sie zusätzlich auch noch darüber nachdenken, ein neues Haus kaufen zu wollen, dann stufen Sie den Hauskauf risikoreicher ein, als wenn Sie keinen Stress bei der Arbeit haben. Oft sind wir nicht in der Lage, unsere Gefühle zu kanalisieren.

Gefühle und Logik müssen ausgewogen sein

Denken Sie nicht, dass Ihre Angst Ihnen bei finalen Entscheidungen ein guter Ratgeber ist.

Auf Gefühle kann man nicht zählen. Je emotionaler, desto weniger logisch sind Ihre Gedanken. Bringen Sie daher Ihre Gefühle und Ihre rationalen Gedanken in eine Balance.

Viele Menschen haben zum Beispiel Angst davor zu fliegen. Der Pilot hat die Kontrolle und nicht die Passagiere. Dieser Kontrollverlust macht Angst. Viele potentielle Fluggäste nehmen große Distanzen mit dem Auto auf sich, statt zu fliegen. Aber ihre Entscheidung, zu fahren, beruht nur auf Gefühlen, nicht auf Logik. Statistisch liegen die Chancen, durch einen Autounfall ums Leben zu kommen, bei 1:5000, während die Chancen, bei einem Flugzeugunglück zu sterben, bei 1:11 Millionen liegen.

Wenn Sie ein Risiko eingehen wollen, möchten Sie dann nicht, dass die Chancen zu Ihren Gunsten stehen? Die meisten Menschen wählen jedoch die Option, die Ihnen die geringste Angst einflößt. Machen Sie sich bewusst, welche Ängste Sie in Bezug auf ein Risiko haben, und vergewissern Sie sich, dass Ihre Entscheidung auf Fakten beruht und nicht nur auf Gefühlen.

Die meisten Forschungen ergeben, dass wir Risiken ziemlich schlecht einschätzen können. Es ist geradezu erschreckend, wie viele wichtige Zukunftsentscheidungen wir irrational treffen:

- *Wir schätzen das Maß an Kontrolle in einer Situation falsch ein.* Wir gehen gerne größere Risiken ein, wenn wir glauben, mehr Kontrolle zu besitzen. Die meisten Menschen fühlen sich wohler, wenn sie in einem Auto sitzen, aber nur weil man ein Auto selbst fährt, heißt das nicht, dass man einen Unfall vermeiden kann.

- *Wir überkompensieren bei Schutzmaßnahmen.* Wir benehmen uns unbesonnener, wenn wir denken, dass es Auffangnetze gibt, und erhöhen damit ultimativ unser Risiko. Menschen fahren für gewöhnlich schneller, wenn Sie angeschnallt sind. Versicherungen haben festgestellt, dass größere Sicherheitsvorkehrungen an Autos und höhere Unfallraten in Bezug zueinander stehen.
- *Wir erkennen den Unterschied zwischen Fähigkeit und Chance nicht.* In Casinos wurde festgestellt, dass, wenn Spieler schlecht spielen, sie die Würfel anders rollen, damit die gewünschte Zahl erscheint. Wenn sie eine hohe Zahl würfeln wollen, dann würfeln sie hart. Wenn sie eine niedrige Zahl würfeln wollen, dann würfeln sie weich. Obwohl dies ein Glücksspiel ist, benehmen sich die Menschen so, als ob es einer gewissen Fähigkeit bedarf.
- *Wir werden von unserem Aberglauben gelenkt.* Ob ein Geschäftsmann seine »Glückssocken« trägt oder jemand sein Horoskop liest, bevor er aus dem Haus geht, Aberglaube hat Einfluss auf die Bereitschaft, Risiken einzugehen. Im Durchschnitt fliegen an einem »Freitag dem Dreizehnten« 10 000 Menschen weniger mit dem Flugzeug, und schwarze Katzen werden in deutlich geringerer Zahl aus einem Tierheim adoptiert. Obwohl die Forschung zeigt, dass die meisten Menschen sich in brenzligen Situationen gegenseitig die Daumen drücken, hilft dies leider gar nicht, um ein Risiko zu minimieren.
- *Wir lassen uns oft von einer lohnenden Rendite blenden.* Auch wenn die Wahrscheinlichkeit gering ist, überschätzen wir oft unsere Erfolgschancen, wenn das Ergebnis lohnenswert scheint, wie zum Beispiel beim Lotteriespiel.
- *Wir lieben das Vertraute.* Je öfter wir Risiken eingehen, des-

to eher schätzen wir sie falsch ein. Wenn Sie das gleiche Risiko immer wieder eingehen, dann sehen Sie es nicht mehr als solches an. Wenn Sie jeden Tag auf dem Weg zur Arbeit zu schnell fahren, werden Sie die Gefahr, der Sie sich aussetzen, unterschätzen.

- *Wir glauben, dass andere Menschen ein Risiko genau abwägen können.* Gefühle können ansteckend sein. Wenn Sie sich in einer Menge befinden, die nicht auf den Geruch von aufsteigendem Rauch reagiert, dann ist es wahrscheinlich, dass sie diesen nicht als gefährlich ansehen. Wenn hingegen Panik ausbricht, dann werden auch Sie panisch reagieren.
- *Wir lassen uns von den Medien beeinflussen, wie wir Risiken bewerten.* Wenn Sie ständig Berichte über eine seltene Krankheit hören, dann schätzen Sie Ihre Chancen, diese Krankheit zu bekommen, höher ein, auch wenn nur von Einzelfällen berichtet wird. Auch Berichte über Naturkatastrophen oder tragische Ereignisse können dazu führen, dass Sie sich in größerer Gefahr wähnen, als Sie es tatsächlich sind.

Minimales Risiko, maximaler Erfolg

Jedes Jahr hält ein ausgewählter Schüler auf einer Abiturfeier eine Rede. In meinem letzten Highschooljahr wurde mir diese Ehre zuteil. Meine Angst, diese Rede halten zu müssen, war größer als meine Freude darüber, dass ich die Beste der Stufe war. Ich war damals sehr schüchtern und meldete mich nicht gerne im Unterricht, auch wenn meine Mitschüler größtenteils Freunde aus dem Kindergarten waren. Alleine der Gedanke daran, vor einem großen Publikum auf einer Bühne sprechen zu müssen, ließ meine Beine schon zittern.

Als ich versuchte, meine Rede zu schreiben, fiel mir nichts ein. Ich war zu sehr abgelenkt von meiner Angst, die Rede vor allen halten zu müssen. Aber ich musste mich zusammenreißen und etwas schreiben, weil die Zeit drängte.

Ratschläge wie »Stell dir das Publikum in Unterhosen vor« oder »Übe deine Rede vor dem Spiegel« beruhigten meine Nerven nicht. Ich hatte fürchterliche Angst.

Also dachte ich darüber nach, worin genau meine Furcht bestand, vor einem Publikum sprechen zu müssen. Ich stellte fest, dass ich Angst davor hatte, vom Publikum abgelehnt zu werden. Ich stellte mir immer wieder vor, dass es am Ende der Rede vollkommen still wäre, weil ich entweder undeutlich gesprochen oder so Unsinniges gesagt hatte, dass keiner klatschen wollte. Um mein Risiko, dass dies wirklich passierte, zu minimieren, sprach ich mit meinen besten Freunden darüber, und sie heckten mit mir einen wunderbaren Plan aus.

Dieser Plan beruhigte meine Nerven genug, um die Rede verfassen zu können. Einige Wochen später, am Tag der Abiturfeier, war ich sehr nervös, als ich auf dem Podium stand. Meine Stimme überschlug sich die ganze Zeit, während ich meinen Mitschülern welchen Rat auch immer mit auf den Weg gab. Aber ich stand sie durch. Und als ich fertig war, setzten meine Freunde unseren Plan in die Tat um. Sie standen auf und applaudierten, als ob sie gerade das beste Rockkonzert ihres Lebens gehört hätten. Und was passiert, wenn einige aufstehen und applaudieren? Andere machen es nach. Ich erhielt stehende Ovationen.

Hatte ich sie verdient? Vielleicht. Wahrscheinlich eher nicht. Aber bis heute ist mir das ziemlich egal. Wichtig war, dass ich meine Rede gehalten hatte und sich meine größte Angst, dass niemand applaudiert, nicht erfüllt hatte.

Der Risikograd, den man in einer bestimmten Situation empfindet, ist bei jedem Menschen anders. Während es für einige unangenehm ist, vor anderen eine Rede zu halten, empfinden das manche nicht so. Stellen Sie sich die folgenden Fragen, um Ihren Risikograd herauszufinden:

- *Wie groß ist der Einsatz?* Manchmal kann man ein Risiko gut einschätzen, zum Beispiel einen Betrag, den man in ein bestimmtes Vorhaben investieren muss. Aber dann gibt es auch Nichteinschätzbares wie zum Beispiel das Risiko, abgewiesen zu werden.

- *Was sind die potentiellen Vorteile?* Prüfen Sie potentielle Vorteile, wenn Sie ein Risiko eingehen. Überlegen Sie, was passiert, wenn es gut ausgeht. Werden Sie zum Beispiel höhere Einnahmen haben? Eine bessere Beziehung führen? Gesünder sein? Das Ergebnis muss den potentiellen Einsatz überschreiten.
- *Wie wird mir der Einsatz dabei helfen, meine Ziele zu erreichen?* Es ist wichtig, seine wirklich großen Ziele zu überprüfen und zu schauen, ob das Risiko den Einsatz wert ist. Wenn Sie zum Beispiel darauf hoffen, mehr Geld zu verdienen, dann prüfen Sie, ob Ihre Geschäftsidee Ihnen dabei helfen kann, Ihr Ziel zu erreichen.
- *Welche Alternativen gibt es?* Manchmal denken wir, es gäbe nur zwei Möglichkeiten: das Risiko einzugehen oder nicht. Man sollte aber auch andere Alternativen betrachten, die einem bei der Zielerreichung helfen können.
- *Was würde passieren, wenn das beste Szenario einträfe?* Nehmen Sie sich etwas Zeit dafür, sich das Ergebnis eines eingegangenen Risikos vorzustellen und welchen Einfluss dies auf Ihr Leben hätte. Bleiben Sie vor allem realistisch.
- *Was wäre, wenn das Schlimmste passierte, und wie könnte das Risiko verringert werden, damit dies nicht eintrifft?* Es ist wichtig, sich das schlimmste Szenario vor Augen zu führen und dann über Schritte nachzudenken, wie man im Vorfeld das Risiko minimieren kann. Wenn Sie zum Beispiel in eine Geschäftsidee investieren wollen, wie könnten Sie Ihre Erfolgschancen erhöhen?
- *Was wäre, wenn das schlimmste Szenario einträfe?* Genauso wie Krankenhäuser, Städte und Regierungen einen Notfallplan haben, kann es hilfreich sein, einen eigenen zu erstellen. Entwickeln Sie einen Plan, was Sie tun können, wenn der schlimmste Fall eintritt.

- *Welche Bedeutung wird diese Entscheidung für mich in fünf Jahren haben?* Betrachten Sie die Angelegenheit so nüchtern wie möglich, und fragen Sie sich, welchen Einfluss sie auf Ihre Zukunft hat. Wenn das Risiko minimal ist, dann werden Sie sich in ein paar Jahren nicht mehr daran erinnern können. Wenn es groß ist, könnte es Einfluss auf Ihre Zukunft haben.

Es kann hilfreich sein, sich Ihre Antworten zu notieren, damit Sie diese immer wieder nachlesen können.

Üben Sie, Risiken einzugehen

Vor seinem Tod im Jahr 2007 wurde Albert Ellis in *Psychology Today* als »bedeutendster Psychologe« bezeichnet. Ellis war bekannt dafür, Menschen beibringen zu können, mit kontraproduktiven Gedanken und Ansichten besser umgehen zu lernen. Aber er lehrte seine Leitlinien nicht nur, er lebte sie auch.

Als junger Mann war Ellis unglaublich schüchtern und hatte Angst davor, sich mit Frauen zu unterhalten. Er hatte große Furcht vor Zurückweisungen. Daher bat er auch nie eine Frau um eine Verabredung. Aber am Ende erkannte er, dass es Schlimmeres gab, als zurückgewiesen zu werden, und stellte sich seinen Ängsten.

Einen Monat lang ging er jeden Tag in den lokalen Botanischen Garten. Wann immer er eine Frau alleine auf einer Bank sitzen sah, setzte er sich neben sie. Er zwang sich dazu, innerhalb einer Minute eine Unterhaltung zu beginnen. In diesem Monat ergaben sich hundertdreißig Möglichkeiten, sich mit einer Frau zu unterhalten. Von diesen hundertdreißig Frauen standen dreißig direkt auf und gingen weg. Aber mit den restlichen hundert Frauen unterhielt er sich. Eine war bereit, sich mit ihm zu verabreden; leider erschien sie an besagtem Tag nicht. Aber Ellis verzweifelte dennoch nicht. Stattdessen bestätigte es ihn darin, auch in Zukunft das Risiko einzugehen, abgewiesen zu werden.

Nachdem er sich seinen Ängsten gestellt hatte, zog er das Fazit, dass es seine irrationalen Gedanken gewesen waren, die ihn davon abgehalten hatten, Risiken einzugehen. Als er verstanden hatte, wie Gedanken Gefühle beeinflussen, entwickelte er neue Therapietechniken, die Menschen dabei halfen, sich ihre irrationalen Gedanken bewusstzumachen.

Wie fühlten Sie sich zum Beispiel bevor und nachdem Sie ein Risiko eingegangen waren? Überlegen Sie, was Sie daraus gelernt haben, und wie Sie dieses Wissen auf zukünftige Entscheidungen übertragen können.

Kalkulierte Risiken einzugehen wird Sie stärken

Richard Branson, der Begründer der Virgin Group mit Sitz im Vereinigten Königreich, ist bekannt dafür, Risiken einzugehen. Ein risikoscheuer Mensch kann nicht Inhaber von vierhundert Firmen werden. Aber Branson ist kalkulierte Risiken eingegangen, die sich für ihn ausgezahlt haben.

Als Kind hatte Branson Probleme in der Schule. Er war Legastheniker, und darunter haben seine Leistungen gelitten. Aber das hielt ihn von nichts im Leben ab. Schon als Teenager war er unternehmerisch tätig gewesen. Als Fünfzehnjähriger hatte er zum Beispiel eine Vogelzucht besessen.

Seine Geschäftsideen entwickelten sich, und heute gehören ihm Musikfirmen, Fluggesellschaften und Handyfirmen. Sein ganzes Imperium ist geschätzte fünf Milliarden wert. Obwohl er sich zurücklehnen könnte, um die Früchte seiner Arbeit zu genießen, liebt es Branson, sich und seine Angestellten jeden Tag aufs Neue herauszufordern.

»Bei Virgin benutze ich zwei Techniken, um unser Team aus der ewig gleichen Routine herauszubringen: Rekorde brechen und Wetten«, so Branson in einem Artikel im Magazin *En-*

trepreneur. »Risiken einzugehen ist eine gute Art, mich selbst und mein Team zu testen und Grenzen zu sprengen, und Spaß haben wir auch noch dabei.«

Branson versteht sich sehr gut darauf, Grenzen zu überwinden. Seine Teams kreieren Produkte, denen andere Menschen keine Chancen einräumen. Sie brechen Rekorde, die anderen unmöglich erscheinen. Und sie stellen sich Herausforderungen, denen sich sonst niemand stellen möchte. Aber dennoch sagt Branson, dass seine Risiken »strategische Beurteilungen sind und kein Glücksspiel«.

Erfolg stellt sich niemals automatisch ein. Man muss ihn sich erkämpfen. Etwas Unbekanntes zu wagen und kalkulierte Risiken einzugehen kann Ihnen dabei helfen, Ihre Träume zu verwirklichen und Ihre Ziele zu erreichen.

Fehlerbehebung und gängige Fallen

Schauen Sie sich die Risiken an, die Sie eingehen möchten, und was Sie dabei empfinden. Achten Sie darauf, günstige Gelegenheiten nicht an sich vorbeiziehen zu lassen. Das kann Ihnen dabei helfen, den größten Nutzen zu erlangen, auch wenn Sie noch Unbehagen dabei empfinden. Denken Sie daran, dass Sie üben müssen, kalkulierte Risiken einzugehen. Nur durch Übung können Sie lernen und wachsen.

Was hilft

Sich über die eigenen emotionalen Reaktionen im Klaren zu sein, die mit dem Risiko verbunden sind.

Sich Risiken zu stellen, die eine besondere Herausforderung darstellen.

Sich irrationale Gedanken bewusstzumachen, die den Entscheidungsprozess beeinflussen könnten.

Sich über die Fakten zu informieren.
Sich Zeit dafür zu nehmen, jedes Risiko gut zu kalkulieren, bevor Sie eine Entscheidung treffen.
Zu üben, Risiken einzugehen, und die Ergebnisse zu analysieren, damit Sie aus jedem Risiko, das Sie eingehen, etwas lernen können.

Was nicht hilft

Ihre Entscheidungen von Gefühlen abhängig zu machen.
Die Risiken zu meiden, die bei Ihnen große Angst hervorrufen.
Irrationale Gedanken zuzulassen, die Ihre Bereitschaft, etwas Neues auszuprobieren, negativ beeinflussen.
Fakten zu ignorieren oder sich nicht um Informationen zu bemühen, um die beste Entscheidung treffen zu können.
Impulsiv zu reagieren, ohne die Risiken abzuwägen.
Risiken abzulehnen, die Ihnen Unbehagen bereiten.

Kapitel 7

Sie leben nicht in der Vergangenheit

Wir können die Vergangenheit nicht bewältigen, wenn wir gedanklich dort verweilen; wir können sie nur bewältigen, indem wir voll und ganz im Hier und Jetzt leben.

Marianne Williamson

Gloria war eine hart arbeitende fünfundfünfzig Jahre alte Frau, die zur Therapie kam, weil sie ihrem Arzt mitgeteilt hatte, dass sie sich sehr gestresst fühlte. Ihre Tochter war wieder bei ihr eingezogen, nachdem sie schon mindestens zwölfmal ein- und ausgezogen war. Seit sie achtzehn war, war sie immer, wenn sie einen neuen Freund hatte, innerhalb von wenigen Wochen, wenn nicht Tagen, bei diesem eingezogen. Aber die Beziehungen hielten nie lange, und dann zog sie wieder zurück.

Sie hatte keinen Job und suchte auch nicht nach einem. Sie verbrachte ihre Tage damit, fernzusehen und im Internet zu surfen. Sie half weder im Haushalt, noch räumte sie ihr Zimmer auf. Obwohl Gloria sagte, sie fühle sich wie Hotel Mama, hieß sie ihre Tochter dennoch immer wieder bei sich willkommen.

Sie meinte, dass sei das Geringste, was sie für sie tun könne. Sie war nicht in der Lage gewesen, ihr die Kindheit zu bieten, die sie verdient hatte, und sie gab zu, keine besonders gute Mutter gewesen zu sein. Nachdem sie sich von ihrem Mann getrennt hatte, hatte sie viele verschiedene Freunde gehabt, und nicht alle waren gute Vorbilder für ihre Tochter gewesen. Gloria sah ein, dass sie zu viel Zeit damit verbracht hatte, sich mit Männern zu treffen und zu trinken, statt sich um ihre Tochter zu kümmern.

Sie glaubte, dass die Fehler, die sie begangen hatte, dazu geführt hätten, dass ihre Tochter jetzt Probleme mit ihrem Leben hatte. Von Anfang an war klar, dass Glorias Schamgefühl über die Art und Weise, wie sie ihre Tochter erzogen hatte, dazu geführt hatte, dass sie ihr heute so viele Freiräume zubilligte. Den größten Stress verursachte ihre Tochter durch ihr unreifes Verhalten. Gloria machte sich Sorgen um ihre Zukunft und wünschte sich einen Job für sie, damit sie unabhängig leben konnte.

Je mehr wir uns unterhielten, desto mehr erkannte Gloria, dass ihr Schamgefühl und ihr Schuldbewusstsein ihr im Wege standen, heute eine gute Mutter zu sein. Sie musste sich zuerst selbst vergeben und die Vergangenheit bewältigen, wenn sie ihrer Tochter wirklich helfen wollte. Als ich sie fragte, wie hoch die Wahrscheinlichkeit sei, dass ihre Tochter eines Morgens wach würde und über Nacht verantwortungsbewusst geworden wäre, schätzte Gloria diese als nicht sehr hoch ein. Dennoch wusste sie nicht, was sie tun sollte.

In den nächsten Wochen erforschten wir gemeinsam, wie Gloria ihre Vergangenheit beurteilte. Wann immer sie über die Kindheit ihrer Tochter nachdachte, dachte sie Ich bin ein schlechter Mensch, weil ich die Bedürfnisse meiner Tochter nie an die erste Stelle gestellt habe, *oder* Es ist meine Schuld, dass meine Tochter so viele Probleme hat. *Wir analysierten Glorias Gedanken, und sie begann zu erkennen, dass ihre Selbstverurteilung beeinflusste, wie sie ihre Tochter heute behandelte.*

Ganz langsam fing Gloria an zu akzeptieren, dass, obwohl sie nicht dem idealen Muttertyp entsprach, es für ihre Vergangenheitsbewältigung nicht förderlich war, sich heute dafür zu bestrafen. Sie erkannte auch, dass ihr jetziges Verhalten ihrer Tochter gegenüber keine Wiedergutmachung war, sondern das selbstzerstörerische Verhalten ihrer Tochter nur förderte.

Mit dieser neuen Erkenntnis stellte Gloria Regeln auf und setzte ihrer Tochter Grenzen. Sie sagte ihr, dass sie nur bei ihr wohnen bleiben könne, wenn sie sich aktiv um einen Job bemühte. Sie war gewillt, ihr etwas Zeit zu geben, wieder auf die Beine zu kommen, aber in zwei Monaten müsse sie Miete bezahlen, wenn sie zu Hause wohnen bleiben wolle.

Obwohl ihre Tochter anfänglich nicht gerade begeistert von Glorias neuen Regeln war, fing sie doch nach einigen Tagen an, nach Arbeit zu suchen.

Nach einigen Wochen kam Gloria stolz in mein Büro, um mir mitzuteilen, dass ihre Tochter einen Job hatte und dieser im Vergleich zu anderen, die sie vorher gehabt hatte, einer war, in dem sie sogar befördert werden konnte. Sie erzählte, dass sie eine große Veränderung bei ihrer Tochter festgestellt hätte, seitdem sie arbeiten ging, und dass sie auch mehr von ihren Zukunftsplänen sprach. Obwohl Gloria es noch nicht geschafft hatte, sich selbst für vergangene Geschehnisse zu verzeihen, erkannte sie, dass das Einzige, was schlimmer war, als achtzehn Jahre keine gute Mutter gewesen zu sein, weitere achtzehn Jahre keine gute zu sein.

In der Vergangenheit gefangen

Manche Menschen beschäftigen sich ständig damit, was Jahre zuvor passiert ist, während andere sich eher damit auseinandersetzen, was letzte Woche passiert ist. Kommt Ihnen irgendetwas hiervon bekannt vor?

- ☐ Sie wünschten, Sie könnten Ihr Leben noch einmal zurückdrehen, um es phasenweise anders zu leben.
- ☐ Sie kämpfen innerlich mit Geschehnissen, die Sie bedauern.
- ☐ Sie fragen sich oft, wie Ihr Leben verlaufen wäre, wenn Sie zu einem Zeitpunkt nur einen etwas anderen Weg gewählt hätten.
- ☐ Manchmal denken Sie, dass Ihre besten Jahre schon vorbei sind.
- ☐ Sie lassen Ereignisse aus Ihrer Vergangenheit immer wieder wie eine Filmszene an sich vorbeiziehen.
- ☐ Manchmal stellen Sie sich vor, etwas anderes gesagt oder

getan zu haben, um das Ergebnis in der Vergangenheit zu verändern.

- ☐ Sie reden sich ein, dass Sie es nicht verdienen, glücklich zu sein.
- ☐ Sie schämen sich Ihrer Vergangenheit.
- ☐ Wenn Sie einen Fehler gemacht haben oder in einer peinlichen Situation waren, dann spielen Sie diese Ereignisse immer wieder durch.
- ☐ Sie investieren viel Zeit in das, was Sie »gesagt haben könnten« oder »anders gemacht haben könnten«. Obwohl Selbstreflexion gesund ist, ist darauf zu verharren destruktiv und hält Sie davon ab, die Gegenwart zu genießen und für die Zukunft zu planen. Aber Sie müssen nicht in der Vergangenheit verharren. Sie alleine können wählen, im Hier und Jetzt zu leben.

Warum wir in der Vergangenheit leben

Glorias Tochter konnte ihre Mutter manipulieren, indem sie ihr Schuldgefühle einredete und sie daran erinnerte, nicht immer für sie da gewesen zu sein, als sie ein Kind war. Gloria dachte, wenn ihre Tochter ihr noch nicht vergeben hatte, wie könne sie sich dann selbst vergeben? Sie akzeptierte ihre ständigen Schuldgefühle als gerechte Strafe für ihre Fehler. Das Ergebnis war, dass sie in der Vergangenheit gefangen blieb. Empfindungen wie anhaltende Schuld- und Schamgefühle oder Wut halten Sie in der Vergangenheit fest. Vielleicht denken Sie unterbewusst, *Wenn es mir lange genug schlechtgeht, dann werde ich mir selbst irgendwann verzeihen können.* Vielleicht merken Sie nicht einmal, dass Sie glauben, es nicht verdient zu haben, glücklich zu sein.

Die Angst vor der Zukunft lässt uns in der Vergangenheit verharren

Zwei Wochen nachdem meine Mutter gestorben war, hat es im Haus meines Vaters gebrannt. Der Brand war zwar im Keller gewesen, aber Rauch und schwarzer Ruß hatten sich im ganzen Haus ausgebreitet. Alles musste von einem Reinigungsteam der Versicherung von oben bis unten gereinigt werden. Fremde Menschen mussten daraufhin alles anfassen, was meiner Mutter gehört hatte. Das hat mich sehr gestört.

Ich wollte damals, dass alles so blieb wie zu der Zeit, als meine Mutter noch gelebt hatte. Ich wollte, dass ihre Kleidung so hängen blieb, wie sie diese hingehängt hatte. Ich wollte, dass die Weihnachtsdekoration so sortiert blieb, wie sie es getan hatte. Ich wollte irgendwann ihren Schmuckkasten aufmachen und sehen, wie sie den Schmuck arrangiert hatte. Aber das konnte ich nun nicht mehr. Stattdessen wurde alles anders eingeräumt und sortiert. Ihre Kleider rochen nun nicht mehr nach ihr. Ich konnte nicht mehr herausfinden, in welchem Buch sie zuletzt gelesen hatte. Und wir konnten ihre persönlichen Sachen nicht mehr in unserem eigenen Tempo sichten.

Einige Jahre später, als Lincoln starb, wollte ich auch, dass alles so blieb, wie es einmal war. Ich dachte, wenn ich mir einprägte, wie er seine Kleidung im Schrank hingehängt hatte, oder wenn ich herausfinden könnte, nach welchem System er seine Bücher gelesen hatte, könnte ich mehr über ihn erfahren, obwohl er nicht mehr bei mir war. Ich dachte, wenn ich Dinge aussortierte, umrangierte oder wegwarf, dann würde ich damit wertvolle Hinweise vernichten.

Es war, als hätte ich ihn noch bei mir, wenn ich immer wieder etwas Neues entdeckte. Vielleicht lag ja noch irgendwo ein Stück Papier mit einer Notiz herum. Oder vielleicht fände ich ein Foto, das ich noch nie gesehen hatte. Ich wollte mir neue Erinnerungen schaffen, die Lincoln mit einbezogen, obwohl er nicht mehr da war. Ich konnte nichts von dem hergeben, was mich an ihn erinnerte. Ich hatte das Gefühl, ihn im Stich zu lassen, wenn ich alles aussortierte und wegwarf, was ich nicht mehr gebrauchen konnte, und das wollte ich auf keinen Fall.

Meine Versuche, die Zeit irgendwie anzuhalten, waren erfolglos. Die Welt um mich herum drehte sich nun einmal weiter. Und nach einigen Monaten war ich bereit, meinen Wunsch, alles in einer Zeitkapsel einzufangen, aufzugeben. Nach und nach sagte ich mir, es sei okay, ein Stück Papier mit Lincolns Handschrift wegzuwerfen. Und ich warf auch alle Zeitschriften weg, die er noch mit der Post bekam. Aber ich muss zugeben, dass es zwei Jahre gedauert hat, bis ich in der Lage war, seine Zahnbürste wegzuwerfen. Ich wusste, dass er sie nicht mehr benötigte, aber sie wegzuwerfen schien fast wie ein Verrat zu sein. Es war angenehmer, in der Vergangenheit zu verweilen, weil ich Lincoln finden konnte. Aber dort zu verharren, während der Rest der Welt sich weiterdrehte, war weder gesund noch hilfreich. Ich musste mich darauf konzentrieren, weiterzuleben, ohne meine wunderbaren Erinnerungen an ihn zu vergessen.

Auch wenn ich als Therapeutin anderen dabei helfe, rational zu denken, so brachte die Trauer doch viele irrationale Gedanken mit sich. Sie ließen mich in der Vergangenheit leben, weil Lincoln und ich dort ein Paar waren. Aber wenn ich mein ganzes zukünftiges Leben von der Vergangenheit geträumt hätte, dann wäre ich niemals in der Lage gewesen, mir neue und glückliche Erinnerungen zu schaffen.

In der Vergangenheit zu verweilen lenkt Sie von der Gegenwart ab

Nicht nur traurige oder tragische Ereignisse halten Menschen in der Vergangenheit fest, damit die Gegenwart sie nicht erdrückt. Vielleicht kennen Sie auch den vierzig Jahre alten einstigen Quarterback ihrer Schule, der sich immer noch in seine Spielerjacke der ersten Schülermannschaft quetscht und von seinen »glorreichen Tagen« erzählt. Oder Sie sind mit einer fünfunddreißig Jahre alten Mutter befreundet, die es immer noch als ihre höchste Errungenschaft preist, Ballkönigin beim Highschool-Ball gewesen zu sein. Manchmal romantisieren wir die Vergangenheit, um Problemen des Alltags zu entkommen.

Wenn Sie zum Beispiel mit Ihrer Beziehung unzufrieden sind oder gerade in keiner Beziehung sind, ist es leicht, einer vergangenen Liebe nachzutrauern. Vielleicht wünschen Sie, dass diese Beziehung besser funktioniert hätte, oder Sie denken, dass es Ihnen besserginge, wenn Sie Ihre Freundin oder Ihren Freund aus der Highschool geheiratet hätten.

Es kann verlockend sein, sich darauf zu fixieren, wie viel leichter oder glücklicher das Leben »damals« war. Vielleicht bedauern Sie einige Entscheidungen, die Sie zu dem Menschen gemacht haben, der Sie heute sind, und Sie denken *Wenn ich meinen vorherigen Freund geheiratet hätte, dann wäre ich jetzt immer noch glücklich*, oder *Wenn ich nicht zugestimmt hätte, in eine andere Stadt zu ziehen, dann wäre mein Leben jetzt noch in Ordnung*. Die Wahrheit ist, dass wir nicht wissen, was das Leben mit uns vorgehabt hätte, wenn wir andere Entscheidungen getroffen hätten. Es ist einfach, sich vorzustellen, dass unser Leben heute besser verliefe, wenn wir nur die Vergangenheit verändern könnten.

Wenn es zum Problem wird, in der Vergangenheit zu leben

Gloria sah ihre Tochter nicht als Erwachsene an; sie sah nur ihre eigenen Fehler. Ihr Schuldgefühl hielt sie davon ab, sich auf die Gegenwart zu konzentrieren, und das Ergebnis war, dass sie das unverantwortliche Verhalten ihrer Tochter zuließ. Unglücklicherweise wiederholte die Tochter viele Fehler ihrer

Mutter. In der Vergangenheit zu verharren hielt Gloria nicht nur davon ab, ihr volles Potential zu erreichen, sondern auch ihre Tochter, zu einem verantwortungsbewussten Erwachsenen heranzuwachsen.

Die Vergangenheit verändert sich nicht, nur weil man ständig über sie nachgrübelt. Bei dem zu verweilen, was schon vergangen ist, wird zu mehr Problemen in der Zukunft führen. Nachfolgend sind einige Punkte aufgelistet, die zeigen, wie sinnlos es ist, in der Vergangenheit zu verharren, und wie dies Ihre Fähigkeit, ganz Sie selbst zu sein, beeinträchtigen kann:

- *Die Gegenwart wird an Ihnen vorbeiziehen.* Sie können die Gegenwart nicht genießen, wenn Ihre Gedanken ständig in der Vergangenheit verweilen. Sie verpassen neue Möglichkeiten und können tägliche Freuden nicht genießen, wenn Sie sich immer von Dingen, die in der Vergangenheit passiert sind, ablenken lassen.
- *In der Vergangenheit zu verweilen macht es unmöglich, sich adäquat auf die Zukunft vorzubereiten.* Sie werden nicht in der Lage sein, Ihre Ziele klar zu definieren, motiviert zu bleiben oder Veränderungen herbeizuführen, wenn ein großer Teil von Ihnen in der Vergangenheit verwurzelt bleibt.
- *In der Vergangenheit zu verweilen beeinflusst Ihre Entscheidungskraft.* Wenn es noch ungelöste Probleme aus der Vergangenheit gibt, dann werden diese Ihre Gedanken trüben. Sie werden nicht in der Lage sein, die richtigen Entscheidungen darüber zu treffen, was für Sie heute am besten ist, wenn Sie nicht darüber hinwegkommen, was gestern passiert ist.
- *In der Vergangenheit zu verweilen ändert nichts.* Den gleichen Film immer wieder abzuspulen und sich darauf zu konzentrieren, was außerhalb Ihrer Kontrolle liegt, wird kein Problem lösen.
- *In der Vergangenheit weiterzuleben kann zu Depressionen führen.* Sich auf negative Ereignisse zu konzentrieren weckt negative Emotionen. Und wenn Sie traurig sind, dann ist

es wahrscheinlich, dass Sie weitere traurige Erinnerungen heraufbeschwören. Sich auf vergangene Ereignisse zu beziehen kann ein Teufelskreis sein, der Sie im gleichen emotionalen Zustand verweilen lässt.

- *Die Vergangenheit zu romantisieren hilft nicht weiter.* Es ist leicht, sich davon zu überzeugen, dass Sie damals glücklicher, selbstsicherer und sorgenfreier waren. Die Chance ist groß, dass Sie übertreiben werden und alles als wunderbar ansehen. Es kann Sie auch dazu verleiten, zu übertreiben, wie schlimm Ihre jetzige Situation ist.
- *In der Vergangenheit zu verweilen ist schlecht für Ihre Gesundheit.* Ständig über negative Ereignisse nachzudenken erhöht die Entzündungswahrscheinlichkeit, so eine Studie aus dem Jahr 2013, die an der University of Ohio durchgeführt wurde. Es erhöht Ihr Risiko, Herzkrankheiten, Krebs und Demenz zu bekommen.

Nehmen Sie es sich fest vor, nicht in der Vergangenheit zu leben

Als Gloria feststellte, dass sie aus Vergangenem auch lernen konnte, statt sich nur schuldig zu fühlen, veränderte sich ihre Denkweise. Sie begann, ihr Verhalten und ihren Erziehungsstil zu überdenken. Sie versuchte, aus Fehlern, die sie in der Vergangenheit gemacht hatte, zu lernen. Nach zwei Monaten war sie in der Lage, die Erziehungsfehler aus der Distanz ohne Schamgefühl zu betrachten.

Denken Sie um

In der Vergangenheit zu leben beginnt zwar als Erkenntnisprozess, aber mit der Zeit nimmt er Einfluss auf Ihre Gefühle und Ihr Verhalten. Erst wenn Sie die Vergangenheit anders betrachten, können Sie nach vorne schauen.

- *Nehmen Sie sich die Zeit, über ein Ereignis in der Vergangenheit nachzudenken.* Manchmal braucht unser Gehirn Zeit, mit einem Problem fertig zu werden, und je mehr Sie sich einreden, an etwas nicht denken zu wollen, desto mehr tauchen diese Erinnerungen wieder auf. Statt damit zu ringen, diese Erinnerungen zu unterdrücken, denken Sie einfach *Ich kann darüber auch heute nach dem Abendessen nachdenken.* Dann, nach dem Abendessen, nehmen Sie sich zwanzig Minuten Zeit, darüber nachzudenken. Wenn die Zeit abgelaufen ist, machen Sie etwas anderes.
- *Denken Sie über etwas anderes nach. Machen Sie sich einen Plan, der Ihnen dabei hilft, über etwas anderes nachzudenken.* Wenn Sie zum Beispiel immer wieder an einen Job denken, den Sie nicht bekommen haben, planen Sie stattdessen Ihren nächsten Urlaub. Das kann dann besonders hilfreich sein, wenn Sie kurz vor dem Einschlafen oft über Negatives nachdenken.
- *Setzen Sie sich Ziele für die Zukunft.* Es ist unmöglich, in der Vergangenheit zu verweilen, wenn Sie über die Zukunft nachdenken. Machen Sie kurz- und langfristige Planungen, und beginnen Sie mit Schritten, die nötig sind, um diese Ziele zu erreichen. So können Sie sich auf etwas freuen und gleichzeitig die Vergangenheit ruhen lassen.

Unsere Erinnerungen sind nicht immer so präzise, wie wir meinen. Wenn wir uns an unschöne Ereignisse erinnern, dann übertreiben wir oft und machen aus einer Mücke einen Elefanten. Wenn Sie darüber nachdenken, was Sie in einem Meeting gesagt und später bereut haben, dann erscheinen Ihnen die Reaktionen der anderen im Nachhinein negativer, als sie eigentlich waren. Wenn Sie sich an negative Ereignisse erinnern, dann versuchen Sie folgende Strategien anzuwenden, um diese richtig einordnen zu können.

- *Fokussieren Sie sich auf die Lektionen, die Sie gelernt haben.* Wenn Sie schwere Zeiten durchgestanden haben, dann konzentrieren Sie sich darauf, was Sie daraus gelernt haben. Akzeptieren Sie, dass Sie dies erlebt haben, und denken Sie darüber nach, wie die Ereignisse Sie verändert haben. Das muss durchaus nicht negativ sein. Vielleicht haben Sie gelernt, Ihre Meinung zu sagen, weil Sie es zuvor zugelassen hatten, schlecht behandelt zu werden, oder vielleicht haben Sie gelernt, ehrlich sein zu müssen, wenn Sie wollen, dass eine Beziehung weiter Bestand hat. Einige der besten Lektionen des Lebens können in den schwersten Zeiten gelernt werden.
- *Achten Sie auf Fakten, nicht auf Gefühle.* Über negative Ereignisse nachzudenken kann sehr quälend sein, weil man sich oft darauf konzentriert, wie man sich dabei gefühlt hat. Aber wenn Sie sich auf die Tatsachen konzentrieren, dann verringert sich Ihr Schmerz. Statt darüber nachzudenken, wie man sich bei einer Beerdigung gefühlt hat, sollte man sich an Details erinnern, zum Beispiel wo man gesessen hat, was man anhatte, wer dabei war. Wenn man ein Ereignis emotionslos betrachtet, verringern sich Schmerz und negative Gefühle.
- *Betrachten Sie die Situation aus einem anderen Blickwinkel.* Wenn Sie die Vergangenheit Revue passieren lassen, dann schauen Sie doch einmal, ob es auch eine andere Sichtweise gibt. Sie selbst schreiben ja Ihre eigene Lebensgeschichte. Ein und dasselbe Ereignis kann auf vielerlei Arten erzählt werden und für jede einzelne Person wahr sein. Wenn Ihre Lebensgeschichte Sie traurig stimmt, dann erzählen Sie sie doch einmal anders. Gloria hätte sich zum Beispiel in Erinnerung rufen können, dass die Lebenswahl ihrer Tochter nicht nur auf ihrer eigenen Kindheit basierte. Sie hätte erkennen können, dass sie nicht verantwortlich für das Leben ihrer Tochter war, obwohl sie damals Fehler gemacht hatte.

Als James Barrie sechs Jahre alt war, starb sein dreizehn Jahre alter Bruder durch einen Unfall beim Schlittschuhlaufen. Obwohl seine Mutter insgesamt zehn Kinder hatte, war doch allen bewusst, dass David ihr Lieblingskind gewesen war. Nach seinem Tod war sie so verzweifelt, dass sie ihr Leben kaum mehr meistern konnte.

Als Sechsjähriger tat James alles, was er nur konnte, um seine Mutter aufzumuntern. Er versuchte sogar, Davids Rolle einzunehmen, um die Leere, die seine Mutter empfand, zu füllen. Er trug Davids Kleidung und lernte zu pfeifen wie er. Er wurde zu ihrem ständigen Begleiter und widmete sich während seiner ganzen Kindheit nur dem einen Ziele, seine Mutter wieder lächeln zu sehen.

Trotz aller Versuche, seine Mutter wieder glücklich zu machen, warnte sie ihn oft vor dem Leid und der Not, die man als Erwachsener ertragen müsse. Sie sagte ihm, es sei besser, nie erwachsen zu werden, weil das nur Kummer und Unglück bedeute. Sie erzählte ihm sogar, dass es ihr irgendwie Erleichterung verschaffe, zu wissen, dass David nie erwachsen werden müsse.

Um seiner Mutter zu gefallen, versuchte James so lange wie möglich, Kind zu bleiben. Er wollte vor allem nicht älter werden als dreizehn, das Alter, in dem David gestorben war. Seine Versuche scheinen sogar sein Wachstum beeinflusst zu haben, denn er wurde kaum größer als 1,50 Meter.

Nachdem James die Schule beendet hatte, wollte er Schriftsteller werden. Aber seine Familie drängte ihn dazu zu studieren, weil auch David das getan hätte. Also studierte er Literatur, sozusagen als Kompromiss.

James Barrie sollte einmal eines der bekanntesten Kinderbücher der Welt schreiben, ›Peter Pan‹. Peter trifft die Entscheidung, Kind bleiben zu wollen, und ermutigt alle anderen Kinder, es ihm gleichzutun. ›Peter Pan‹ ist ein wunderbares

Märchen, aber wenn man die persönlichen Hintergründe des Autors kennt, ist die Geschichte doch eher tragisch.

Die Fehlvorstellungen, die wir von Trauer haben, können dazu beitragen, in der Vergangenheit leben zu wollen. Viele Menschen sind der irrigen Annahme, dass die Länge der Trauer um einen Menschen in direktem Verhältnis zur Liebe steht, die wir für jemanden empfinden. Wenn man jemanden, der gestorben ist, nur wenig mochte, dann trauert man vielleicht nur wenige Monate, so die Annahme. Wenn man aber jemanden wirklich geliebt hat, dann trauert man jahrelang oder für den Rest seines Lebens. Die Wahrheit ist, dass es keine richtige oder falsche Zeitspanne für Trauer gibt. Man kann zum Beispiel jahrelang oder für immer trauern, und dennoch steht die Trauer in keinem Verhältnis zur Liebe, die man für jemanden empfunden hat.

Hoffentlich haben Sie viele schöne Erinnerungen an den geliebten Menschen, den Sie verloren haben. Aber wenn man sein Leben weiterleben will, dann bedeutet das, neue Erinnerungen zu schaffen, die besten Entscheidungen zu treffen und vor allem nicht das zu tun, was andere einem vorschreiben.

Wenn Sie sich über etwas in Ihrer Vergangenheit immer wieder Gedanken machen, dann müssen Sie handeln, um mit der Vergangenheit abzuschließen. Folgende Punkte können Ihnen dabei helfen:

- *Erlauben Sie es sich, nach vorne zu schauen.* Manchmal muss man sich selbst erlauben, weitermachen zu dürfen. Nach vorne zu schauen heißt nicht, dass man die Erinnerungen an einen geliebten Menschen auslöschen muss, aber es bedeutet, dass man alles dafür tun kann, den Moment und das Leben in vollen Zügen zu genießen.
- *Erkennen Sie, welchen emotionalen Tribut es fordert, wenn Sie in der Vergangenheit leben, statt nach vorne zu schauen.* Manchmal funktioniert es eine Zeitlang gut, wenn man in der Vergangenheit verweilt, aber langfristig klappt das

nicht. Wenn Sie an die Vergangenheit denken, können Sie die Gegenwart ausblenden. Aber langfristig wird das Konsequenzen mit sich bringen. Erkennen Sie, was Sie im Leben verpassen, wenn Sie Ihre Aufmerksamkeit nur auf die Vergangenheit richten.

- *Üben Sie Vergebung.* Ob Sie nun in der Vergangenheit verweilen, weil Sie verletzt wurden oder Wut empfanden, weil Sie sich etwas nicht verzeihen können oder jemand anderem nicht verzeihen können, zu verzeihen kann Ihnen helfen, den Schmerz loszulassen. Vergebung heißt nicht, zu vergessen, dass etwas passiert ist. Wenn jemand Sie verletzt hat, können Sie dieser Person vergeben und dennoch entscheiden, keinen Kontakt mehr mit ihr haben zu wollen. Konzentrieren Sie sich darauf, Ihre Gefühle loszulassen, um nicht von Wut und Schmerz überwältigt zu werden.
- *Ändern Sie das Verhalten, das Sie in der Vergangenheit gefangen hält.* Wenn Sie merken, dass Sie gewisse Aktivitäten meiden, weil diese mit schlechten Erinnerungen verbunden sind, oder weil Sie meinen, dass Sie es nicht verdienen, diese wieder aufzugreifen, dann tun Sie es trotzdem. Sie können die Vergangenheit nicht verändern. Aber Sie können entscheiden, sie zu akzeptieren. Wenn Sie Fehler begangen haben, dann können Sie diese nicht wiedergutmachen. Sie können vielleicht teilweise etwas wieder in Ordnung bringen, aber es wird an der Gesamtsituation nicht viel verändern.
- *Suchen Sie, wenn nötig, professionelle Hilfe auf.* Manchmal können traumatische Ereignisse dazu führen, psychisch krank zu werden, zum Beispiel ein posttraumatisches Belastungssyndrom zu entwickeln. Nahtoderfahrungen können zu Rückblenden oder Albträumen führen, die es einem erschweren, mit der Vergangenheit abzuschließen. Professionelle Therapien können dabei helfen, eine traumatische Erfahrung zu verarbeiten, damit Sie Ihr Leben produktiv weiterleben können.

Was Sie stärkt, wenn Sie mit der Vergangenheit abschließen

Wynona Ward wuchs in Vermont in einer ländlichen Gegend auf. Ihre Familie war arm, und wie in vielen Familien in der Gegend war häusliche Gewalt an der Tagesordnung. Wards Vater missbrauchte sie regelmäßig physisch wie auch sexuell. Sie hatte ihren Vater oft dabei beobachtet, wie er ihre Mutter geschlagen hat. Obwohl Ärzte sich Wunden angenommen hatten und Nachbarn ihre Schreie gehört hatten, hatte sich keiner eingemischt.

Ward hatte ihre Familienprobleme damals für sich behalten. Sie hatte sich stattdessen in die Arbeit gestürzt und war eine gute Schülerin gewesen. Mit siebzehn Jahren war sie von zu Hause ausgezogen und hatte geheiratet. Ihr Mann und sie arbeiteten zunächst als Fernfahrer.

Nach sechzehn Jahren in diesem Beruf erfuhr sie, dass ihr Bruder ein junges Familienmitglied sexuell missbraucht hatte. Das war der Moment, an dem sie das Gefühl hatte, etwas unternehmen zu müssen. Also entschloss sie sich, zu studieren, damit sie dem sich fortsetzenden Missbrauch in ihrer Familie ein Ende setzen könne.

Ward schrieb sich an der Universität von Vermont ein und lernte auf den Fahrten im LKW, den ihr Mann fuhr. Nach ihrem Bachelor studierte sie Jura. Als sie ihren Abschluss gemacht hatte, nahm sie einen kleinen Kredit auf und gründete die Organisation *Have Justice Will Travel*, die sich um Familien in ländlichen Gegenden kümmert, in denen häusliche Gewalt herrscht.

Ward vertritt Opfer, ohne dafür ein Honorar zu verlangen. Sie hilft den Menschen, Kontakt zu den richtigen sozialen Einrichtungen zu bekommen. Da viele Familien das Geld für Bahn und Bus nicht haben, fährt Ward zu ihnen hin. Sie versucht, die Familien aufzuklären und ihnen dabei zu helfen, den Teufelskreis von häuslicher Gewalt zu durchbrechen. Statt sich nur mit ihrer eigenen schrecklichen Kindheit zu befassen, hat sich Ward darauf konzentriert, was sie selbst tun kann, um anderen Menschen im Hier und Jetzt zu helfen.

Sich nicht mehr mit der eigenen Vergangenheit zu beschäftigen heißt nicht, sie zu verleugnen. Stattdessen bedeutet es, sie anzunehmen, damit man heute zufrieden leben kann. Es setzt mentale Energien frei und ermöglicht es Ihnen, Ihre Zukunft so zu gestalten, wie Sie es möchten. Wut, Scham und Schuld können Ihr Leben gänzlich überschatten, wenn Sie nicht vorsichtig sind. Diese Emotionen loszulassen wird Ihnen dabei helfen, wieder selbstbestimmt zu handeln.

Fehlerbehebung und gängige Fallen

Wenn Sie die ganze Zeit nur in den Rückspiegel blicken, dann können Sie nicht nach vorne schauen. In der Vergangenheit gefangen zu sein wird Sie davon abhalten, die Zukunft zu genießen. Unternehmen Sie also die notwendigen Schritte, um Ihre negativen Gefühle zu überwinden, damit Sie zufrieden und glücklich werden.

Was hilft

Über die Vergangenheit nachzudenken, um von ihr zu lernen.
Im Leben nach vorne zu schauen, auch wenn dies manchmal schmerzhaft ist.
Trauer aktiv zu verarbeiten, damit Sie sich auf die Gegenwart konzentrieren und für die Zukunft planen können.
Sich an Fakten statt an Gefühlen zu orientieren.
Wege zu finden, mit der Vergangenheit abzuschließen.

Was nicht hilft

Vorzugeben, das etwas in der Vergangenheit nicht passiert ist.
Sich selbst davon abzuhalten, im Leben nach vorne zu schauen.
Sich darauf zu konzentrieren, was man im Leben verloren hat, statt im Heute zu leben.
Negative Erlebnisse immer wieder heraufzubeschwören und sich dabei auf seine Gefühle zu konzentrieren.
Zu versuchen, die Vergangenheit auszulöschen oder seine gemachten Fehler wiedergutzumachen.

Kapitel 8

Sie machen nicht immer wieder denselben Fehler

Der einzige Fehler ist der, aus dem wir nichts lernen.

John Powell

Als Kristy mein Beratungszimmer betrat, sagte sie als Erstes: »Ich habe einen Universitätsabschluss, und ich bin klug genug, meine Mitarbeiter nicht anzuschreien. Warum kann ich es denn nicht lassen, meine Kinder anzubrüllen?« Jeden Morgen nahm sie sich vor, ihre beiden Teenager nicht anzuschreien. Aber jeden Abend passierte es wieder.

Kristy erzählte mir, dass sie aus Frust schrie, weil ihre Kinder nicht auf sie hörten. Und in letzter Zeit gehorchten sie fast gar nicht mehr. Ihre dreizehnjährige Tochter verweigerte ihre Haushaltspflichten, und ihr fünfzehnjähriger Sohn machte seine Hausaufgaben nur oberflächlich. Immer wenn Kristy nach einem langen Arbeitstag nach Hause kam und sie vor dem Fernseher sitzen oder Computerspiele spielen sah, befahl sie ihnen, ihre Arbeiten zu erledigen. Aber für gewöhnlich gaben sie Widerworte, und dann fing Kristy an zu schreien.

Kristy wusste, dass es für ihre Kinder nicht gut war, zu schreien. Sie war sich bewusst, dass dies die Situation nur verschlimmerte. Sie hielt sich für intelligent und erfolgreich, daher überraschte es sie, dass sie ihre Erziehungsprobleme nicht in den Griff bekam.

Wir verbrachten einige Stunden damit, zu analysieren, warum sie denselben Fehler immer wieder machte. Sie musste zugeben, dass sie nicht wusste, wie sie ihre Kinder disziplinieren sollte, ohne sie anzubrüllen. Ohne eine alternative Herangehensweise konnte sie nicht aufhören, zu schreien. Daher erarbeiteten wir verschiedene Strategien, wie sie auf respektloses und ablehnendes Verhalten reagieren könnte. Kristy entschied sich, eine Warnung auszusprechen und dann eine Strafe folgen zu lassen, falls die Kinder nicht auf sie hörten.

Sie musste auch lernen zu merken, wann sie wütend wurde, um sich der Situation zu entziehen, bevor sie anfing zu schreien. Ihr Problem schien zu sein, dass sie, wenn sie wütend war, keinen klaren Gedanken mehr fassen konnte.

Ich arbeitete mit Kristy daran, Disziplin anders zu definieren. Zu Beginn war sie der Meinung, dass ihre Kinder den Streit gewonnen hätten, wenn sie es nicht schaffte, dass sie taten, was sie wollte. Als Kristy davon absehen konnte, einen Machtkampf austragen zu müssen, konnte sie mit Disziplin anders umgehen. Wenn ihre Kinder nicht auf sie hörten, nahm sie ihnen ihre elektronischen Spielzeuge ab, und zwar ohne zu diskutieren, und zwang sie so, zu gehorchen.

Das verlangte allerdings etwas Übung. Es gab immer noch Zeiten, in denen sie ihre Kinder anschrie, aber sie hatte jetzt auch andere Strategien. Wenn sie sich dabei ertappte, wieder schreien zu wollen, konnte sie die Auslöser dafür besser erkennen und hatte alternative Maßnahmen, um beim nächsten Mal nicht wieder die Stimme erheben zu müssen.

Wiederholungstäter

Obwohl wir glauben, einmal gemachte Fehler nicht zu wiederholen, ist es eher so, dass wir sie alle oft genug noch einmal machen. Das ist einfach menschlich. Wir machen Wiederholungsfehler, zum Beispiel, wenn wir immer wieder zu spät zur Arbeit kommen, oder Denkfehler, indem wir annehmen, alle Menschen lehnten uns ab. Trifft irgendetwas hiervon auf Sie zu?

- ☐ Sie stellen oft fest, dass Sie nicht vorankommen, wenn Sie ein Ziel erreichen wollen.

- ☐ Bei Problemen nehmen Sie sich nicht genug Zeit, nach alternativen Lösungswegen zu suchen.
- ☐ Es fällt Ihnen schwer, schlechte Gewohnheiten aufzugeben.
- ☐ Sie denken nicht viel darüber nach, warum Ihre Versuche, ein Ziel zu erreichen, scheitern.
- ☐ Sie sind wütend auf sich selbst, weil Sie einige schlechte Gewohnheiten nicht ablegen können.
- ☐ Manchmal denken Sie *Das werde ich nie wieder tun*, aber Sie stellen fest, dass Sie es doch immer wieder machen.
- ☐ Manchmal ist es Ihnen einfach zu anstrengend, etwas anders zu machen.
- ☐ Sie sind oft frustriert über Ihre Disziplinlosigkeit.
- ☐ Ihre Motivation, etwas anders zu machen, ist wie weggeblasen, wenn Sie sich unwohl fühlen oder verärgert sind.

Fühlen Sie sich bei diesen Punkten angesprochen? Manchmal lernen wir eben nicht beim ersten Mal aus unseren Fehlern. Aber es gibt Schritte, die uns dabei helfen, unsere Ziele zu erreichen.

Warum wir immer wieder dieselben Fehler machen

Obwohl sie frustriert war, hat Kristy nie wirklich darüber nachgedacht, warum sie eigentlich schrie oder welche Alternativen sie hätte. Zu Beginn hat sie gezögert, Disziplinarmaßnahmen zu ergreifen, weil sie fürchtete, dies führe zu noch wütenderem und respektloserem Verhalten ihrer Kinder. Sie musste erst Vertrauen zu ihren Erziehungsmethoden fassen, bevor sie damit aufhören konnte, Fehler zu wiederholen.

Wenn jemand sagt »Das mache ich nie wieder«, warum macht er es dann? Die Antwort liegt in der Komplexität unserer Verhaltensweisen.

Lange dachten Lehrer, dass sich bei einem Kind eine falsche Antwort einpräge. Wenn ein Kind also glaubt 4 + 4 = 6, dann erinnere es sich an die falsche Antwort, auch nach einer Korrektur. Um das zu verhindern, gaben die Lehrer lieber selbst die richtige Antwort, um solche Denkfehler zu vermeiden.

Im Jahre 2012 publizierte das *Journal of Experimental Psychology: Learning, Memory, and Cognition*, dass Teilnehmer einer Studie aus vorher gemachten Fehlern lernen konnten, solange man ihnen die richtigen Antworten mitteilte. Forscher fanden sogar heraus, dass es gut für Kinder ist, über mögliche Ergebnisse nachzudenken, auch wenn diese falsch sind, und ihre Gedächtnisleistung sogar steigt, wenn ihre Fehler korrigiert werden. Kinder und Erwachsene können aus Fehlern lernen, wenn sie die Chance dazu haben.

Dennoch ist es schwer, Muster, die wir in der Kindheit erlernt haben, einfach abzustreifen. Im Laufe des Erwachsenwerdens hat man möglicherweise gelernt, dass es besser ist, Fehler zu vertuschen, statt die Konsequenzen dafür zu tragen.

Wenn wir unsere Fehler negieren, dann hinterfragen wir sie wahrscheinlich nicht und werden nicht von ihnen lernen oder sie verstehen. Das bedeutet, dass wir sie höchstwahrscheinlich wieder begehen. Folgenden Satz haben wir alle schon gehört: »Ich stehe zu meinen Entscheidungen …« Dieser Satz ist zwar ein Bekenntnis zu unseren Taten, aber er lässt Fehlern keinen Raum, weil wir zu stolz sind, diese zuzugeben.

Sturheit spielt auch eine Rolle bei Wiederholungstätern. Ein Mensch, der fehlinvestiert hat, denkt vielleicht *Also, jetzt habe ich so viel in dieses Projekt investiert, dann kann ich auch gleich damit weitermachen.* Anstatt nur etwas Geld zu verlieren, riskiert er es, noch mehr zu verlieren, weil er zu dickköpfig ist, aufzuhören. Jemand, der seinen Job hasst, denkt vielleicht *Jetzt arbeite ich schon seit zehn Jahren bei dieser Firma, jetzt will ich auch nicht mehr wechseln.* Das Schlimmste, was dieser Mensch tun kann, ist jedoch, zehn Jahre und einen Tag dort zu verweilen.

Impulsivität ist ein weiterer Grund, warum Menschen

Fehler wiederholen. Obwohl es gut ist, nach einem Fehltritt gleich wieder in den Sattel zu springen, ist es jedoch klüger, erst einmal zu analysieren, warum man überhaupt vom Pferd gefallen ist.

Haben Sie den Eindruck, Sie begehen immer wieder denselben Fehler? Dann sind Sie vielleicht einfach zu bequem. Vielleicht wechselt eine Frau von einer schlechten Beziehung in die nächste, weil sie nichts anderes kennt. Möglicherweise geht sie mit Männern innerhalb des gleichen sozialen Umfeldes aus, die ähnliche Probleme haben, weil sie nicht genug Vertrauen hat, sich woanders jemand Besseren zu suchen. Ein Mann mag sich unter Stress dem Alkohol zuwenden, weil er sich seinen Problemen in nüchternem Zustand nicht stellen mag. In diesen Fällen etwas zu verändern fällt schwer und ist unbequem.

Es gibt auch Menschen, die mit Erfolg nicht umgehen können und ihre eigenen Bemühungen sabotieren. Wenn alles gutgeht, dann warten sie förmlich darauf, dass etwas passiert. Um diese Angst zu minimieren, greifen sie auf ihre alten selbstzerstörerischen Verhaltensmuster zurück und wiederholen ihre Fehler immer wieder.

Wenn es zum Problem wird, Fehler immer wieder zu begehen

Kristy erkannte, dass es nicht sehr hilfreich war, ihre Kinder anzuschreien. So brachte sie ihnen nicht bei, mit Problemen konstruktiv umzugehen. Je mehr Kristy schrie, desto mehr schrien ihre Kinder zurück. Haben Sie schon einmal gesehen, wie ein Hund seinem Schwanz hinterherjagt und sich dabei immer im Kreis dreht? So fühlt es sich an, wenn man seine Fehler immer wiederholt. Es führt nur zu Ermüdung, zu sonst nichts.

Julie kam in meine Therapie, weil sie wütend auf sich war.

Sie hatte in kurzer Zeit 18 Kilogramm abgenommen und sie dann langsam im Verlauf von sechs Monaten wieder zugenommen. Und das war nicht das erste Mal. Sie hatte in den letzten zehn Jahren immer wieder zu- und abgenommen. Sie war sehr frustriert darüber, dass Sie so viel Zeit und Energie aufwand, um abzunehmen, und dann doch alles wieder zunahm.

Immer, wenn sie abgenommen hatte, war sie eine Zeitlang ganz entspannt. Dann belohnte sie sich mit einem Nachschlag beim Abendessen oder mit Eis. Sie erfand Ausreden, nicht mehr trainieren zu müssen, und ehe sie sich versah, hatte sie wieder zugenommen. Das widerte sie selbst an, und sie fragte sich: »Wie kann ich so die Kontrolle über mich und meinen Körper verlieren?« Diesen Mechanismus kennen wir alle. Rein statistisch nehmen alle Menschen wieder zu, nachdem sie abgenommen haben. Abzunehmen ist schwer. Warum unterzieht man sich der Qualen, um dann wieder zuzunehmen? Der Grund ist, dass Menschen dieselben Fehler wiederholen, die zum Übergewicht geführt haben.

Fehler zu wiederholen kann große Probleme bereiten, zum Beispiel:

- *Sie werden Ihre Ziele nicht erreichen.* Ob Sie nun zum fünften Mal versuchen abzunehmen oder zum zehnten Mal das Rauchen aufzugeben. Wenn Sie dieselben Fehler wiederholen, dann können Sie Ihre Ziele nicht erreichen. Stattdessen werden Sie auf der Stelle treten und sich nicht weiterbewegen.
- *Sie werden Ihre Probleme nicht lösen.* Es ist ein Teufelskreis. Wenn Sie einen Fehler wiederholen, dann bleibt das Problem bestehen, und Sie werden wahrscheinlich immer wieder alles genauso machen wie vorher. Sie werden ein Problem nie lösen, bis Sie selbst etwas verändern.
- *Sie werden anders über sich denken.* Sie werden sich wahrscheinlich als inkompetent oder als Versager ansehen, weil Sie ein Problem nicht lösen können.

- *Sie werden sich weniger anstrengen.* Wenn die ersten Versuche nicht erfolgreich waren, dann werden Sie wahrscheinlich aufgeben. Wenn Sie sich aber nicht anstrengen, dann werden Sie auch keinen Erfolg haben.
- *Sie werden andere frustrieren, die Sie dabei beobachten, wie Sie denselben Fehler immer wieder begehen.* Wenn Sie sich immer wieder mit denselben Problemen konfrontiert sehen, dann wird es Ihre Familie und Ihre Freunde ermüden, sich ewig Ihre Klagen anhören zu müssen. Wenn diese Ihnen wiederholt aus der Patsche helfen mussten, wenn Sie sich in einer schwierigen Situation befanden, dann wird sich dies negativ auf Ihre Beziehungen auswirken.
- *Sie entwickeln möglicherweise irrationale Überzeugungen, um Ihre Fehler zu entschuldigen.* Statt zu schauen, wie Ihr Verhalten Ihren Fortschritt behindert, resümieren Sie vielleicht, dass es »eben nicht sein soll«. Ein übergewichtiger Mensch, der damit kämpft, langfristig abzunehmen, sagt sich vielleicht, dass er stämmig gebaut ist und gar nicht abnehmen sollte.

Versuchen Sie, eine Wiederholung derselben Fehler zu vermeiden

Um den Teufelskreis, indem sich Kristy befand, zu unterbrechen, musste sie zuerst ihren Erziehungsstil analysieren und sich dann alternative Konsequenzen überlegen. Sie wusste, dass ihre Kinder am Anfang versuchen würden, die neuen Regeln zu umgehen. Sie benötigte ein Konzept, um ihre Gefühle kontrollieren zu lernen, damit sie das schlechte Verhalten ihrer Kinder handhaben konnte, ohne dabei die Kontrolle zu verlieren.

Mitte des 18. Jahrhunderts eröffnete Rowland Macy ein Geschäft für Textilien in Haverhill, Massachusetts. Obwohl sein Laden in einem ruhigen Teil der Stadt lag, in den sich selten Besucher verirrten, geschweige denn Kunden, war er sich sicher, dass er Erfolg haben würde. Aber er hatte sich geirrt, und schon bald kämpfte sein Geschäft ums Überleben. Er organisierte eine große Parade mit Marschkapelle, um die Aufmerksamkeit auf diesen Stadtteil zu lenken. Die Parade endete vor seinem Geschäft, wo ein bekannter Geschäftsmann aus Boston eine Rede halten sollte.

Unglücklicherweise war es an jenem Tag so heiß, dass niemand der Parade folgte. Die Aktion hatte ihn viel Geld gekostet, am Ende musste er sein Geschäft schließen.

Rowland war jedoch jemand, der aus seinen Fehlern lernen wollte. Wenige Jahre später eröffnete er in New York »R. H. Macy Dry Goods«. Dies war schon sein fünfter Laden, vier vorherige Unternehmungen waren gescheitert. Als er endlich sein Geschäft in New York eröffnete, wusste er, wie man ein Geschäft führt und gutes Marketing betreibt.

Die Warenhauskette Macy's gehört heute zu den erfolgreichsten Warenhäusern der Welt. Anders als bei seiner ersten Parade, die im Sommer stattfand, veranstaltet Macy's jedes Jahr nun eine Parade anlässlich des amerikanischen Erntedankfestes Thanksgiving im Herbst. Sie zieht nicht nur Menschenmassen an, sondern wird auch im Fernsehen übertragen und von vier Millionen Zuschauern gesehen.

Rowland Macy hat nicht nach Entschuldigungen gesucht. Stattdessen hat er die Fakten jedes Fehlversuchs analysiert. Dieses Wissen half ihm, jedes Mal etwas anders zu machen.

Wenn Sie vermeiden wollen, denselben Fehler zu wiederholen, dann schauen Sie sich genau an, was Sie gemacht haben. Lassen Sie negative Gefühle außen vor, analysieren Sie die Fehler und lernen Sie daraus. Suchen Sie nach einer Erklärung und nicht nach Ausreden. Stellen Sie sich die folgenden Fragen:

- *Was ist schiefgelaufen?* Denken Sie darüber nach. Versuchen Sie, sich an den Fakten zu orientieren. Vielleicht haben Sie Ihr monatliches Budget überzogen, weil Sie zu viel eingekauft haben. Oder vielleicht führen Sie mit Ihrem Ehepartner immer wieder dieselbe Diskussion, weil die Ursache sich nicht klärt. Untersuchen Sie Ihre Gedanken, Ihr Verhalten und die äußeren Faktoren, die zu diesem Fehler geführt haben.
- *Was hätte ich besser machen können?* Wenn Sie über die Situation nachdenken, dann überlegen Sie vor allem, was Sie hätten verbessern können. Vielleicht sind Sie nicht lange genug am Ball geblieben. Zum Beispiel haben Sie vielleicht versucht, abzunehmen und nach zwei Wochen ihre Diät abgebrochen. Vielleicht haben Sie auch den Fehler begangen, nach Entschuldigungen zu suchen, warum Sie nicht mehr Sport treiben. Seien Sie ehrlich zu sich selbst.
- *Was kann ich beim nächsten Mal anders machen?* Sich vorzunehmen, einen Fehler nicht noch einmal zu machen und das auch durchzuhalten, ist schwer. Denken Sie darüber nach, was Sie beim nächsten Mal anders machen können, um denselben Fehler nicht noch einmal zu begehen. Entwickeln Sie klare Strategien, die Sie einsetzen können, um nicht in Ihr altes Verhaltensmuster zu verfallen.

Erstellen Sie einen Plan

Während meines Praktikums zur Studentenzeit verbrachte ich einige Zeit in einer Drogen- und Alkoholentzugsklinik. Viele der Patienten dort hatten schon oft genug versucht, sich ihren Problemen zu widmen. Als sie in unsere Einrichtung kamen, waren sie entmutigt und deprimiert darüber, dass sie nicht aufhören konnten, zu trinken und Drogen zu nehmen.

Aber nach einigen Wochen Behandlung änderte sich für gewöhnlich ihre Einstellung. Sie schauten hoffnungsvoll in die Zukunft und entschlossen sich, nicht mehr rückfällig zu werden.

Bevor Patienten entlassen werden konnten, brauchten sie einen klaren Plan. Dieser Plan sollte ihnen dabei helfen, ihre positive Einstellung zu ihrer Genesung beizubehalten. Um dabeizubleiben, mussten sie einige fundamentale Dinge in ihrem Leben verändern.

Für die meisten bedeutete dies, sich ein neues soziales Umfeld zu suchen. Sie durften nicht weiterhin mit Süchtigen zusammenbleiben. Manche mussten sich auch eine neue Arbeit suchen. Neue gesündere Lebensweisen waren auch mit dem Beenden von Beziehungen verbunden oder damit, eine Selbsthilfegruppe zu besuchen.

Jeder musste einen schriftlichen Plan vorlegen, der Ressourcen und Strategien beinhaltete, um langfristig trocken zu bleiben. Diejenigen, die an ihrem Plan festhielten, erholten sich am besten. Diejenigen, die in ihre alten Verhaltensmuster zurückkehrten, wurden rückfällig. Es gab einfach zu viele ungesunde Einflüsse in ihrem Leben.

Egal, welche Fehler Sie zu vermeiden suchen, der Schlüssel zum Erfolg ist ein gut durchdachter Plan. Ihn schriftlich zu fixieren erhöht die Wahrscheinlichkeit, sich daran zu orientieren.

Folgen Sie den nachfolgenden Schritten, um einen Plan zu erstellen:

1. *Verändern Sie Ihr Verhalten.* Statt Alkohol zu trinken, um Stress zu bewältigen, entwickeln Sie alternative Strategien wie spazieren zu gehen oder einen Freund anzurufen. Entscheiden Sie, welches gesunde Verhalten Ihr ungesundes ersetzen kann.
2. *Achten Sie auf Warnzeichen, die Ihnen deutlich machen, dass Sie den falschen Weg einschlagen.* Es ist wichtig, alte

Verhaltensmuster aufzudecken. Sie stellen vielleicht fest, dass Sie in Ihren alten Kaufrausch verfallen, wenn Sie zu häufig Ihre Kreditkarte benutzen.

3. *Übernehmen Sie Verantwortung für sich selbst.* Es ist schwieriger, Fehler zu vertuschen oder zu ignorieren, wenn man sich verantwortlich fühlt. Einen guten Freund hinzuzuziehen, der einem den Spiegel vorhält, kann auch hilfreich sein. Ein Tagebuch zu führen oder Kalendereinträge zu machen kann einen ebenso dabei unterstützen, den eigenen Fortschritt zu protokollieren.

Üben Sie Selbstdisziplin

Es ist nicht so, dass Menschen diszipliniert oder undiszipliniert sind. Jeder hat die Fähigkeit, seine Selbstdisziplin zu erhöhen. Eine Tüte mit Chips oder Keksen nicht zu essen bedarf einer gewissen Beherrschung. Genauso verhält es sich mit Sport, wenn man keine Lust dazu hat. Fehler zu vermeiden erfordert Umsicht und harte Arbeit.

Nachfolgend ein paar Dinge, die man beachten sollte, um seine Selbstbeherrschung zu steigern:

- *Üben Sie, Unbehagen auszuhalten.* Ob Sie sich nun einsam fühlen und das Bedürfnis haben, Ihrem Ex eine Textnachricht zu mailen, obwohl Sie wissen, dass er Ihnen nicht guttut, oder ob Sie unbedingt eine Süßigkeit essen wollen, die Ihre Diät zunichtemacht: Versuchen Sie unbedingt, diesen Gelüsten nicht nachzugehen. Menschen reden sich gerne ein, dass es ja nicht schaden kann, »einmal« eine Ausnahme zu machen. Aber jedes Mal, wenn Sie diesen Gedanken zulassen, boykottieren Sie Ihre Anstrengungen.
- *Reden Sie sich selbst gut zu.* Dies kann einem in »schwachen« Momenten helfen. Man kann besser in der Spur bleiben, wenn man sich sagt »Ich kann das«, oder »Ich bin auf einem guten Weg, mein Ziel zu erreichen«.

- *Denken Sie immer wieder an Ihre Ziele.* Man kann Versuchungen besser widerstehen, wenn man sich seine Ziele immer wieder ins Gedächtnis ruft. Wenn Sie zum Beispiel Ihr Auto abbezahlen wollen, werden Sie keinen Kauf tätigen, der dieses Ziel kaputtmacht und Ihr Budget sprengt.
- *Schreiben Sie auf, warum Sie Ihre Fehler nicht wiederholen möchten.* Tragen Sie diese Liste bei sich. Wenn Sie versucht sind, in Ihr altes Verhaltensmuster zu verfallen, dann lesen Sie diese durch. Dies kann Sie motivieren. Fertigen Sie eine Liste an, warum Sie nach dem Abendessen spazieren gehen sollten. Wenn Sie dann lieber fernsehen, anstatt sich zu bewegen, lesen Sie die Liste durch, um sich zu motivieren, voranzukommen.

Aus Ihren Fehlern zu lernen wird Sie stärken

Nachdem Milton Hershey mit zwölf Jahren die Schule beendet hatte, arbeitete er in einer Druckerei. Sehr schnell stellte er fest, dass er dort nicht bleiben wollte, und arbeitete fortan in einem Eis- und Süßwarengeschäft. Mit neunzehn Jahren machte er sich mit einer eigenen Süßwarenfirma selbständig. Seine Familie unterstützte ihn finanziell dabei. Das Geschäft lief nicht sehr gut, und nach einigen Jahren musste er Insolvenz anmelden.

Angesichts des fehlgeschlagenen Versuchs ging er nach Colorado, wo er hoffte, durch Arbeit in den dortigen Silberminen reich zu werden. Aber er kam zu spät, es war schwierig für ihn, überhaupt Arbeit zu finden. Letztendlich arbeitete er wieder für einen Hersteller von Süßwarenartikeln. Bei ihm lernte er, dass frische Milch sich hervorragend als Zutat für Süßwaren eignete.

Milton ging wieder zurück nach New York und machte sich erneut selbständig. Seine zweite Unternehmensgründung lief gut an. Aber er hatte kein Kapital, und es gab auch zu viele Süßwarengeschäfte in der Nähe. Daher scheiterte auch sein zweiter Versuch. Seine Freunde und seine Familie waren aber nun nicht mehr gewillt, ihn weiterhin finanziell zu unterstützen.

Aber Milton gab nicht auf. Er zog wieder nach Pennsylvania und gründete eine Firma, die Karamell herstellte. Tagsüber produzierte er, und abends lief er mit einem Wagen durch die Straßen und verkaufte seine Ware. Eine größere Bestellung ermöglichte es ihm, ein Darlehen aufzunehmen. Als seine Rechnung bezahlt worden war, konnte er sein Darlehen ablösen und die Lancaster Caramel Company gründen. Die machte ihn zum Millionär.

Milton Hershey baute sein Geschäft noch weiter aus. Er fing an, Schokolade herzustellen, und bis zum Jahr 1900 hatte er die Lancaster Caramel Company verkauft und eine Schokoladenfabrik gegründet. Unermüdlich arbeitete er daran, seine Schokolade zu verbessern. Sehr schnell wurde er zum einzigen Fabrikanten in den USA, der Schokolade in Massenfertigung herstellte.

Als Zucker während des Zweiten Weltkrieges Mangelware wurde, etablierte Hershey seine eigene Zuckerraffinerie in Kuba. Aber als der Krieg zu Ende war, brach der Zuckermarkt ein. Hershey war in finanziellen Nöten. Er lieh sich Geld von der Bank, aber er musste seinen Besitz beleihen, bis die Hypothek abbezahlt war. Hershey schaffte es, den Kredit innerhalb von zwei Jahren zurückzuzahlen und seine Firma erfolgreich weiterzuführen.

Hershey besaß nicht nur eine florierende Schokoladenfabrik, sondern hatte auch um das Firmengebäude herum eine kleine Stadt erbaut. Selbst während der Depression war er in der Lage, seine Mitarbeiter weiterzubeschäftigen. Seine Stadt bestand nicht nur aus kleinen gemütlichen Häusern, sondern auch aus einer Schule, einem Sportplatz und einem Hotel. So konnte er vielen Menschen Arbeit geben. Hershey war beides, ein erfolgreicher Geschäftsmann und ein Philanthrop. Seine Fähigkeit, aus Fehlschlägen zu lernen, hat ihm dabei geholfen, die heute weltweit größte Schokoladenfabrik zu betreiben. Auch heute noch haben in Pennsylvania Straßenlaternen die Form von Hershey's Kisses, und jährlich kommen drei Millionen Touristen, um die Schokoladenfabrik zu besichtigen und zu sehen, wie aus einer Kakaobohne eine Tafel Schokolade entsteht.

Wenn Sie Fehler nicht als etwas Negatives betrachten, sondern sie dazu benutzen, sich zu verbessern, dann werden Sie in der Lage sein, Zeit und Energie zu investieren, um sie nicht zu wiederholen.

Für Kristy war es eine große Erleichterung, ihre Kinder nicht mehr jeden Tag anzuschreien. Es kam zwar immer noch vor, dass sich ihre Kinder ab und zu nicht an die Regeln hielten, aber Kristy hatte jetzt andere Möglichkeiten, dem entgegenzuwirken. Ihr Zuhause war viel gemütlicher geworden, da sie sich nicht mehr anschrien. Als Kristy in der Lage war, ihre Disziplinarmaßnahmen zu verändern, empfand sie gleich mehr Kontrolle über sich und ihr Leben.

Fehlerbehebung und gängige Fallen

Es gibt für gewöhnlich verschiedene Wege, um ein Problem zu lösen. Wenn die bisherige Methode nicht erfolgreich war, dann seien Sie offen für etwas Neues. Aus jedem Fehler zu lernen erfordert Selbstbewusstsein und Demut, aber es kann der Schlüssel dafür sein, Ihr volles Potential auszuschöpfen.

Was hilft

Persönliche Verantwortung für jeden Fehler zu übernehmen.
Einen Plan zu verschriftlichen, um denselben Fehler nicht zu wiederholen.
Auslöser und Warnzeichen für alte Verhaltensmuster zu erkennen.
Selbstdisziplin zu üben.

Was nicht hilft

Ausreden zu suchen oder es abzulehnen, Verantwortung für ein Ergebnis zu übernehmen.
Impulsiv zu reagieren, ohne über Alternativen nachzudenken.
Sich in Situationen zu manövrieren, in denen Sie nur scheitern können.
Anzunehmen, dass man der Versuchung immer widerstehen kann, oder zu entscheiden, dass das Schicksal Sie dazu verdammt hat, Ihre Fehler immer wieder zu begehen.

Kapitel 9

Sie sind nicht neidisch auf den Erfolg anderer

Missgunst ist wie Gift zu trinken und dann zu hoffen, dass es die Feinde tötet.

Nelson Mandela

Dan und seine Familie nahmen gerne an nachbarschaftlichen Veranstaltungen teil. Es wurde oft zusammen gegrillt und die Geburtstagspartys der Kinder mit den Eltern gemeinsam gefeiert. Manchmal waren Dan und seine Frau selbst Gastgeber. Alle sahen Dan als freundlichen Menschen an, der ein gutes Leben zu führen schien. Er hatte ein schönes Haus und einen guten Job bei einer angesehenen Firma. Seine Frau war reizend, und er hatte zwei gesunde Kinder. Aber Dan hatte ein Geheimnis.

Er hasste es, auf Partys zu gehen, auf denen über Michaels beeindruckenden Karriereschritt oder Bills neues Auto gesprochen wurde. Es machte Dan wütend, dass seine Nachbarn sich teure Urlaube leisten und sich immer die neusten »Spielzeuge« kaufen konnten. Seitdem seine Frau und er entschieden hatten, dass sie für ein paar Jahre nicht arbeiten gehen sollte, war das Geld knapp geworden. Ihre Versuche, den Schein nach außen zu wahren, hatten sie in Schulden getrieben. Er hatte seiner Frau sogar verheimlicht, wie groß ihre finanzielle Not wirklich war. Aber Dan hatte das Gefühl, er müsse die Farce, sich alles leisten zu können, aufrechterhalten, koste es, was es wolle.

Dan suchte erst in einer Therapie Hilfe, als seine Frau ihm mitteilte, dass er etwas gegen seinen Jähzorn unternehmen müsse. Zu Beginn war er sich unsicher, wie eine Therapie ihm helfen könne. Er wusste, dass seine Reizbarkeit in seiner ständigen Müdigkeit begründet war. Er war müde, weil er viel arbeiten musste, um die Rechnungen bezahlen zu können.

Wir sprachen also über seine finanzielle Situation und den

Grund, warum er meinte, so viel arbeiten zu müssen. Zuerst machte er seine Nachbarn dafür verantwortlich. Er sagte, sie seien alle so stolz darauf, schöne Dinge zu besitzen, dass er sich gezwungen sah, es ihnen gleichzutun. Als ich ihn etwas ironisch fragte, ob er wirklich gezwungen werde, antwortete er, dass er es auch wolle.

Dan war bereit dazu, einige Therapiestunden in Anspruch zu nehmen, und in diesen kam seine Ablehnung gegen die Nachbarn deutlich zum Vorschein. Als er über die Gründe nachdachte, warum er so wütend auf seine Nachbarn war, stellte sich heraus, dass Dan aus armen Verhältnissen kam und nicht wollte, dass seine Kinder sich so fühlten, wie er sich als Kind gefühlt hatte. Er war geärgert und gemobbt worden, weil seine Familie sich keine teure Kleidung und kein teures Spielzeug leisten konnte. Heute war er stolz darauf, mit seinen Nachbarn mithalten und seiner Familie einen guten Lebensstil bieten zu können.

Tief im Inneren war es Dan aber wichtiger, Zeit mit seiner Familie zu verbringen, als Besitztümer zu haben. Und je mehr wir darüber sprachen, welchen Lebensstil er führte, desto mehr widerte dieser ihn an. Ihm wurde klar, dass er lieber weniger arbeitete und dafür mehr Zeit mit seinen Kindern verbrachte, als ihnen teure Sachen zu kaufen. Ganz langsam fing Dan an, sein Verhalten anders zu bewerten und sich mehr auf seine Ziele und Werte zu konzentrieren, statt mit den Nachbarn mithalten zu wollen.

Als Dans Frau einmal mit zur Therapiestunde kam, eröffnete er ihr, dass er sich schon öfter Geld geliehen habe, um seine Rechnungen begleichen zu können. Sie war sichtlich überrascht, aber sie teilte seine Auffassung, in Zukunft nach seinen Wertvorstellungen und nicht über ihre Verhältnisse zu leben, nur um mit den Nachbarn zu konkurrieren. Sie stimmte zu, ihn in diesem Prozess zu unterstützen.

Es war für Dan schwierig, sich selbst, seine Nachbarn und seinen Lebensstatus anders zu definieren. Aber als er aufgehört hatte, mit seinen Nachbarn mithalten zu wollen und sich darauf konzentrierte, was ihm im Leben wichtig war, empfand er viel weniger Missgunst. Auch seine Reizbarkeit ließ nach.

Grün vor Neid

Während eifersüchtig sein bedeutet »Ich will haben, was du hast«, heißt neidisch sein »Ich will haben, was du hast, und ich will nicht, dass du es hast«. Hin und wieder Eifersucht zu empfinden ist normal. Aber Neid ist ungesund. Hört sich irgendetwas hiervon bekannt an?

- ☐ Sie vergleichen oft Ihren Besitz, Ihren Status und Ihr Aussehen mit dem anderer Menschen.
- ☐ Sie sind neidisch darauf, wenn andere sich mehr leisten können als Sie.
- ☐ Sie hören nicht gerne die Erfolgsgeschichten anderer Menschen.
- ☐ Sie glauben, dass Sie mehr Anerkennung für Ihre Leistung erhalten sollten, als dies im Moment der Fall ist.
- ☐ Sie fürchten, dass andere Sie für einen Versager halten.
- ☐ Sie glauben, dass andere erfolgreicher sind als Sie, egal wie sehr Sie sich auch bemühen.
- ☐ Sie ärgern sich, dass manche Menschen ihre Träume verwirklichen, statt sich mit ihnen darüber zu freuen.
- ☐ Es ist für Sie schwierig, mit Menschen zusammen zu sein, die mehr Geld verdienen als Sie.
- ☐ Ihre Erfolglosigkeit beschämt Sie.
- ☐ Manchmal geben Sie vor, dass es Ihnen bessergeht, als es in Wirklichkeit der Fall ist.
- ☐ Es freut Sie insgeheim, wenn ein erfolgreicher Mensch Pech hat.

Wenn Sie Missgunst dabei empfinden, wenn jemand anderes etwas erreicht, dann basiert das auf irrationalen Gedanken und führt dazu, dass Sie unvernünftig handeln. Konzentrieren Sie sich auf Ihren Erfolgsweg, ohne anderen ihren Wohlstand zu neiden.

Warum wir neidisch auf den Erfolg anderer sind

Obwohl Missgunst und Wut ähnliche Gefühle zu sein scheinen, wird ein wütender Mensch seinen Gefühlen eher freien Lauf lassen. Missgunst fühlt man jedoch eher innerlich, und Menschen wie Dan kaschieren ihre wahren Gefühle mit Freundlichkeit. Aber hinter einem Lächeln verbirgt sich oft eine Mischung aus Neid und Verärgerung.

Dans Abneigung seinen Nachbarn gegenüber basierte auf einem Gefühl der Ungerechtigkeit. Manchmal basieren Ungerechtigkeiten auf Wahrheiten, manchmal sind sie jedoch unbegründet. Dan hatte das Gefühl, es sei ungerecht, dass seine Nachbarn so viel Geld verdienten und er nicht. Er war vollkommen darauf fixiert, dass sie mehr Geld hatten und sich schönere Besitztümer als er leisten konnten. Er machte seine Nachbarn dafür verantwortlich, dass er sich arm vorkam, in einer anderen Wohngegend wäre er sich reich vorgekommen.

Neid basiert oft auf einem tiefverwurzelten Gefühl von Unsicherheit. Es fällt schwer, sich über die Errungenschaften eines Freundes zu freuen, wenn man schlecht über sich selbst denkt. Wenn Sie nicht selbstbewusst sind, wird der Erfolg anderer dies noch deutlicher hervorheben. Die Annahme, andere hätten das Glück, dass Sie eigentlich verdient haben, wird Sie verbittern lassen.

Es ist leicht, neidisch auf andere zu sein, wenn man selbst nicht weiß, was man will. Jemand, der nie beruflich reisen wollte, mag dennoch neidisch auf eine Freundin sein, die oft durch die Welt fliegt, und denken *Sie hat so viel Glück. Ich möchte das auch.* Gleichermaßen kann dieselbe Person den Lebensstil einer anderen Freundin begehren, die von zu Hause aus arbeitet, und der es deswegen nicht möglich ist, zu reisen, und denken *Ich wünschte, das könnte ich auch.* Man kann im Leben aber nicht alles haben, was man gerne möchte.

Wenn Sie ignorieren, dass die meisten Menschen ihre Ziele erreichen, weil sie Zeit, Geld und Mühe investieren, ist es ganz einfach, neidisch zu sein. Es fällt nicht schwer, sich einen Profisportler anzusehen und zu denken *Ich wünschte, das könnte ich auch.* Aber wünschen Sie sich das wirklich? Möchten Sie wirklich zwölf Stunden am Tag Sport machen? Möchten Sie wirklich, dass Ihr einziges Einkommen von Ihren sportlichen Fähigkeiten abhängt, die, je älter Sie werden, abnehmen? Möchten Sie wirklich auf die Speisen verzichten, die Sie so gerne mögen, damit Sie in Form bleiben? Möchten Sie wirklich darauf verzichten, Zeit mit Freunden und der Familie zu verbringen, um das ganze Jahr lang an Wettkämpfen teilzunehmen?

Was passiert, wenn man auf den Erfolg anderer neidisch ist

Dans Ablehnung seinen Nachbarn gegenüber fand sich fast in jedem Bereich seines Lebens wieder, in seinem Beruf, in seinen Ausgabegewohnheiten und sogar in der Beziehung zu seiner Frau. Sein Neidgefühl hatte Auswirkungen auf seine Laune und darauf, wirklich Spaß bei nachbarschaftlichen Treffen zu haben. Es war ein Teufelskreis – je mehr er versuchte, mit den Nachbarn mitzuhalten, desto mehr lehnte er sie ab.

Sie können anderen Menschen nur vor den Kopf schauen

Sie wissen nie wirklich, was sich bei anderen hinter verschlossenen Türen abspielt. Dan konnte nicht wissen, ob seine Nachbarn möglicherweise Probleme hatten. Aber er war neidisch auf das, was äußerlich sichtbar war.

Neidgefühle können durch stereotype Vorstellungen entstehen. Vielleicht glauben Sie, wer reich ist, muss auch ein unangenehmer Mensch sein oder einen schlechten Charakter haben. Vielleicht denken Sie zum Beispiel, dass alle Geschäftsleute habgierig sind. Diese stereotypen Vorstellungen können dazu führen, dass Sie jemanden ablehnen, ohne ihn wirklich zu kennen.

Eine Studie aus dem Jahr 2013 mit dem Titel »Their Pain, our Pleasure: Stereotype Content and Schadenfreude« machte deutlich, dass Menschen nicht nur neidisch auf den Erfolg eines reichen Geschäftsmanns sind, Teilnehmer gingen sogar so weit, regelrecht Freude beim Unglück anderer zu empfinden. Forscher zeigten Teilnehmern Fotos von vier verschiedenen Menschen, eine ältere Person, ein Student, ein Drogenabhängiger und ein reicher Geschäftsmann. Man untersuchte daraufhin die Gehirnaktivitäten der Teilnehmer, während diese die Bilder mit verschiedenen Ereignissen in Verbindung bringen mussten. Sie stellten fest, dass die meisten Teilnehmer Freude empfanden, wenn der reiche Geschäftsmann Pech hatte, wenn er zum Beispiel von einem Taxi nassgespritzt wurde. Die Testpersonen erfreute dieses Szenario sogar mehr als Bilder, die zeigten, dass Menschen Schönes widerfuhr. Dies beruhte auf dem Stereotyp, dass »reiche Geschäftsleute unangenehme Menschen« sind.

Wenn Sie nicht vorsichtig sind, kann Missgunst Ihr ganzes Leben beherrschen. Folgende Probleme können daraus entstehen:

- *Sie hören auf, sich auf Ihre eigenen Erfolge zu konzentrieren.* Je mehr Zeit Sie darauf verwenden, sich auf die Errungenschaften anderer zu fokussieren, desto weniger Zeit haben Sie, an Ihren eigenen Zielen zu arbeiten. Animositäten in Bezug auf Erfolge anderer Menschen lenken Sie nur ab und behindern Ihren eigenen Fortschritt.
- *Sie werden nie mit dem, was Sie besitzen, zufrieden sein.* Wenn Sie immer versuchen, mit anderen mitzuhalten, werden Sie nie mit dem, was Sie besitzen, zufrieden sein. Stattdessen werden Sie Ihr ganzes Leben damit verbringen, besser als andere sein zu wollen. Zufrieden werden Sie jedoch nie sein, weil es immer andere gibt, die mehr Geld haben, die attraktiver sind und die das Glück gepachtet zu haben scheinen.
- *Sie werden Ihre Fähigkeiten und Talente nicht wahrnehmen.* Je mehr Zeit Sie investieren, sich das zu wünschen, was jemand besitzt, desto weniger werden Sie sich auf Ihre Fähigkeiten konzentrieren können. Sich zu wünschen, dass andere kein Talent haben, wird Ihres nicht verbessern.
- *Sie werden Ihre Werte aufgeben.* Missgunst kann Menschen zu Verzweiflungstaten führen. Es ist schwer, seine eigenen Werte hochzuhalten, wenn Sie Wut gegen andere verspüren, weil diese Dinge besitzen, die Sie nicht haben. Unglücklicherweise kann Missgunst Menschen so beeinflussen, dass sie zum Beispiel die Bemühungen anderer sabotieren oder Schulden machen, um genauso viel zu besitzen.
- *Sie können damit Beziehungen zerstören.* Wenn Sie jemanden ablehnen, dann können Sie keine gesunde Beziehung mit dieser Person führen. Missgunst führt zu indirekter Kommunikation, zu Sarkasmus und Reizbarkeit, die sich oft hinter einem falschen Lächeln verbergen. Sie werden nicht in der Lage sein, eine authentische und echte Beziehung mit jemandem zu führen, wenn Sie ihm insgeheim etwas nicht gönnen.
- *Sie werden anfangen, sich selbst zu beweihräuchern.* Zu

Beginn kopieren Sie vielleicht jemanden in dem Versuch, ihm ebenbürtig zu sein. Aber wenn die Errungenschaften dieser Person Ihre übertreffen, dann beginnen Sie vielleicht, zu prahlen oder sogar zu lügen. Andere übertrumpfen oder ihnen immer einen Schritt voraus sein zu wollen ist kein besonders schöner Charakterzug. Manchmal sind missgünstige Menschen so verzweifelt, dass sie sich nur auf diese Weise in den Vordergrund spielen können.

Zügeln Sie Ihren Neid

Dan musste erst einmal sein eigenes Leben analysieren, bevor er aufhören konnte, andere um ihren Besitz zu beneiden. Erst als er sich seine eigene Definition von Erfolg zurechtgelegt hatte, war er in der Lage, sich einzugestehen, dass das Glück seiner Nachbarn für seine Ziele keine Bedeutung hatte.

Dan musste sich daher nicht nur seine Unsicherheit eingestehen, sondern auch seine Einstellung ändern. Er hatte sich eingeredet, dass seine Kinder gemobbt würden, wenn er ihnen nicht die teuersten Anziehsachen und die neueste Elektronik kaufte. Als er erkannte, dass alle Kinder wegen irgendetwas aufgezogen werden und dass es keine Gewähr dafür gab, dass materieller Besitz dies verhinderte, hörte er damit auf, ihnen alles zu kaufen. Als er begriff, dass er ihnen damit darüber hinaus eine sehr materialistische Lebenseinstellung vermittelte, was er eigentlich nicht wollte, fokussierte er sich darauf, mehr mit ihnen zu unternehmen.

Verändern Sie Ihre Lebensumstände

Ich verbrachte viele Therapiestunden und Monate mit einem Mann, der verschiedene Probleme hatte. Jeden Tag schrie er seine Kinder an und beschimpfte seine Frau. Er rauchte mehrmals am Tag Marihuana und trank mehrmals in der Woche bis zur Besinnungslosigkeit. Seit sechs Monaten war er auf Jobsuche und konnte seine Rechnungen nicht mehr begleichen. Er beklagte sich ständig darüber, wie unfair sein Leben sei und stritt mit jedem, der ihm seine Hilfe anbot. Eines Tages stand er bei mir im Büro und sagte: »Amy, ich fühle mich nicht wohl in meiner Haut.« Er schaute mich völlig verständnislos an, als ich entgegnete: »Das ist gut.« »Warum sagen Sie das? Ihre Aufgabe ist es doch, mir mehr Selbstachtung zu vermitteln«, antwortete er. Ich erklärte ihm, dass es in Anbetracht der Lage ein gutes Zeichen war, dass er sich nicht wohl fühle. Das Letzte, was ich zu tun vorhätte, sei, ihm in der jetzigen Situation das Gefühl zu geben, er solle sich gut fühlen. Natürlich hätte ich das nicht jedem so direkt ins Gesicht gesagt, aber ich kannte ihn schon seit einiger Zeit, so dass ich mir erlauben konnte, ihm die Wahrheit zu sagen.

In den nächsten Monaten hatte ich das Vergnügen, ihn bei seinen Veränderungen beobachten zu dürfen. Am Ende der Behandlung fühlte er sich besser, aber nicht, weil er sich selbst etwas vormachte. Er hatte jetzt wieder ein Einkommen, hatte mit Drogen und Alkohol aufgehört und sehr daran gearbeitet, netter zu Menschen zu sein. Seine Ehe funktionierte wieder, und die Beziehung zu seinen Töchtern verbesserte sich. Er fühlte sich viel wohler, da er jetzt nach seinen Wertvorstellungen lebte. Sich schlecht zu fühlen war ein Zeichen dafür, dass Veränderungen dringend nötig waren.

Wenn Sie sich nicht wohl fühlen, dann ist es wichtig, der Sache auf den Grund zu gehen. Vielleicht verhalten Sie sich so, dass Sie kein gesundes Selbstwertgefühl entwickeln können. Wenn das der Fall ist, dann überlegen Sie, was Sie in Ihrem Leben verändern können.

Wenn Sie nach Ihren Wertvorstellungen leben und dennoch neidisch auf den Erfolg anderer sind, stehen Ihnen möglicherweise irrationale Gedanken im Wege. Wenn Sie ständig denken *Ich bin dumm*, oder *Ich bin nicht so gut wie andere*, dann neigen Sie eher dazu, neidisch auf den Erfolg anderer Menschen zu sein. Dies bedeutet, dass Sie nicht nur sich selbst möglicherweise irrational betrachten, sondern auch andere Menschen.

Eine Studie aus dem Jahr 2013 mit dem Titel »Envy on Facebook: A Hidden Threat to Users' Life Satisfaction« erklärt, warum Menschen negative Emotionen haben, wenn sie Facebook benutzen. Forscher haben herausgefunden, dass Menschen die größte Wut und den größten Neid empfinden, wenn sie Urlaubsfotos von Freunden auf Facebook sehen. Sie verspüren auch Neidgefühle, wenn »Freunde« viele Geburtstagsglückwünsche erhalten. Das erschreckende Fazit der Studie ist, dass Menschen, die viele negative Emotionen beim Benutzen von Facebook empfinden, insgesamt weniger zufrieden mit ihrem Leben sind. Aber ist das wirklich wahr? Sind wir wirklich unzufrieden mit unserem Leben, wenn wir sehen, dass andere mehr Geburtstagsglückwünsche erhalten als wir selbst, oder dass wir Neid empfinden, wenn wir sehen, dass andere öfter in Urlaub fahren?

Wenn Sie feststellen, dass Sie auf andere Menschen neidisch sind, dann probieren Sie folgende Strategien aus:

- *Vermeiden Sie es, sich mit anderen zu vergleichen.* Sich mit anderen zu messen ist wie Äpfel und Birnen durcheinanderzuwerfen. Sie haben Ihre eigenen einzigartigen Talente, Fähigkeiten und Lebenserfahrungen. Daher bringt es Sie nicht weiter, sich mit anderen zu vergleichen. Vergleichen Sie sich lieber mit der Person, die Sie einmal waren, und schauen Sie, wie Sie sich entwickelt haben.

- *Überprüfen Sie Ihr schablonenhaftes Denken.* Lernen Sie Menschen zuerst kennen, bevor Sie diese automatisch aufgrund von Vorurteilen in eine Schublade stecken. Denken Sie nicht, dass ein Mensch, der reich oder berühmt ist oder den Sie sonst in irgendeiner Form beneiden, ein schlechter Mensch sei.
- *Hören Sie auf damit, Ihre Schwächen zu betonen.* Wenn Sie sich auf all die Dinge konzentrieren, die Sie nicht haben oder nicht können, dann lehnen Sie vielleicht Menschen ab, die besitzen, was Sie begehren. Konzentrieren Sie sich auf Ihre Stärken, Fähigkeiten und Möglichkeiten.
- *Hören Sie auf damit, die Stärken anderer hervorzuheben.* Neid entsteht oft dadurch, dass wir die Erfolge und Besitztümer anderer übertrieben darstellen. Denken Sie daran, dass jeder Mensch Schwächen, Unsicherheiten und Probleme hat, auch diejenigen, die erfolgreich sind.
- *Sprechen Sie nicht schlecht über die Leistungen anderer.* Die Errungenschaften anderer Menschen niederzumachen wird Ihre Gefühle der Abneigung nur verstärken.
- *Hören Sie auf, darüber nachzudenken, was fair ist und was nicht.* Lassen Sie sich nicht dazu verleiten, sich nur darauf zu konzentrieren, was fair ist. Bedauerlicherweise kommen Menschen auch durch unlautere Mittel weiter. Andere wiederum haben vielleicht einfach nur Glück. Aber je mehr Zeit Sie darauf verwenden, wer Erfolg »verdient« hat und wer nicht, desto weniger Zeit haben Sie für Produktives.

Kooperation statt Konkurrenz

In meiner Praxis habe ich schon viele Ehepaare beraten, die alles gegeneinander aufrechnen, damit alles »fair« verteilt ist. Ich habe auch schon Firmenchefs erlebt, die auf den Erfolg ihrer eigenen Angestellten neidisch waren, auch wenn dieser zum Wohle der Firma beitrug.

Solange Sie andere Menschen als Konkurrenten in einem

Wettkampf ansehen, werden Sie immer »gewinnen« wollen. Sie können aber keine gesunden Beziehungen zu anderen entwickeln, wenn Sie immer nur daran denken, wie Sie diese übertrumpfen können. Vielleicht wollen Sie attraktiver sein als Ihr bester Freund. Oder Sie wollen mehr Geld verdienen als Ihr Bruder. Denken Sie daran, dass Wettbewerb für Ihre Beziehung nicht förderlich ist. Wie wäre es, sie stattdessen als Teil Ihres Teams zu betrachten? Menschen in Ihr Leben miteinzubeziehen, die viele verschiedene Talente und Fähigkeiten haben, kann nur förderlich für Sie sein. Wenn Sie einen Bruder haben, der gut mit Geld umgehen kann, dann nehmen Sie doch lieber seine Finanztipps an, statt sich alles Mögliche anzuschaffen, um sich mit ihm zu messen. Wenn Sie einen sehr gesundheitsbewussten Nachbarn haben, warum besorgen Sie sich von ihm nicht ein paar Rezepte?

Wie wir im letzten Kapitel gesehen haben, basierte der Erfolg Milton Hersheys darauf, aus seinen Fehlern gelernt zu haben. Aber was ihm auch geholfen hat, war, dass er den Erfolg anderer ebenso akzeptieren konnte. Er war nicht neidisch, als einer seiner Angestellten, H.B. Reese, in derselben Stadt eine Süßwarenfabrik eröffnete. Während seiner Zeit bei Hershey hatte Reese genug gelernt, um eine eigene Süßigkeit zu erfinden. Einige Jahre später produzierte Reese schokoladenumhüllte Erdnussbutterkörbchen, und Hershey war sein Schokoladenlieferant.

Obwohl Hershey Reese als Mitbewerber hätte betrachten können, der ihm Kunden wegnahm, bestärkte er ihn stattdessen in seiner Geschäftsidee. Beide verstanden sich weiterhin gut miteinander und verkauften ihre Süßigkeiten in der gleichen Stadt. Nach dem Tod der beiden Besitzer fusionierten die Hershey Chocolate Corporation und die Reese Candy Company. Die Erdnussbutterkörbchen von Reese sind noch heute ein erfolgreiches Produkt der Marke Hershey. Die Firmengründung des ehemaligen Angestellten hätte auch anders verlaufen können. Es hätte beide Firmen gefährden können, wenn die Inhaber nicht miteinander kooperiert hätten. Stattdessen blieben die beiden Männer Freunde und arbeiteten ihr Leben lang zusammen.

Wenn Sie sich über die Erfolge anderer freuen können, werden sich erfolgreiche Menschen zu Ihnen hingezogen fühlen. Sich mit Menschen zu umgeben, die hart arbeiten, um ihre Ziele zu erreichen, kann gut für Sie sein. Sie werden dadurch motivierter und inspirierter und Informationen erhalten, die Ihnen nützlich sein können.

Finden Sie heraus, was Erfolg für Sie bedeutet

Obwohl viele Menschen Erfolg mit viel Geld gleichsetzen, möchte nicht jeder reich sein. Vielleicht ist Ihre Definition von Erfolg, Ihre Zeit und Ihre Fähigkeiten Ihrer Gemeinde zur Verfügung zu stellen. Vielleicht fühlen Sie sich besser, wenn Sie weniger arbeiten und stattdessen Menschen in Not helfen. Wenn das Ihrer Definition von Erfolg entspricht, dann haben Sie keinen Grund, auf jemanden neidisch zu sein, der viel Geld verdient.

Wenn Menschen sagen »Ich besitze alles, was ich mir je gewünscht habe, aber ich bin immer noch nicht glücklich«, dann sagen sie das, weil sie eben nicht alles besitzen, was sie sich immer gewünscht haben. Möglicherweise leben sie ihr Leben nach der Erfolgsdefinition anderer Menschen, statt sich selbst treu zu sein. Nehmen wir Dan als Beispiel. Er hat viel gearbeitet, um die gleichen materiellen Güter wie seine Nachbarn zu besitzen. Aber das hat ihn nicht glücklich gemacht. Seine Frau und er hatten beschlossen, dass sie zu Hause bei den Kindern bleibt, weil das wichtiger für sie war als das zusätzliche Geld, das sie hätte verdienen können. Aber Dan hatte im Laufe der Zeit seine Werte aus den Augen verloren und begonnen, seine Nachbarn zu kopieren.

Um seine eigene Definition von Erfolg zu finden, ist es manchmal hilfreich, sein ganzes Leben zu betrachten und nicht nur die Phase, in der man sich gerade befindet. Stellen Sie sich das Ende Ihres Lebens vor, und schauen Sie zurück. Welche Antworten würden in Ihnen das größte Glücksgefühl hervorrufen?

- *Was waren meine größten Errungenschaften im Leben?* Ist hierbei Geld involviert? Oder was Sie für andere getan haben? Ihre Familie? Ihre Firma? Dass Sie etwas in Ihrem Leben auf die Beine gestellt haben?
- *Wie kann ich wissen, dass ich diese Dinge erreicht habe?* Welchen Beweis gibt es dafür, dass Sie Ihre Ziele erreicht haben? Haben Menschen Ihnen gesagt, dass sie für Ihre Hilfe dankbar sind? Haben Sie viel Geld auf dem Konto?
- *Auf welche Art und Weise habe ich meine Zeit, mein Geld und meine Fähigkeiten eingesetzt?* Welche Erinnerungen werden die wichtigsten für Sie sein? Welche Aktivitäten werden Sie mit dem größten Stolz und der größten Befriedigung erfüllen?

Notieren Sie sich Ihre Definition von Erfolg. Wenn Sie dazu neigen, neidvoll auf die Errungenschaften anderer Menschen zu schauen, dann besinnen Sie sich auf Ihre Erfolgsdefinition. Der Weg zum Erfolg definiert sich für jeden Menschen anders. Daher ist es wichtig, dass Sie einsehen, dass Ihrer einzigartig ist.

Freuen Sie sich über den Erfolg anderer

Wenn Sie an Ihrer Erfolgsdefinition gearbeitet und sich Ihren Unsicherheiten gestellt haben, dann können Sie sich an den Erfolgen anderer neidlos erfreuen. Sie werden aufhören, sich darüber Gedanken zu machen, dass der Erfolg anderer auf Sie negativ ausstrahlt, wenn Sie akzeptieren, dass Sie sich gar nicht in einem Wettbewerb mit anderen befinden. Stattdessen können Sie sich ehrlich darüber freuen, wenn jemand etwas erreicht, mehr Geld verdient oder etwas tut, was Sie nicht getan haben.

Peter Bookman ist ein sehr gutes Beispiel für jemanden, der die Leistungen anderer honoriert, obwohl er unter Umständen neidisch sein könnte. Als selbsternannter Serienunternehmer war er bei der Gründung verschiedener Start-up-Unternehmen beteiligt. Er war der Gründer der Computer-Hardware- und Softwarefirma Fusion-io, zu deren Kunden Firmen wie Facebook und Apple gehören. Nach dreieinhalb Jahren wurde Peter mitgeteilt, Direktoren und Investoren hätten andere Vorstellungen als er, wie es in Zukunft weitergehen solle. Peter verließ das Unternehmen, aber viele Menschen, die er eingestellt hatte, arbeiteten im Unternehmen erfolgreich weiter.

Fusion-io wurde ein milliardenschweres Unternehmen, an dem die Gründer 250 Millionen Dollar verdienten, nachdem Peter ausgeschieden war. Statt neidisch auf den Erfolg seiner Firma zu sein, freute sich Peter für seine Kollegen. Viele haben ihm gesagt, dass er wütend darauf sein müsse, dass die Firma, die er mitbegründet hatte, ohne ihn so erfolgreich geworden war. Als ich ihn fragte, warum er keine Feindseligkeit empfinde, sagte er: »Ihr Erfolg hat auf mein Leben keinen Einfluss. Ich bin froh, meinen Beitrag dazu geleistet zu haben. Ich erfreue mich daran, anderen bei der Erfüllung ihrer Träume behilflich gewesen zu sein, egal, ob das Ergebnis positiv für mich ist oder nicht.« Peter verschwendete keine Minute darauf, neidisch auf andere zu sein. Er erfreut sich lieber an den Erfolgen anderer.

Wie es Sie stärkt, die Leistungen anderer anzuerkennen

Herb Brooks war in seiner Schulzeit und auf dem College ein erfolgreicher Eishockeyspieler, und im Jahr 1960 wurde er Mitglied des olympischen Teams der USA. Eine Woche bevor die Spiele begannen, wurde er als Letzter aus der Mannschaft genommen. Er musste zu Hause bleiben und mit ansehen, wie seine Mannschaft ohne ihn zu den Olympischen Spielen fuhr und die erste Goldmedaille im Eishockey für die USA gewann. Statt wütend zu sein, weil er nicht hatte mitfahren dürfen, war Brooks zu seinem Coach gegangen und hatte ihm mitgeteilt: »Sie haben die richtige Entscheidung getroffen, denn die Mannschaft hat gewonnen.«

Viele Menschen wären verärgert gewesen oder hätten mit dem Eishockeyspielen ganz aufgehört, nicht aber Brooks. Er spielte weiter und nahm an den Olympischen Spielen 1964 und 1968 teil. Sein Team erreichte nie wieder das Niveau des Jahres 1960, in dem er ausgeschlossen worden war, aber seine Eishockeykarriere ging weiter. Als er nicht mehr selbst spielen konnte, wurde er Coach.

Nachdem er einige Jahre College-Teams gecoacht hatte, wurde er von der olympischen Mannschaft angeheuert. Wenn er Spieler auswählte, schaute er, dass vor allem die Teamarbeit gut funktionierte. Er wollte nicht, dass ein einzelner Spieler im Rampenlicht steht. Brooks Mannschaft nahm an den Olympischen Spielen 1980 als Außenseiter teil. Das Team der Sowjetunion hatte hingegen sechs Goldmedaillen bei den letzten sieben Olympischen Spielen geholt. Aber durch Brooks als Coach gewannen die Amerikaner 4:3. Ihr überraschender Sieg wurde als »Das Wunder auf dem Eis« gefeiert. Nach dem Spiel gegen die Sowjetunion besiegten sie Finnland und gewannen am Ende die Goldmedaille.

Herb hatte sofort die Eisfläche verlassen, nachdem seine Mannschaft gewonnen hatte, und konnte daher von den Kameras nicht mehr eingefangen werden. Er war bekannt dafür, Siege nicht mitzufeiern und gleich zu verschwinden. Später sagte er den Reportern, dass er den Ruhm seinen Spielern habe überlassen wollen, denn nur sie hätten ihn verdient.

Nicht nur, dass Herb Brooks nicht neidisch auf diejenigen war, die erfolgreich waren, er unterstützte sie sogar in ihren Bemühungen. Er wollte das Team nicht dazu zwingen, den

Erfolg mit ihm zu teilen. Stattdessen blieb er im Hintergrund und überließ anderen das Feiern und den Ruhm. »Schreibt eure eigene Erfolgsgeschichte, statt die anderer zu lesen«, pflegte er seinen Spielern zu sagen.

Wenn Sie aufhören, neidisch auf andere zu sein, können Sie sich auf Ihre eigenen Ziele konzentrieren. Dann werden Sie den Wunsch haben, nach Ihren eigenen Werten zu leben, und es wird Sie nicht brüskieren oder verletzen, wenn Menschen nach den ihren leben.

Dan empfand Freiheit und Frieden bei der Definition seiner eigenen Erfolgsziele. Statt sich mit seinen Nachbarn zu messen, maß er sich nur noch an sich selbst. Er forderte sich heraus, jeden Tag ein wenig besser zu werden. Genau wie im Fall von Dan ist es für jeden, der Erfolg haben will, wichtig, sein Leben authentisch zu führen.

Fehlerbehebung und gängige Fallen

Manchmal kann man vermeiden, auf andere neidisch zu sein, wenn es einem selbst gutgeht. Aber es wird Zeiten in Ihrem Leben geben, in denen Sie kämpfen müssen. Dann kann es besonders schwer sein, nicht missgünstig zu sein.

Was hilft

Seine eigene Definition von Erfolg aufzuschreiben.
Negative Gedanken durch rationale zu ersetzen.
Die Leistungen anderer anzuerkennen.
Sich auf seine eigenen Stärken zu konzentrieren.
Mit anderen zu kooperieren, statt sich zu messen.

Was nicht hilft

Den Träumen anderer hinterherzujagen.
Sich vorzustellen, wie viel besser das Leben der anderen ist.
Sich ständig mit anderen zu vergleichen.
Die Leistungen anderer zu schmälern.
Jeden so zu behandeln, als sei er ein Konkurrent.

Kapitel 10

Sie geben nach einer Niederlage nicht auf

> Niederlagen sind Teil des Erfolgs. Menschen, die Niederlagen vermeiden wollen, vermeiden auch Erfolg.
>
> *Robert T. Kiyosaki*

Susan kam in meine Praxis, weil sie meinte, ihr Leben erfülle sie nicht, wie es sollte. Sie war glücklich verheiratet und hatte eine zweijährige Tochter. Susan hatte einen sicheren Job als Sekretärin in der lokalen Schule, und ihrem Mann und ihr ging es finanziell gut. Susan glaubte, es sei egoistisch, nicht glücklicher zu sein, weil sie doch wusste, dass sie ein gutes Leben führte.

In der ersten Therapiestunde erzählte Susan, dass sie immer schon gerne Lehrerin geworden wäre. Nach der Highschool hatte sie sogar am College auf Lehramt studiert. Obwohl die Universität nur einige Stunden von zu Hause entfernt war, hatte sie großes Heimweh gehabt. Sie war sehr schüchtern gewesen und hatte Schwierigkeiten damit gehabt, neue Freunde zu gewinnen. Die Kurse waren ihr schwer erschienen, und das Pensum hatte sie überwältigt. Noch während des ersten Semesters hatte sie ihr Studium abgebrochen.

Kurz nachdem sie wieder zu Hause war, hatte sie den Job als Schulsekretärin angenommen und seither dort gearbeitet. Obwohl es nicht ihr Traumjob war, war sie in diesem Job dem Unterrichten so nah wie sie nur sein konnte. Aber es war ganz offensichtlich, dass sie immer noch gerne Lehrerin werden wollte. Sie hatte nur nicht genug Selbstvertrauen.

Als ich ihr zum ersten Mal vorschlug, ihr Studium wiederaufzunehmen, meinte Susan, sie sei zu alt. Aber sie änderte ihre Meinung, als ich ihr einen Artikel zeigte, in dem von einer vierundneunzigjährigen Frau die Rede war, die ihren Highschool-Abschluss nachgeholt hatte. In den nächsten Wochen sprachen wir darüber, was sie davon abhielt, ihr Lehramtsstudium wiederaufzunehmen. Der eigentliche Grund war, dass Sie meinte, ein Studium sei zu schwierig für sie. Da sie beim ersten Versuch gescheitert war, war sie unsicher, ob sie nach so vielen Jahren die Prüfungen bestehen könne.

In den nächsten Wochen sprachen wir über das Thema Scheitern und ob es wirklich wahr sei, dass sie wieder versagen werde, nur weil sie einmal gescheitert war. Susans Leben wies ein Muster auf. Immer, wenn etwas beim ersten Mal nicht klappte, gab sie auf. Als sie es damals nicht ins Basketball-Team ihrer Schule schaffte, hatte sie den Sport ganz an den Nagel gehängt. Nachdem sie die sechs Kilogramm nach ihrer Diät wieder zugenommen hatte, hatte sie die Diät vollends abgebrochen. Die Liste ließ sich endlos fortführen. Susan begriff, dass ihre Einstellung zum Thema Scheitern ihre Entscheidungen beeinflusste.

In der Zwischenzeit hatte ich sie dazu ermutigt, sich an verschiedenen Universitäten umzusehen, auch wenn sie nicht vorhabe, ihr Studium wiederaufzunehmen, weil sich dort in den letzten fünfzehn Jahren einiges verändert hatte. Erfreut stellte sie fest, dass es Alternativen dazu gab, Vollzeitstudent zu sein, und innerhalb von wenigen Wochen hatte sie sich für ein Fernstudium angemeldet. Sie fand es toll, dass sie studieren konnte, ohne sich räumlich von ihrer Familie trennen zu müssen, und das auch noch als Teilzeitstudent.

Kurz nachdem sie angefangen hatte, ihr Studium wiederaufzunehmen, teilte sie mir mit, dass sie nun wisse, was ihr zur Erfüllung gefehlt habe, nämlich auf ein neues Ziel hinzuarbeiten. Kurze Zeit später konnte sie die Therapie mit neuer Hoffnung für die Zukunft und einer anderen Einstellung zum Thema Scheitern beenden.

Wenn sich der Erfolg nicht sofort einstellt …

Während manche Menschen von Misserfolgen dazu angespornt werden, es beim nächsten Mal besser zu machen, geben andere einfach auf. Treffen folgende Punkte auf Sie zu?

- ☐ Sie machen sich Sorgen darüber, dass andere Sie als Versager ansehen.
- ☐ Sie beteiligen sich nur gerne an Dingen, die Sie voraussichtlich gut können.
- ☐ Wenn Ihr erster Versuch misslingt, dann versuchen Sie es nicht noch einmal.
- ☐ Sie sind der Ansicht, dass erfolgreiche Menschen mit einem »Erfolgsgen« geboren wurden.
- ☐ Es gibt vieles, was Sie glauben, nie erlernen zu können, egal, wie sehr Sie sich auch bemühen.
- ☐ Ihr Selbstwertgefühl definiert sich über Ihren Erfolg.
- ☐ Die Möglichkeit zu scheitern beunruhigt Sie.
- ☐ Sie neigen dazu, Ausflüchte für Ihr Scheitern zu suchen.
- ☐ Sie stellen lieber Ihre schon erworbenen Fähigkeiten in den Vordergrund, statt neue zu erwerben.

Scheitern bedeutet nicht das Ende der Welt. Die meisten erfolgreichen Menschen halten Scheitern für den Beginn eines Wegs, der langfristig zum Erfolg führt.

Warum wir aufgeben

Wie viele von uns glaubte Susan, dass einmal zu scheitern immer scheitern bedeutet, egal wie sehr man sich auch bemüht. Obwohl sie wusste, dass etwas in ihrem Leben fehlte, kam es ihr nie in den Sinn, wieder aufs College zu gehen, weil sie der Ansicht war, sie gehöre da nicht hin. So wie Susan denken viele Menschen. Fast jeder hat schon einmal nach dem ersten Versuch aufgegeben.

Hauptsächlich ist es unsere Angst vor dem Scheitern, die uns davon abhält, etwas noch einmal zu versuchen, wenn es beim ersten Mal nicht geklappt hat. Hierfür kann es unterschiedliche Gründe geben. Der eine will seine Eltern vielleicht nicht enttäuschen, der andere ist der Ansicht, nervlich keine zweite Niederlage verkraften zu können. Statt sich seinen Ängsten zu stellen, ziehen es viele vor, es nicht noch einmal zu versuchen, da ihr Schamgefühl zu groß ist. Manche versuchen, ihr Scheitern zu vertuschen, andere suchen nach Ausreden. So mag eine Studentin vor anderen behaupten, keine Zeit zum Lernen gehabt zu haben, obwohl sie in Wahrheit sehr viel für einen Test gelernt hat, nur um eine Begründung für ihre schlechte Note zu haben. Ein anderer Student verheimlicht vielleicht sogar seine Note vor seinen Eltern, weil er beschämt ist, so schlecht abgeschnitten zu haben.

Manchmal lassen wir uns von gescheiterten Versuchen definieren. Für Susan bedeutete ihr Scheitern an der Universität, dass sie nicht klug genug war. Manche denken, dass eine gescheiterte Geschäftsidee heißt, dass man nicht dazu bestimmt ist, Unternehmer zu sein. Ein Mensch, der Schwierigkeiten damit hat, einen Verlag für sein Buch zu finden, denkt vielleicht, er sei ein schlechter Schriftsteller.

Schnell aufzugeben kann auch ein anerzogenes Verhaltensmuster sein. Vielleicht hat Ihre Mutter Ihnen dabei geholfen, eine Aufgabe zu erledigen, die Sie beim ersten Mal nicht geschafft haben. Oder vielleicht hat Ihr Mathematiklehrer Ihnen die Lösungen gleich gegeben, als Sie ihm sagten, dass Sie die Hausaufgaben nicht konnten, statt Sie diese noch einmal machen zu lassen. Wenn Sie immer darauf warten, dass Ihnen im Leben jemand hilft, weil Sie es selbst so erlebt haben, dann ist es schwer, diese Gewohnheit aufzugeben. Auch im Erwachsenenalter sind Sie dann weniger bereit, etwas nach einem gescheiterten Versuch noch einmal zu probieren.

Viele Menschen geben letztendlich vorschnell auf, weil sie ein vorgefestigtes Bild von ihren Fähigkeiten haben. Sie glauben, dass Sie keinen Einfluss auf ihre Talente haben und bemühen sich daher erst gar nicht, sich zu verbessern und es nach einer Niederlage noch einmal zu versuchen. Sie sind der Ansicht, dass es keinen Sinn hat, etwas erlernen zu wollen, was einem nicht in die Wiege gelegt wurde.

Wenn Scheitern zum Problem wird

Ich bin nicht klug genug, um Lehrerin zu sein, und *Ich könnte Schülern niemals dabei helfen, erfolgreich zu sein,* waren Gedanken, die Susan davon abhielten, ihr Ziel zu erreichen. Daher war es ihr nie in den Sinn gekommen, ihr Studium wiederaufzunehmen. Wenn Sie dazu neigen, nach einem ersten gescheiterten Versuch gleich aufzugeben, so wie Susan, dann werden Sie viele Chancen im Leben verpassen. Scheitern kann eine wunderbare Erfahrung sein, aber nur, wenn Sie die Kenntnisse, die Sie daraus ziehen, zukünftig richtig einsetzen.

Es ist schwer, erfolgreich zu sein, ohne wenigstens einmal gescheitert zu sein. Nehmen wir als Beispiel Theodor Geisel, auch als Dr. Seuss bekannt, dessen erstes Buch von zwanzig Verlagen abgelehnt wurde. Letztendlich hat er sechsundvierzig sehr erfolgreiche Kinderbücher veröffentlicht, von denen einige für das Fernsehen verfilmt und auf dem Broadway aufgeführt wurden. Hätte er bei der ersten Verlagsabsage aufgegeben, hätten sich Kinder nie an seinem einzigartigen Schreibstil erfreuen können.

Nach dem ersten gescheiterten Versuch aufzugeben kann schnell zu einer sich selbsterfüllenden Prophezeiung werden. Jedes Mal, wenn Sie aufgeben, betonen Sie damit, dass es schlecht ist, zu scheitern, was Sie folglich wiederum davon abhält, es noch einmal zu versuchen. Ihre Angst vor dem Scheitern wird Sie demnach davon abhalten, dazuzulernen.

1998 wurde eine Studie im *Journal of Personality and Social Psychology* veröffentlicht, in der eine Gruppe von Fünftklässlern für ihre Intelligenz gelobt wurde und eine andere Gruppe für ihre Bemühungen. Alle Kinder hatten einen sehr schwierigen Test zu bestehen. Nachdem die Schüler ihre Ergebnisse erhalten hatten, wurden ihnen zwei Möglichkeiten angeboten. Sie konnten sich entweder die Tests der Mitschüler anschauen, die besser abgeschnitten hatten als sie, oder diejenigen, die schlechter waren als sie selbst. Die Kinder, die für ihre Intelligenz gelobt worden waren, haben sich eher die Tests der schlechteren Schüler angeschaut, da dies ihr Selbstbewusstsein stärkte. Die Schüler, die für ihre Bemühungen gelobt worden waren, haben sich die Tests der besseren Schüler angeschaut, damit sie aus ihren Fehlern lernen konnten.

Geben Sie nicht auf

Als Susan erkannt hatte, dass einmal scheitern nicht hieß, beim zweiten Versuch auch zu versagen, zeigte sie sich offen dafür, sich nach einem geeigneten Studium umzusehen. Sie fühlte sich nun stark genug, ihren Traum, Lehrerin zu werden, doch noch wahr werden zu lassen.

Machen Sie sich bewusst, wie Sie über das Scheitern denken und warum Sie keinen zweiten Versuch wagen

Thomas Edison war einer der erfolgreichsten Erfinder aller Zeiten. Er besaß 1093 Patente auf Produkte und Methoden, die seine Produkte unterstützten. Einige seiner bekanntesten Erfindungen sind die elektrische Glühbirne, das Vitaskop, der Kinetograph und der Phonograph. Aber nicht alle seine Erfindungen waren erfolgreich. Sie haben wahrscheinlich noch nie vom Elektroschreibstift oder der Geistermaschine gehört – Erfindungen, die sich nicht durchsetzen konnten.

Edison wusste aber, dass einige seiner Erfindungen zum Scheitern verurteilt waren, und wenn er ein Produkt entwickelt hatte, das entweder nicht richtig funktionierte oder sich im Markt nicht durchsetzen konnte, sah er sich dennoch nicht als Versager. Stattdessen nutzte er dies als Möglichkeit, etwas daraus zu lernen. Laut einer Biographie, die 1915 über Thomas Edison veröffentlicht wurde, hat einer seiner jungen Assistenten einmal geäußert, dass es eine Schande sei, dass sie wochenlang ohne Ergebnis an etwas gearbeitet hatten. Edisons Antwort darauf war: »Kein Ergebnis? Also, ich habe viele Ergebnisse erhalten! Ich weiß jetzt, dass einige tausend Möglichkeiten nicht funktionieren.«

Wenn Sie es ablehnen, etwas noch einmal zu versuchen, dann haben Sie vermutlich falsche und unproduktive Ansichten über das Scheitern. Diese Einstellung beeinflusst Ihr Denken, Ihr Handeln und Ihre Empfindungen in Bezug auf das Versagen. Folgendes sagt die Forschung über Durchhaltevermögen und Scheitern:

- *Eine gute Lern- und Übungsmethode, die sogenannte »deliberate practice«, ist wichtiger als angeborenes Talent.* Obwohl wir oft annehmen, dass wir entweder etwas gut oder eben gar nicht können, entwickeln sich die meisten Talente jedoch erst durch intensive Arbeit. Die Forschung hat herausgefunden, dass Menschen, die etwas zehn Jahre lang üben, jene mit einem angeborenen Talent, zum Beispiel für Schach, Sport, Musik oder die bildenden Künste, übertreffen können. Nach etwa zwanzig Jahren Übung könnten diese Menschen sogar Errungenschaften von Weltklasse erzielen. Oft glauben wir, dass wir ein Talent mit in die Wiege gelegt bekommen haben müssten, um wirklich in etwas erfolgreich zu sein. Dieser Irrglaube kann Sie dazu verleiten, aufzugeben, noch bevor Sie die Chance hatten, Ihre Fähigkeiten zu entwickeln.
- *Mut ist wichtiger für den Erfolg als ein hoher IQ.* Es ist

allgemein bekannt, dass nicht jeder mit einem hohen Intelligenzquotienten im Leben viel erreicht. Ihr IQ ist kein guter Indikator dafür, ob Sie erfolgreich sein werden. Mut oder, anders ausgedrückt, Ausdauer und Leidenschaft für langfristige Ziele sind ein viel genauerer Indikator dafür, ob man Erfolg haben wird oder nicht.

- *Versagen mangelnden Fähigkeiten zuzuschreiben führt zu erlernter Hilflosigkeit.* Wenn Sie meinen, Ihr Versagen sei Ihren mangelnden Fähigkeiten zuzuschreiben, die Sie nicht ausbauen können, dann haben Sie wahrscheinlich eine erlernte Hilflosigkeit entwickelt. Wenn Sie glauben, sich nicht verbessern zu können, werden Sie es wahrscheinlich auch gar nicht erst versuchen.

Falsche Überzeugungen in Bezug auf Ihre Fähigkeiten sollten Sie nicht davon abhalten, erfolgreich zu sein. Überdenken Sie Ihre Ansicht zum Thema Scheitern. Betrachten Sie Ihren Erfolgsweg als Marathon und nicht als Sprint. Akzeptieren Sie, dass auch Versagen Teil eines Prozesses ist, der Ihnen hilft, zu wachsen und dazuzulernen.

Ändern Sie Ihre Meinung über das Scheitern

Wenn Sie glauben, dass Scheitern etwas Schreckliches ist, werden Sie Mühe haben, eine Aufgabe noch einmal anzugehen, wenn Sie schon einmal versagt haben. Nachfolgend einige Gedanken zum Thema Scheitern, die Sie wahrscheinlich davon abhalten, etwas noch einmal zu versuchen:

- *Scheitern ist nicht akzeptabel.*
- *Entweder gelingt mir etwas zu hundert Prozent, oder es gelingt mir gar nicht.*
- *Wenn ich versage, dann ist das mein Fehler.*
- *Ich bin gescheitert, weil ich nicht gut bin.*

- *Andere werden mich nicht mögen, wenn ich versage.*
- *Wenn ich etwas beim ersten Mal nicht gut gemacht habe, werde ich es beim zweiten Mal auch nicht gut machen.*
- *Ich bin nicht gut genug, um erfolgreich zu sein.*

Irrationale Gedanken zum Thema Versagen können dazu führen, dass Sie nach einem ersten gescheiterten Versuch das Handtuch werfen. Versuchen Sie, realistischer zu denken. Scheitern ist nicht halb so schlimm, wie Sie annehmen. Konzentrieren Sie sich auf Ihre Bemühungen statt auf das Ergebnis. Wenn Sie zum Beispiel eine schwierige Aufgabe lösen müssen, konzentrieren Sie sich darauf, was Sie daraus lernen können. Ist es vielleicht etwas, das Sie zuvor nie gemacht haben? Können Sie Ihre Fähigkeiten verbessern, auch wenn Sie beim ersten Mal gescheitert sind? Wenn Sie darüber nachdenken, was Sie aus der Erfahrung lernen können, können Sie eher akzeptieren, dass Scheitern dazugehört.

Nicht ein übermäßiges Selbstbewusstsein, sondern Selbstachtung führt dazu, sein volles Potential entfalten zu können. Wenn Sie zu sehr mit sich ins Gericht gehen, kann dies zu Resignation und der Erkenntnis führen, dass Sie sich einfach nicht gut genug für einen Job fühlen. Wenn Sie allerdings zu nachgiebig mit sich sind, dann suchen Sie möglicherweise nach Ausflüchten für Ihr Verhalten. Ein wenig Selbstachtung vermag es, das richtige Gleichgewicht zu wahren. Selbstachtung heißt, dass Sie sich Ihr Versagen verzeihen, aber es dennoch realistisch betrachten. Es heißt, zuzugeben, dass jeder Fehler macht, auch Sie, und dass Versagen Ihren Wert als Mensch nicht schmälert. Wenn Sie Ihren Schwächen gegenüber gnädig sind, dann werden Sie höchstwahrscheinlich feststellen, dass Sie immer noch wachsen und dazulernen können.

In der Studie »Self-Compassion Increased Self-Improvement Motivation« aus dem Jahr 2012 wurde Studenten die Gelegenheit gegeben, Tests, bei denen sie durchgefallen waren, noch einmal zu machen und zu verbessern. Eine Gruppe von

Studenten betrachtete ihren Misserfolg mit Selbstachtung, die andere war darauf aus, ihr Selbstbewusstsein zu steigern. Die Ergebnisse zeigten, dass die Studenten, die Selbstachtung zeigten, 25 Prozent länger lernten und beim zweiten Mal besser abschnitten als die Studenten, die darauf aus waren, ihr Selbstbewusstsein zu steigern.

Vermeiden Sie es, Ihr ganzes Selbstwertgefühl nur von guten Leistungen abhängig zu machen, sonst werden Sie eher nichts wagen, bei dem Sie möglicherweise scheitern könnten. Ersetzen Sie unrealistische Gedanken durch die folgenden:

- *Scheitern gehört oft zum Erfolg dazu.*
- *Ich kann mit Misserfolgen umgehen.*
- *Ich kann aus meinen Misserfolgen lernen.*
- *Misserfolge sind ein Zeichen dafür, dass ich mich selbst herausfordere, und ich alleine kann entscheiden, etwas noch einmal zu versuchen.*
- *Ich habe die Kraft, erfolgreich zu sein, wenn ich es will.*

Stellen Sie sich Ihren Versagensängsten

Mein Schwiegervater Rob war ein Mensch, der immer über sich selbst lachen konnte, und er scheute sich nicht, Geschichten aus seinem Leben immer wieder zu erzählen, in denen er versagt hatte. Eigentlich glaube ich sogar, dass er es gar nicht als Scheitern, sondern als Erfolg ansah.

Eine Geschichte, die für mich heraussticht, ist aus seiner Zeit als Pilot in den sechziger Jahren. Damals flog er Passagiere mit einer Privatmaschine herum, sozusagen als Flugtaxi. Manchmal nahm er Passagiere auf, die mit einem Passagierflugzeug kamen und dann das Flugtaxi zu ihrer Wunschdestination nahmen. Einmal sollte er einen reichen Geschäftsmann abholen. Da die Flugsicherheit damals viel lascher war als heute, konnte Rob den Herrn direkt beim Aussteigen aus dem Flugzeug auf der Rollbahn abfangen. Andere hätten vielleicht ein Schild mit dem Namen des Passagiers hochgehalten, aber das war nicht Robs Art. Stattdessen ging Rob auf ihn zu, schüttelte ihm die Hand und sagte: »Nett Sie kennenzulernen, Herr Smith. Ich bin heute Ihr Pilot.« Herr Smith antwortete, dass er sehr geschmeichelt sei, direkt von ihm erkannt worden zu sein. Was Herr Smith nicht wusste war, dass Rob jedem Herrn vor ihm die Hand geschüttelt und genau dasselbe gesagt hatte. Wenn die Person irritiert geschaut oder gesagt hatte, sie sei nicht Herr Smith, hatte Rob einfach dem nächsten Herrn die Hand geschüttelt; so lange, bis er den Richtigen gefunden hatte.

Ich glaube, dass es vielen Menschen eher peinlich wäre, jemanden mit dem falschen Namen anzusprechen. Bei Rob war das nicht der Fall. Er schüttelte Fremden gerne die Hand und nannte sie beim falschen Namen. Er wusste ja, dass er irgendwann auf Herrn Smith stoßen würde. Es machte ihm nichts aus, immer wieder den Falschen zu erwischen, bis er den richtigen Herrn Smith gefunden hatte.

Wenn Sie sich an Misserfolge gewöhnen, werden Sie weniger Angst davor haben, besonders wenn Sie erkennen, dass Misserfolg und Ablehnung nicht das Schlimmste sind, das Ihnen im Leben widerfahren kann.

Machen Sie nach Misserfolgen weiter

Wenn Ihre Bemühungen zu Beginn nicht den gewünschten Erfolg bringen, dann überlegen Sie, was genau passiert ist und wie Sie weitermachen möchten. Wenn Sie bei etwas gescheitert sind, das Ihnen nicht so wichtig ist, dann entscheiden Sie vielleicht, dass es der Mühe nicht wert ist, es noch einmal zu versuchen. Manchmal ist das auch sinnvoll. Ich kann zum Beispiel überhaupt nicht zeichnen. Meine Zeichnungen bestehen aus Strichmännchen, aber das macht mir nichts aus, denn darauf verschwende ich keine Zeit und Mühe. Stattdessen widme ich mich lieber Dingen, die ich leidenschaftlich gerne tue.

Wenn Sie jedoch ein Hindernis in Ihrem Leben überwinden müssen, um Ihren Traum zu verwirklichen, dann sollten Sie es noch einmal versuchen. Es hilft aber nicht, immer wieder dasselbe zu tun. Machen Sie sich einen Plan, wie Sie Ihre Erfolgschancen erhöhen können. Genauso wie Sie aus Fehlern lernen müssen, um diese nicht immer wieder zu machen, müssen Sie aus Misserfolgen lernen, damit Sie es das nächste Mal besser hinkriegen. Manchmal bedeutet das, die eigenen Fähigkeiten zu verbessern. Es kann aber auch bedeuten, nach Gelegenheiten Ausschau zu halten, bei denen die eigenen Fähigkeiten gefragt sind.

Elias »Walt« Disney ist auch nicht ohne Misserfolge so erfolgreich geworden. Zu Beginn besaß er ein Unternehmen mit dem Namen Laugh-O-Gram, mit dem er beim Theater von Kansas City unter Vertrag stand. Es handelte sich um einen siebenminütigen Akt, in dem Märchen in Trickfilmen und mit realen Schauspielern dargeboten wurden. Obwohl seine Cartoons erfolgreich waren, hatte Walt hohe Schulden und war einige Jahre später gezwungen, Insolvenz anzumelden.

Dennoch machte Walt weiter. Sein Bruder und er zogen nach Hollywood und gründeten das Disney Brothers' Studio. Mit einem Filmproduzenten konnten sie ein gutes Geschäft abschließen. Dieser sollte für sie eine Cartoon-Figur, die Walt erfunden hatte, Oswald der glückliche Hase, in Szene setzen. Aber einige Jahre später stahl ihnen dieser die Rechte an Oswald und an einigen anderen Figuren. Die Disney Brothers entwickelten daraufhin sehr schnell drei neue Cartoon-Figuren, eine davon hat Walt selbst erschaffen: Mickey Mouse. Aber sie fanden keinen Filmemacher. Sie konnte erst in Produktion gehen, als der Tonfilm den Stummfilm ersetzte.

Schon bald danach wurden die Disney Brothers sehr erfolgreich. Obwohl mitten in der Depression, produzierte Walt Filme, die ihm ein hohes Einkommen bescherten. Zu jener Zeit bauten sein Bruder und er für 17 Millionen Dollar einen Freizeitpark, Disneyland. Dessen Gewinn setzten Sie für einen zweiten Park ein, Disney World. Leider verstarb Walt, bevor dieser fertiggestellt werden konnte.

Disney, ein Mann, der nach einem gescheiterten Versuch im Zeichentrickfilmgeschäft Insolvenz anmelden musste, wurde innerhalb weniger Jahre, während der wirtschaftlichen Depression, zum Multimillionär. Die Cartoons, die von mehreren Filmproduzenten abgelehnt worden waren, brachten ihm mehr Auszeichnungen und Ehrungen ein als sonst irgendjemandem auf der Welt. Obwohl Walt schon vor fast fünfzig Jahren verstorben ist, ist die Disney Company weiterhin ein florierendes Milliardengeschäft, und Walts Zeichentrickfigur Mickey Mouse ist nach wie vor ihr Symbol. Walt war eindeutig ein Mann, dessen Misserfolge ihn dazu motiviert haben, erfolgreich zu werden.

Nach Misserfolgen wieder erfolgreich sein

Wally Amos war ein Agent, der bekannt dafür war, seine selbstgebackenen Plätzchen an berühmte Persönlichkeiten zu verschicken, um diese unter Vertrag zu nehmen. Später folgte er dem Rat seiner Freunde, hörte auf, als Agent zu arbeiten, und widmete sich voll und ganz dem Plätzchenbacken. Mit der finanziellen Unterstützung einiger wohlhabender Freunde eröffnete er sein erstes Plätzchengeschäft, das er »Famous Amos« nannte.

Sein Geschäft lief sehr erfolgreich, und innerhalb der nächsten zehn Jahre eröffnete er Ladenketten an verschiedenen Standorten in den Vereinigten Staaten. Amos' Erfolg erlangte sogar nationale Aufmerksamkeit, und Ronald Reagan überreichte ihm den Award of Entrepreneurial Excellence persönlich.

Amos hatte jedoch kein Händchen dafür, ein Unternehmen erfolgreich zu führen. Sein Millionenimperium begann zu bröckeln. Er suchte sich Hilfe, um sein Unternehmen wieder auf die Beine zu stellen, aber leider schlug dieser Plan auch fehl. Letztendlich musste Amos seine Firma verkaufen. Nicht nur sein Unternehmen war in finanziellen Nöten, auch war Amos privat verschuldet und verlor sein Wohnhaus durch eine Zwangsvollstreckung.

Einige Jahre später versuchte er es mit einer erneuten Firmengründung: »Wally Amos Presents Chip and Cookie«. Aber die Käufer seiner vorherigen Firma »Famous Amos« gingen gerichtlich gegen ihn vor, weil er seinen Namen benutzte. Daraufhin änderte er seinen Namen in »Uncle Noname«. Sein neues Geschäft war einem großen Konkurrenzkampf ausgesetzt und daher nicht erfolgreich. Als seine Schulden auf circa eine Million Dollar aufgelaufen waren, musste er Insolvenz anmelden.

Dann eröffnete er eine Firma, die Muffins produzierte. Aber dieses Mal überließ er das Tagesgeschäft einem Partner, der etwas vom Verkauf verstand. Aus seinen vorherigen Misserfolgen hatte er gelernt, dass er Hilfe benötigte. Seine neue Produktionslinie war zwar nicht so erfolgreich wie seine Plätzchen, aber die Firma existiert heute noch.

Am Ende hatte er noch Glück, die Firma Keebler kaufte seine Marke »Famous Amos« auf, und das Management wollte ihn als Werbeträger für das Produkt einsetzen. Er hätte darüber verbittert sein können, dass die Firma, die er selbst einst gegründet hatte, ohne ihn so erfolgreich geworden war, wurde aber stattdessen stolzer Werbeträger für die Plätzchen, die er schon dreißig Jahre zuvor produziert hatte. Später erlangte er auch Bekanntheit als Buchautor und Sprecher.

Misserfolg kann den Charakter stärken und einen auf verschiedene Art und Weise herausfordern. Er kann Ihnen helfen, herauszufinden, woran Sie arbeiten und was Sie verbessern müssen. Susan zum Beispiel entwickelte sehr viel mehr Selbstvertrauen, als sie sich an der Universität wieder eingeschrieben hatte. Wenn man trotz Niederlagen Durchhaltevermögen zeigt, wird dies langfristig die eigene mentale Stärke steigern.

Sie werden feststellen, dass Misserfolge sich positiv auf Ihre Leistung auswirken können.

Wenn Sie einmal erkannt haben, dass es völlig in Ordnung ist, öfter zu scheitern, werden Sie ein Gefühl von Zufriedenheit und Ruhe empfinden. Sie werden sich keine Gedanken darüber machen, der Beste sein zu müssen, um anerkannt zu werden. Stattdessen wissen Sie, dass Sie an jedem Misserfolg wachsen können.

Fehlerbehebung und gängige Fallen

Manchmal können Menschen Misserfolge in einigen Bereichen tolerieren, in anderen aber nicht. Ein Mensch mag daran gewöhnt sein, dass er als Verkäufer nicht immer zu Abschlüssen kommt, aber er mag sehr sensibel darauf reagieren, wenn er nicht in den Stadtrat gewählt wird. Finden Sie heraus, in welchen Bereichen Sie eher dazu neigen aufzugeben, und konzentrieren Sie sich darauf, was Sie aus Ihren Misserfolgen lernen können. Wenn Sie etwas normalerweise nach einem gescheiterten Versuch nicht noch einmal probieren, kann es schwierig sein, sich seinen Ängsten zu stellen. Sie werden eine Gefühlsachterbahn erleben und glauben, dass es besser sei aufzugeben. Mit ein wenig Übung werden Sie jedoch feststellen, dass Misserfolge ein wichtiger Schritt auf dem Weg zum Erfolg sind.

Was hilft

Misserfolge als Lernmöglichkeit zu betrachten.
Sich zu entscheiden, es noch einmal zu versuchen, wenn es beim ersten Mal nicht geklappt hat.
Sich den eigenen Versagensängsten zu stellen.
Einen neuen Plan zu entwickeln, um Ihre Chancen auf Erfolg zu steigern.

Sich darauf zu konzentrieren, seine Fähigkeiten zu verbessern statt damit anzugeben.

Was nicht hilft

Ihre Ziele nicht zu verfolgen, auch wenn Sie zunächst scheitern.
Zukünftige Versuche von vorneherein in den Wind zu schreiben, weil es beim ersten Versuch nicht geklappt hat.
Aufzugeben, weil Sie Unbehagen nicht aushalten wollen.
Eine Aufgabe als unlösbar zu bezeichnen, nur weil es beim ersten Mal nicht geklappt hat.
Einen Misserfolg überzubewerten.
Sich den Aufgaben nicht zu stellen, in denen Sie nicht hervorragend sind.

Kapitel 11

Sie fürchten das Alleinsein nicht

> Das ganze Leid des Menschen rührt daher, dass er nicht still alleine in einem Raum sein kann.
>
> *Blaise Pascal*

Vanessa hatte ihren Arzt um Medikamente gebeten, die ihr beim Einschlafen helfen sollten, aber er hatte ihr empfohlen, zuerst eine Therapie zu machen. Obwohl sie nicht wusste, wie diese ihr helfen könne, kam sie trotzdem in meine Sprechstunde. Sie erklärte, dass sie nicht aufhören konnte, nachts über Dinge nachzudenken. Sie war zwar müde, konnte aber nicht abschalten. Trotz ihrer Erschöpfung lag sie oft nachts wach, und ihre Gedanken kreisten um verschiedene Themen. Manchmal zweifelte sie an irgendetwas, was sie am Tag gesagt hatte, und manchmal dachte sie schon darüber nach, was sie am nächsten Tag zu erledigen hatte. Manchmal waren ihre Gedanken auch wirr, und sie wusste gar nicht genau, woran sie dachte.

Während des Tages hatte Vanessa keine beunruhigenden Gedanken. Sie arbeitete als Maklerin. Ihre Tage waren ausgefüllt und oft sehr lang. Wenn sie nicht arbeitete, dann ging sie mit Freunden essen oder traf sich mit anderen jungen Berufstätigen.

Bei ihr gab es keine richtige Trennlinie zwischen Beruf und Arbeit, da sie oft über die sozialen Medien oder diverse Netzwerk-Gruppen Geschäftsempfehlungen erhielt. Sie liebte ihr bewegtes Leben und freute sich darüber, dass sie immer auf Achse war. Obwohl ihr Job stressreich war, erfüllte er sie. Außerdem war sie eine gute Verkäuferin.

Als ich sie fragte, wie viel Zeit sie alleine verbrachte oder wie oft sie einfach nur dasaß und nachdachte, antwortete sie: »Oh, niemals. Ich verschwende keine Sekunde des Tages mit Grübeln. Ich bin immer aktiv.« Als ich sie daran erinnerte, dass sie nachts vielleicht deshalb so schlecht schlief, weil sie ihrem Gehirn nie eine Pause gönnte, um Dinge zu verarbeiten, lachte sie zunächst. Sie sagte: »Das ist nicht mein Problem. Ich habe während des Tages viel Zeit zum Nachdenken. Manchmal denke ich sogar über vieles gleichzeitig nach.« Ich erklärte ihr, dass das Gehirn auch eine Auszeit benötige, eine Zeit, in der es abschalten kann. Daher schlug ich ihr vor, sich mehr Zeit für sich selbst zu nehmen. Sie war nicht davon überzeugt, dass Alleinsein ihr dabei helfen könne, besser zu schlafen, aber sie wollte es ausprobieren.

Wir überlegten dann, wie sie es schaffen könne, mit ihren Gedanken allein zu sein. Sie stimmte zu, eine Zeitlang zehn Minuten vor dem Einschlafen ein Tagebuch zu führen und sich dabei nicht von Musik, dem Fernseher oder dem Handy ablenken zu lassen. Als sie in der nächsten Woche wieder zu mir kam, gab sie zu, dass die Stille schon etwas merkwürdig gewesen sei, aber dass sie es genieße, ein Tagebuch zu führen. Sie glaubte sogar, dass es ihr half, schneller einzuschlafen.

In den nächsten Wochen versuchte sie sich an Meditation und Achtsamkeitsübungen. Zu ihrer Überraschung wurden einige Minuten Meditation schnell zu einer lieben Gewohnheit. Sie hatte nun das Gefühl, ihre Gedanken seien »ruhiger«. Sie führte auch weiter Tagebuch, weil sie meinte, es gäbe ihr eine Möglichkeit, ihre Gedanken zu strukturieren. Die Meditation half ihr dabei, ihre wirren Gedanken zu ordnen. Obwohl ihre Schlafprobleme sich nicht sofort lösten, konnte sie viel schneller einschlafen.

Einsamkeitsphobie

Zeit alleine zu verbringen gehört nicht zu den Prioritäten der meisten Menschen. Für viele von uns ist dieser Gedanke nicht sehr verlockend. Manche Menschen haben regelrecht Angst davor. Finden Sie sich in einigen der Punkte wieder?

- Sie würden niemals in Ihrer Freizeit einfach nur dasitzen und nachdenken.
- Sie glauben, alleine zu sein sei langweilig.
- Sie lassen gerne den Fernseher oder das Radio im Hintergrund laufen, wenn Sie Arbeiten im Haus verrichten.
- Alleinsein und Einsamkeit sind für Sie Synonyme.
- Sie würden es niemals genießen, alleine ins Kino oder in ein Konzert zu gehen.
- Sie würden sich schuldig fühlen, etwas alleine zu unternehmen.
- Wenn Sie in einem Wartezimmer warten müssen oder ein paar Minuten Zeit zwischen Aufgaben haben, dann telefonieren Sie, senden Textnachrichten oder nutzen die sozialen Netzwerke.
- Wenn Sie alleine mit dem Auto fahren, haben Sie für gewöhnlich das Radio an oder telefonieren, um sich abzulenken.
- Zu meditieren oder Tagebuch zu führen ist reine Zeitverschwendung für Sie.
- Sie haben keine Zeit oder Gelegenheit zum Alleinsein.

Alleine mit Ihren Gedanken zu sein kann eine wichtige Erfahrung für Sie sein und darüber entscheiden, ob Sie Ihre Ziele erreichen oder nicht. Wenn Sie mental stark sein möchten, dann ist es wichtig, dass Sie sich eine Auszeit von der täglichen Hektik nehmen, damit Sie innerlich wachsen können.

Warum wir das Alleinsein meiden

Vanessa glaubte nicht, dass Alleinsein eine produktive Möglichkeit des Zeitvertreibs sei. Sie war so sehr darauf konzentriert, sich in ihrer Branche einen Namen zu machen, dass sie sich schuldig fühlte, wenn sie nicht unter Menschen war, um ihr Netzwerk zu erweitern. Sie wollte keine Gelegenheit verpassen, möglicherweise einen Vertrag abschließen zu können.

Obwohl das Alleinsein bei vielen Glaubensrichtungen mit positiven Eigenschaften verbunden ist, Jesus, Mohammed und Buddha predigten alle das Alleinsein, ist es heute eher mit negativen Konnotationen verbunden. Extreme Ausprägungen, das sogenannte »Eremitendasein«, werden in Cartoons, Märchen oder Filmen negativ dargestellt. Es wird darüber gewitzelt, dass es einen in den Wahnsinn treiben kann. Eltern verordnen ihren Kindern eine Auszeit, wenn sie sich schlecht benehmen, was signalisiert, dass es eine Strafe ist, alleine zu sein. Einzelhaft ist für Sträflinge das Schlimmste, was sie sich vorstellen können. Extreme Einsamkeit ist natürlich nicht gesund, aber das Alleinsein hat einen so negativen Beigeschmack bekommen, dass selbst kurze Zeiten schon als unangenehm empfunden werden.

Wir sind fast getrieben, uns zu verabreden, denn es ist angeblich schlecht, alleine, jedoch gut, unter Menschen zu sein. An einem Samstagabend alleine zu Hause zu sein kann einen als Versager abstempeln. Sich den Kalender mit Terminen vollzustopfen hilft, sich wichtig zu fühlen. Je öfter das Telefon klingelt und je mehr Pläne man macht, desto wichtiger scheint man zu sein.

Verabredungen dienen auch wunderbar zur Ablenkung. Wenn Sie Probleme haben, über die Sie nicht sprechen möchten, dann ist es doch einfacher, die Nachbarn einzuladen oder mit Freunden einen Einkaufsbummel zu machen. Wenn man sich nett unterhält, dann muss man ja nicht nachdenken. Auch wenn Sie keine Zeit mit Freunden verbringen können, lädt die moderne Technik Sie dazu ein, nicht alleine sein zu müssen. Fast überall kann man telefonieren, die sozialen Netzwerke erlauben einem den unmittelbaren Kontakt zu Menschen überall auf der Welt, und in jeder freien Minute, die man hat, kann man Textnachrichten verschicken.

Es gibt auch einen gesellschaftlichen Druck, produktiv

sein zu müssen. Menschen, die meinen, dass Sie immer etwas Produktives machen müssen, mögen es als verschwendete Zeit ansehen, alleine zu sein. Jede Minute des Tages muss mit Aktivitäten gefüllt sein, ob sie nun das Haus saubermachen oder eine Liste der zu erledigenden Aufgaben anfertigen. Nachdenken stellt keinen Wert dar, weil man damit keine konkreten Ergebnisse erzielt. Manche fühlen sich vielleicht sogar schuldig, weil sie glauben, nichts getan zu haben.

Viele Menschen fühlen sich sehr unwohl, wenn sie alleine sind. Sie haben sich an Chaos, unaufhörlichen Lärm und stetige Aktivitäten gewöhnt. Ruhe und Selbstsorge sind Fremdworte für sie. Sie haben vor dem Alleinsein deshalb so große Angst, weil sie wissen, dass sie dann möglicherweise über Unbequemes nachdenken. Wenn sie ein paar Minuten Zeit haben, denken sie vielleicht an etwas Trauriges oder sorgen sich um die Zukunft. Bei dem Versuch, unangenehme Gefühle zu vermeiden, beschäftigen sie ihre Gedanken so gut es geht mit anderen Sachen.

Einsamkeit wird einerseits oft mit schlechtem Schlaf, hohem Blutdruck und einem schwächeren Immunsystem und andererseits mit erhöhten Stresshormonen verbunden. Aber Alleinsein führt nicht zwangsläufig zu Einsamkeit. Viele Menschen fühlen sich einsam, wenn sie in einem Raum voller Menschen sind. Einsamkeit heißt, dass man niemanden hat, der für einen da ist. Aber Alleinsein ist eine bewusste Entscheidung, da man mit seinen Gedanken eins sein möchte.

Angst vor der Einsamkeit

Je mehr Vanessa ihre Tage mit dauernden Aktivitäten ausfüllte, desto weniger konnte ihr Gehirn in der Nacht abschalten. Und je mehr wirre Gedanken sie hatte, desto mehr versuchte sie, diese auszublenden. Das endete in einem Teufelskreis. Da ihre Gedanken sie nachts wach hielten, assoziierte sie Auszeiten mit Stress. Sie machte sogar den Fernseher an, um einschlafen zu können, weil sie sich ablenken musste.

Uns täglich unseren Verbindlichkeiten und Beziehungen zu stellen kann seinen Tribut fordern, wenn wir uns keine Zeit zur Besinnung nehmen. Leider werden die Vorteile des Alleinseins oft ignoriert. Die Forschung hat ergeben, dass den Menschen, die Angst vor dem Alleinsein haben, vieles entgeht.

Eine gelegentliche Auszeit ist gut für Kinder. Eine Studie aus dem Jahr 1997 mit dem Titel »The Emergence of Solitude as Constructive Domain and Experience in Early Adolescence« fand heraus, dass Fünft- bis Neuntklässler, die hin und wieder alleine sind, weniger verhaltensauffällig sind als andere. Sie hatten im Schnitt bessere Noten und ebenso weniger Depressionen.

- *Eine Auszeit im Büro kann die Produktivität erhöhen.* Obwohl es heute viele Großraumbüros und Brainstorming-Sitzungen mit vielen Menschen gibt, fand eine Studie im Jahr 2000 mit Namen »Cognitive Stimulation in Brainstorming« heraus, dass die meisten Menschen besser abschnitten, wenn Sie ein wenig Privatsphäre hatten. Zeit ohne andere Menschen zu verbringen erhöht die Produktivität.
- *Zeit alleine zu verbringen erhöht die Empathie.* Wenn Menschen Zeit alleine verbringen, dann zeigen sie anderen Menschen gegenüber mehr Mitgefühl. Wenn Sie viel Zeit mit sozialen Kontakten verbringen, dann entwickeln Sie eine »Ich-gegen-die-anderen«-Mentalität, die dazu führen kann, dass Sie weniger einfühlsam fremden Menschen gegenüber sind.
- *Zeit alleine zu verbringen steigert die Kreativität.* Viele erfolgreiche Künstler, Schriftsteller und Musiker führen eine erhöhte Leistung dem Alleinsein zugute. Diverse Forschungen haben gezeigt, dass es die Kreativität befördert, sich den hohen Anforderungen unserer heutigen Zeit manchmal zu entziehen.

- *Die Fähigkeit zu haben, alleine sein zu können, kommt Ihrer mentalen Gesundheit zugute.* Heute wird zwar viel Wert auf soziale Fähigkeiten gelegt, aber es ist wissenschaftlich belegt, dass es genauso wichtig für die Gesundheit ist, alleine sein zu können. Die Fähigkeit, alleine sein zu können, führt zu größerem Glücksempfinden, einer größeren Lebenszufriedenheit und besserem Stress-Management. Menschen, die gerne alleine sind, sind weniger depressiv.
- *Alleinsein führt zur Regeneration.* Zeit alleine zu verbringen gibt einem die Gelegenheit, seine Batterien wieder aufzuladen. Die Forschung hat gezeigt, dass es erholsam ist und einem Kraft gibt, wenn man Zeit alleine in der Natur verbringt.

Obwohl es eine Herausforderung sein kann, langsamer zu treten und sich Zeit für sich selbst zu nehmen, kann es zu schwerwiegenden Konsequenzen führen, wenn Sie dies nicht tun. Meine gute Freundin Alicia musste das vor einigen Jahren am eigenen Leib erfahren. Damals kannte ich sie noch nicht und war überrascht zu hören, welchen kumulativen Effekt Stress auf sie ausübte.

Sie hatte gerade ein Baby bekommen und arbeitete 25–30 Stunden pro Woche in einem Job, den sie nicht mochte. Sie hatte sich außerdem wieder an der Universität eingeschrieben, weil sie unbedingt ihren Abschluss machen wollte. Sie fühlte sich auch schuldig, weil ihr hektischer Alltag ihr viel Zeit nahm, die sie mit ihrem Baby hätte verbringen können.

Die Anforderungen des Mutterseins, der Universität und ihres Jobs forderten ihren Tribut. Sie war ständig in Sorge, und manchmal hatte sie das Gefühl, nicht mehr atmen zu können. Sie bekam Hautausschläge und war appetitlos. Aber sie ignorierte die Warnzeichen, die ihr mitteilten, dass ihr Stresslevel gefährlich hoch war. Der Tag, an dem der Stress sie übermannte, fing ganz gewöhnlich an, zumindest wurde ihr das so später erzählt. Sie kann sich nicht daran erinnern. Das Einzige, an das sie sich erinnern kann, ist, im Krankenhausbett zu liegen und ihre Familie um sich zu sehen.

Mit Schrecken hörte sie, dass sie orientierungslos an einer Tankstelle herumgeirrt sei. Ein Mitarbeiter hatte ihre Verwirrung bemerkt und den Notarzt angerufen. Das Notarzt-Team hatte ihr Fragen gestellt, zum Beispiel wie sie heiße und wo sie wohne, aber sie hatte nicht darauf antworten können. Das Einzige, was sie ihnen sagen konnte, war, dass ihr Baby alleine zu Hause sei.

Die Polizei hatte ihr Auto durchsucht und ihr Handy und ihr Portemonnaie entdeckt. Sie hatten ihre Familie kontaktiert und zu ihrer Erleichterung festgestellt, dass Alicias Mann bei dem Baby war. Laut ihrer Familie war sie am Morgen noch ganz in Ordnung gewesen. Sie hatte sich mit ihrem Mann unterhalten, sich für die Universität fertig gemacht und sich tränenreich von ihrem Baby verabschiedet. Sie hatte sogar noch im Auto mit ihrem Vater telefoniert. Aber irgendwo auf dem Weg zur Universität hatte sie die Orientierung verloren.

Nachdem feststand, dass sie weder Alkohol noch Drogen zu sich genommen hatte, schlossen die Ärzte einen Herzinfarkt oder einen Schlaganfall aus. Als alle Tests negativ waren, diagnostizierte man bei ihr eine transiente globale Amnesie, eine seltene Form der kurzzeitigen Amnesie, die durch großen emotionalen Stress hervorgerufen werden kann. Alicia hatte Glück, und die Symptome ließen nach einigen Tagen nach, so dass sie keine langfristigen Schäden davontrug.

Dieses Ereignis öffnete Alicia endlich die Augen dafür, wie wichtig es war, auf sich selbst zu achten. Jetzt ist sie ruhiger und nimmt sich jeden Tag Zeit für etwas, das ihr Spaß macht, wie mit ihrem Hund spazieren zu gehen oder im Garten zu arbeiten. Sie ist sich ihres Stresslevels jetzt viel bewusster und passt auf sich auf. Diese Geschichte steht beispielhaft dafür, wie wichtig es ist, zu entschleunigen und auf Warnzeichen zu achten.

Gewöhnen Sie sich daran, öfter mal alleine zu sein

Vanessas Tage waren komplett verplant. Die einzige Möglichkeit, Zeit alleine zu verbringen, war, ihre Auszeiten wie andere Termine in ihren Kalender einzutragen und ihnen die gleiche Wertigkeit einzuräumen. Ebenso musste sie dies als Übung betrachten. Neue Fähigkeiten zu erlernen, wie Meditation oder Achtsamkeit und jeden Tag Tagebuch zu führen, erfordert Engagement.

Üben Sie es, Stille zu ertragen

Die meisten von uns sind während des Tages von Lärm umgeben. Manchmal suchen Menschen geradezu nach hektischer Betriebsamkeit, um mit ihren Gedanken nicht alleine sein zu müssen. Schlafen Sie oder jemand, den Sie kennen, mit laufendem Radio oder Fernseher ein? Es ist ungesund, unsere Gedanken vertreiben zu wollen, indem wir uns mit ständigem Lärm umgeben. Einige wenige ruhige Momente am Tag können uns helfen, unsere Batterien wieder aufzuladen. Nehmen Sie sich jeden Tag wenigstens zehn Minuten Zeit, um ganz alleine stillzusitzen und nichts anderes zu tun, als nachzudenken. Wenn Sie es gewohnt sind, ständig Lärm und Aktivitäten um sich zu haben, dann mag Stille ungewohnt sein. Mit der Zeit bekommen Sie jedoch Übung darin. Nutzen Sie eine Ruhepause, um Folgendes zu tun:

- *Denken Sie über Ihre Ziele nach.* Denken Sie jeden Tag einige Momente darüber nach, was Ihre beruflichen Ziele sind. Beurteilen Sie, wie es Ihnen geht, und denken Sie über Veränderungen nach.
- *Achten Sie auf Ihre Gefühle.* Überprüfen Sie, wie es Ihnen physisch und psychisch geht. Denken Sie an Ihre Stressbelastung. Entscheiden Sie, ob Sie wirklich gut auf sich

achtgeben, und denken Sie über Möglichkeiten nach, wie Sie Ihr Leben verbessern können.

- *Setzen Sie sich Ziele für die Zukunft.* Hören Sie nicht auf, über Ihre Zukunft nachzudenken. Ein erster Schritt, um das Leben zu leben, das man führen möchte, ist, zu entscheiden, wie die Zukunft aussehen soll.
- *Schreiben Sie ein Tagebuch.* Ein Tagebuch zu führen kann sehr hilfreich sein, um die eigenen Emotionen besser zu verstehen und aus ihnen zu lernen. Die Forschung hat gezeigt, dass es unser Immunsystem stärkt, wenn wir Erfahrungen und die dabei involvierten Gefühle schriftlich festhalten. Es vermindert Stress und verbessert unsere mentale Gesundheit.

Wir leben heute in einer Welt, in der wir permanent mit anderen Menschen verbunden sein können. Aber die Digitalisierung führt dazu, dass wir seltener mit unseren Gedanken alleine sind. Auf dem Handy Nachrichten zu überprüfen, die sozialen Medien zu checken und Nachrichten aus aller Welt zu lesen benötigt Zeit. Hier und da einige Minuten damit zu verbringen kann sich zu einigen Stunden pro Tag summieren. Diese ständige Kommunikation unterbricht die täglichen Aktivitäten und kann zu Angst und einem erhöhten Stresslevel führen. Nehmen Sie sich eine technische Auszeit, und integrieren Sie mehr stille Zeit in Ihren Tag, indem Sie Folgendes versuchen:

- Machen Sie den Fernseher aus, wenn Sie nicht davorsitzen.
- Lassen Sie das Radio aus, wenn Sie Auto fahren.
- Gehen Sie ohne Ihr Handy spazieren.
- Machen Sie alle elektronischen Geräte ab und zu aus, um sich eine Pause zu gönnen.

Verabreden Sie sich mit sich selbst

Damit allein verbrachte Zeit Wirkung zeigt, muss sie eine bewusste Wahl sein. Ältere Menschen, die alleine und von der Gesellschaft isoliert leben, fühlen sich schnell einsam. Aber Menschen, die ein hektisches Leben führen, das viele soziale Interaktionen beinhaltet, können aus dem Alleinsein Ruhe schöpfen. Wenn es Ihnen Unbehagen bereitet, Zeit alleine zu verbringen, dann machen Sie etwas Positives. Nehmen Sie sich nicht nur einige Minuten pro Tag, sondern treffen Sie mit sich selbst mindestens einmal im Monat eine Verabredung, um alleine zu sein.

Dies bedeutet, dass Sie etwas alleine unternehmen, und zwar nicht, weil Sie keine sozialen Kontakte haben, sondern weil es gesund ist. Eine Studie aus dem Jahr 2011 mit dem Titel »An Exercise to Teach the Psychological Benefits of Solitude: The Date with the Self« ergab, dass die meisten Menschen hierbei Ruhe und Zufriedenheit empfunden haben. Sie haben es genossen, tun und lassen zu können, was sie wollten.

Während es für den einen eine besinnliche und erbauende Erfahrung ist, mit dem Boot hinauszufahren und auf dem See zu angeln, halten viele dies für schrecklich langweilig. Wenn Sie etwas ablehnen, werden Sie es nicht lange durchhalten. Das Beste ist, sich einige Aktivitäten zu suchen, die Sie gerne alleine machen, und diese in Ihre tägliche Routine mit einzubauen.

Wenn Sie gerne in der Natur sind, dann verbringen Sie Zeit im Wald. Wenn Sie eine gute Mahlzeit lieben, dann gehen Sie in ein Restaurant Ihrer Wahl. Sie müssen nicht alleine zu Hause bleiben. Machen Sie etwas, was Sie gewöhnlich nicht täten, wenn Sie mit Menschen zusammen sind. Stecken Sie aber bitte nicht die Nase in ein Buch oder versenden Textnachrichten auf dem Handy. Es geht darum, alleine mit seinen Gedanken zu sein.

Üben Sie Meditation

Früher hieß es, Meditation sei nur etwas für Mönche und Hippies. Heute ist sie anerkannt. Viele Ärzte, Vorstände, Stars und Politiker genießen den wunderbaren Einfluss, den die Meditation auf ihre physische, mentale und spirituelle Gesundheit hat. Die Forschung hat gezeigt, dass Meditation die Hirnströme verändert, dass sich Ihr Gehirn auch physisch verändert. Die Hirnregionen, die fürs Lernen, für Erinnerung und Gefühle zuständig sind, verdicken sich nach einigen Monaten Meditation.

Meditation ist mit einer Reihe von emotionalen Vorteilen verbunden und hilft, schlechte Gefühle zu verringern und in stressreichen Situationen neue Perspektiven zu entwickeln. Einige Studien besagen, dass Meditation Angst und Depression verhindern kann. Einige haben sogar ergeben, dass Meditation die Behandlung physischer Krankheiten wie Asthma, Krebs oder Herzbeschwerden unterstützen kann. Sicher werden auch einige dieser Forschungsergebnisse angezweifelt, doch es ist offensichtlich, dass Meditation großen Einfluss auf den Körper hat. Fragen Sie nur Wim Hof.

Hof wird der Eismann genannt, weil er durch Meditation in der Lage ist, extreme Kälte auszuhalten. Dank der unglaublichen Kunststücke, die der Holländer vollbringt, hält er zwanzig Weltrekorde. Einer davon ist, über eine Stunde vollkommen mit Eis bedeckt auszuharren. Er hat den Kilimandscharo bestiegen, ist Marathons um den Polarkreis gelaufen und hat sogar in Shorts den Mount Everest bis auf halbe Höhe bestiegen (dann musste er aufgrund einer Fußverletzung unterbrechen). Skeptische Forscher haben eine Reihe von Tests mit ihm gemacht, weil sie glaubten, er sei ein Betrüger. Festgestellt wurde jedoch, dass er während der Meditation in der Lage ist, eine gleichbleibende Körpertemperatur zu halten, obwohl er extremen Temperaturen ausgesetzt ist.

Hofs Geschichte ist ein gutes Beispiel für die unglaubliche Verbindung von Körper und Geist.

Es gibt verschiedene Arten der Meditation, also sollten Sie recherchieren, welche für Sie die richtige ist. Aber Meditation muss keine komplizierte Angelegenheit sein. Es reichen oft schon fünf Minuten am Tag, um Ihre Gedanken zu beruhigen und eine bessere Selbstwahrnehmung zu entwickeln.

Einfache Schritte zur Meditation

Einfache Meditationsübungen können Sie überall und zu jeder Zeit machen.

- **Setzen Sie sich entspannt hin** – Finden Sie eine Position, die ein gerades Rückgrat ermöglicht, entweder auf einem Stuhl oder auf dem Boden.
- **Konzentrieren Sie sich auf Ihren Atem** – Atmen Sie tief und langsam ein und aus. Spüren Sie Ihren Atem beim Ein- und Ausatmen.
- **Lenken Sie Ihre Aufmerksamkeit auf Ihre Atmung** – Ihre Gedanken werden bei der Meditation abschweifen. Wenn dies so ist, richten Sie Ihren Fokus auf die Atmung.

Achtsamkeitsfähigkeiten

Achtsamkeit wird oft synonym für Meditation benutzt, aber sie ist nicht das Gleiche. Achtsamkeit bedeutet, sehr wachsam zu beobachten, was in einem Moment passiert, ohne zu werten. In der heutigen Zeit neigen wir dazu, verschiedene Dinge gleichzeitig zu machen. Wir verschicken Textnachrichten, während wir mit dem Hund spazieren gehen, wir hören Radio, während wir die Küche reinigen, oder wir sprechen mit jemandem, während wir am Laptop etwas tippen. Anstatt uns aufmerksam einer Sache zu widmen, grenzen wir uns aus. Unsere Gedanken wandern mitten in einer Unterhaltung ab. Wir wissen nicht, wo wir unseren Autoschlüssel hingelegt haben, obwohl wir ihn gerade noch in der Hand gehalten haben. Und manchmal wissen wir sogar nicht, ob wir uns in der Dusche die Haare schon gewaschen haben oder nicht.

Die Forschung über Achtsamkeit verweist auf ähnliche Vorteile wie bei der Meditation: verminderter Stress, weniger depressive Symptome, eine besseres Erinnerungsvermögen, weniger emotionale Reaktivität und sogar bessere Beziehungen. Viele Forscher meinen, dass Achtsamkeit der Schlüssel zum Glück sei. Sie wird auch mit einer besseren Gesundheit verbunden, zum Beispiel mit einem besseren Immunsystem und weniger Entzündungen bei Stress.

Statt darüber nachzudenken, was »richtig« oder »falsch« ist oder wie Dinge sein »sollten«, erlaubt Achtsamkeit uns, die Gedanken so zu akzeptieren, wie sie gerade fließen. Achtsamkeit steigert die Wahrnehmung und hilft Ihnen, sich auf jede Tagesaktivität ganz bewusst »einzulassen«. Sie sorgt dafür, dass Sie sich wohler fühlen, wenn Sie Ihren Gedanken nachgehen, und hilft Ihnen, den Moment zu genießen.

Genauso wie Meditation können Sie Achtsamkeit über Bücher, Videos, Workshops und Kurse erlernen. Sie wird unterschiedlich gelehrt. Wenn Ihnen also eine Methode nicht hilft, dann probieren Sie eine andere aus. Wichtig ist, dass Sie Achtsamkeit üben und sich Zeit dafür nehmen. Langfristig können Sie so Ihre Lebensqualität erhöhen und das Alleinsein mit anderen Augen sehen.

Achtsamkeit üben

Viele verschiedene Übungen können Ihnen dabei helfen, Achtsamkeit zu üben. Je mehr Sie üben, desto bewusster und aufmerksamer sind Sie während Ihrer Tagesaktivitäten. Hier sind einige Übungen, die Ihnen dabei helfen können, Achtsamkeit zu entwickeln.

- **Untersuchen Sie Ihren Körper** – Betrachten Sie ganz langsam jeden Körperteil, von Ihren Zehenspitzen bis zum Kopf.

Schauen Sie, welche Körperteile vielleicht angespannt sind, und üben Sie, Ihre Muskeln zu entspannen.

- **Zählen Sie bis zehn** – Schließen Sie die Augen, und zählen Sie langsam bis zehn. Achten Sie darauf, ob Ihre Gedanken abwandern. Fokussieren Sie sich wieder auf langsames Zählen.
- **Schauen Sie bewusst hin** – Finden Sie ein Objekt im Haus, das Sie täglich benutzen, wie einen Stift oder eine Tasse. Halten Sie das Objekt in der Hand, und konzentrieren Sie sich darauf. Schauen Sie, wie es aussieht und wie es sich in Ihrer Hand anfühlt, ohne eine Wertung oder Beurteilung abzugeben. Konzentrieren Sie sich auf das Hier und Jetzt.
- **Richten Sie Ihre volle Aufmerksamkeit auf einen Bissen Essen** – Nehmen Sie sich eine Nuss oder eine Rosine, und erforschen Sie diese mit allen Sinnen. Betrachten Sie ihre Farbe und ihre Konsistenz. Dann nehmen Sie diese in die Hand. Anschließend riechen Sie an ihr. Nun stecken Sie diese in den Mund, und probieren Sie sie. Kauen Sie langsam, achten Sie auf ihren Geschmack und wie sie sich in Ihrem Mund anfühlt. Tun Sie dies mindestens zwanzig Sekunden lang.

Wie es Sie stärkt, Zeit alleine zu verbringen

Als Vanessa einmal verstanden hatte, wie sie ihre sich überschlagenden Gedanken kontrollieren konnte, wurde ihr klar, dass sie keine Medizin mehr benötigte, um besser zu schlafen. Stattdessen setzte sie nun Meditation und Achtsamkeit ein, um ihre Gedanken vor dem Einschlafen zu beruhigen. Sie bemerkte auch, wie dies ihr berufliches Leben beeinflusste. Sie fühlte sich jetzt produktiver und weniger desorganisiert, obwohl ihr Tagesablauf chaotisch war.

Fähigkeiten zu erlernen, um seine Gedanken zu beruhigen und alleine sein zu können, kann eine lebensverändernde und einschneidende Erfahrung sein. In seinem Buch ›10 %

Happier‹ beschreibt Dan Harris, wie Meditation sein Leben verändert hat. Als Co-Moderator der Sendung *Nightline* des Senders ABC und als Wochenend-Moderator von *Good Morning America* war es wichtig, dass er an jedem Tag, an dem er auf Sendung war, sein Bestes gab. Eines Tages ergriff ihn während des Lesens einer Nachricht eine Panikattacke. Er war von Angst so überwältigt, dass er kaum sprechen konnte, ganz außer Atem war und sich kurz fassen musste. Später fand er heraus, dass diese Panikattacke, der für ihn peinlichste Moment seines Lebens, daher rührte, dass er seine vorherige Depression mit Ecstasy und Kokain behandelt hatte. Diese Panikattacke motivierte ihn, einen anderen Weg einzuschlagen.

Zu ungefähr der gleichen Zeit sollte Harris einen Bericht über Religion schreiben. Teil seiner Aufgabe war es, sich mit Meditation zu befassen. Obwohl er anfangs geglaubt hatte, dass Meditation nie etwas sein könne, was ihn interessierte, wurde er, je mehr er sich damit befasste, empfänglicher dafür. Im Laufe der Zeit entdeckte er, wie Meditation ihm helfen konnte, realistische Strategien zu entwickeln, um seine Angstgefühle zu lindern.

In seinem Buch schreibt er: »Solange wir uns nicht intensiv mit unserer Psyche befassen, wissen wir nicht, was es bedeutet, zu leben.«

Zeit alleine zu verbringen, ob man nun meditiert oder sich eine Auszeit nimmt, um über die eigenen Ziele nachzudenken, ist das Beste, um sich selbst besser kennenzulernen. Genauso wie es wichtig ist, eine schöne Zeit mit den Menschen, die man liebt, zu verbringen, ist es wichtig, dass Sie Zeit in sich selbst investieren. Eine verbesserte Selbstwahrnehmung kann Ihnen dabei helfen, zu erkennen, was Sie davon abhält, Ihr volles Potential zu entfalten.

Fehlerbehebung und gängige Fallen

Wenn Sie davon träumen, auf einer einsamen Insel zu stranden, dann müssen Sie öfter mal alleine sein. Fürchten Sie sich nicht davor, Zeit alleine zu verbringen. Es ist weder egoistisch noch auf irgendeine Art und Weise verschwendete Zeit. Es könnte eins der besten Dinge sein, die Sie jemals für sich selbst tun. Es kann Ihr Leben auf vielerlei Art positiv beeinflussen und Ihnen helfen, jeden Moment zu genießen, statt von einer Aufgabe zur nächsten zu hetzen, ohne wirklich zu bemerken, was um Sie herum passiert.

Was hilft

Zu lernen, Stille willkommen zu heißen.
Jeden Tag ein paar Minuten alleine mit seinen Gedanken zu sein.
Sich wenigstens einmal im Monat mit sich selbst zu verabreden.
Meditieren zu lernen, um seine Gedanken zu beruhigen.
Achtsamkeitsfähigkeiten zu üben, um sich auf eine Aufgabe konzentrieren zu können.
Ein Tagebuch zu führen, um seine Gefühle zu verarbeiten.
Jeden Tag seinen Fortschritt und seine Ziele zu überprüfen.

Was nicht hilfreich ist

Immer von einer Geräuschkulisse umgeben zu sein.
Von einer Aktivität zur nächsten zu hetzen.
Seinen Kalender mit Verabredungen zu füllen, ohne Zeit für sich selbst zu haben.
Während des Tages zu viele Dinge gleichzeitig zu machen und sich damit auszugrenzen.
Sich seine Aufgabenliste anzuschauen und einen Tag später zu beurteilen, wie viel man davon erledigt hat.

Kapitel 12

Sie denken nicht, dass das Leben ihnen etwas schuldig ist

Sagen Sie nicht, das Leben schulde Ihnen Ihren Lebensunterhalt. Das Leben schuldet Ihnen gar nichts.

Robert Jones Burdette

Lucas kam zu mir, weil die Personalabteilung seiner Firma ihm vorgeschlagen hatte, zu einer Mitarbeiterberatung zu gehen, da er zuletzt einige Probleme auf der Arbeit hatte. Mit Hilfe des firmeninternen Programms könne Lucas kostenlos von einigen Beratungsstunden profitieren.

Lucas hatte erst kürzlich, nach Abschluss seines MBAs, diesen guten Job angetreten. Er war sehr froh und stolz darauf, und er war begeistert von der Firma, für die er arbeitete. Aber er hatte das Gefühl, dass seine Kollegen nicht genauso erfreut darüber waren, ihn mit an Bord zu haben. Er erklärte mir, dass er oft Vorschläge machte, wie sein Vorgesetzter die Profitabilität der Firma verbessern könne, und er versuchte, seinen Kollegen dabei zu helfen, effizienter und produktiver zu arbeiten. Er unterbreitete seine Ideen bei den wöchentlichen Team-Besprechungen, aber er hatte nicht das Gefühl, dass ihm jemand zuhörte. Er hatte sogar schon einen Termin bei seinem Chef gemacht, um ihn zu bitten, ihm eine Führungsaufgabe zu übertragen. Er dachte, wenn er mehr Autorität hätte, würden die anderen seine Ratschläge befolgen.

Zu seinem Entsetzen war sein Chef nicht daran interessiert, ihn zu befördern. Stattdessen hatte er ihm geraten, einen Gang herunterzuschalten, wenn er weiter beschäftigt bleiben wolle, weil sich seine Kollegen schon jetzt über seine Haltung negativ geäußert hatten. Nach dieser Unterredung war Lucas zur Personalabteilung gegangen, um sich zu beschweren, und da wurde ihm die Mitarbeiterberatung vorgeschlagen.

In unserem Gespräch betonte Lucas, dass er der Ansicht war, eine Beförderung zu verdienen. Obwohl er neu war in der Firma, war er sich sicher, dass er tolle Ideen hatte, wie man die Geschäfte vorantreiben könne, und er war auch der Ansicht, mehr verdienen zu müssen. Wir sprachen zunächst über seine Einschätzung, ein besonders wertvoller Angestellter zu sein und warum sein Arbeitgeber dies möglicherweise anders sah. Wir sprachen auch über die Konsequenzen seiner kühnen Einschätzung. Er erkannte, dass seine ungefragte Meinung zu Problemen im Büro seine Kollegen und seine Vorgesetzten nervte.

Als Lucas eingesehen hatte, dass seine Ich-weiß-alles-besser-Einstellung bei den andern nicht gut ankam, überlegten wir, wie es wohl für seine Kollegen sei, mit ihm zu arbeiten. Manche waren schon jahrzehntelang in der Firma beschäftigt und versuchten in kleinen Schritten, die Karriereleiter hochzuklettern. Lucas verstand, dass sich manche frustriert fühlen mussten, wenn jemand, der gerade frisch vom College kam, ihnen Ratschläge erteilen wollte. Er gab zu, oft zu denken, dass seine Kollegen »dumm« seien, und wir besprachen, dass sich seine Gedanken möglicherweise in einem dominanten Ton äußerten. Wir arbeiteten daran, seine Gedanken neu zu ordnen, damit er einsah, welchen Beitrag langjährige Mitarbeiter für ein Unternehmen leisten können. Statt sie als »dumm« zu bezeichnen, versuchte er, zu verstehen, dass sie Dinge einfach anders handhabten als er. Immer wenn von ihm der Gedanke Besitz ergriff, er sei ein besserer Angestellter, erinnerte er sich daran, dass er gerade erst vom College kam und noch viel zu lernen hatte.

Lucas war bereit, eine Verhaltensliste zu erstellen, wie sein Arbeitgeber seine besten Mitarbeiter sah. Als er diese fertig hatte, sprachen wir darüber, wie viele dieser Eigenschaften er denn hätte. Er gab zu, nicht alle Dinge auf dieser Liste zu tun, wie zum Beispiel andere Mitarbeiter zu unterstützen und sich respektvoll zu verhalten. Stattdessen war er fordernd und prahlte mit seinem Wissen.

Lucas war damit einverstanden, seine neue Sicht auf die Dinge im Büro anzuwenden. Als er einige Wochen später zu unserer nächsten Besprechung kam, berichtete er von einigen Veränderungen, an denen er gearbeitet hatte. Er sagte, er hätte anderen weniger ungefragten Rat angeboten. Die Folge davon war, dass andere mehr auf ihn zukamen, um nach seiner Meinung zu fragen. Er hielt dies für einen Schritt in die richtige Richtung und war sich sicher, dass er weiter daran arbeiten konnte, ein wertvoller Mitarbeiter zu werden, statt ein unersetzbarer Mitarbeiter zu sein, für den er sich gehalten hatte.

Zentrum des Universums

Wir wollen alle gerecht behandelt werden. Wenn Sie jedoch annehmen, dass man Ihnen etwas schuldig ist, nur weil Sie sind, wie Sie sind, oder weil Sie etwas Schlimmes erlebt haben, ist das nicht gesund. Stimmen Sie den folgenden Punkten zu?

- ☐ Sie glauben, dass Sie die meisten Dinge überdurchschnittlich gut können, wie zum Beispiel Auto fahren oder mit anderen Menschen umgehen.
- ☐ Sie neigen dazu, sich bei Problemen herauszureden, statt die Konsequenzen zu tragen.
- ☐ Sie meinen, dass Sie dazu bestimmt sind, erfolgreich im Leben zu sein.
- ☐ Sie glauben, dass der Wert eines Menschen von seinem materiellen Besitz abhängt.
- ☐ Sie glauben, dass Sie es verdienen, glücklich zu sein.
- ☐ Sie glauben, dass Sie schon genug Probleme im Leben hatten, und dass es jetzt an der Zeit sei, dass Ihnen Gutes widerfährt.
- ☐ Sie sprechen lieber über sich, als dass Sie anderen zuhören.

- ☐ Sie glauben, dass Sie auch ohne hart zu arbeiten Erfolg haben werden.
- ☐ Manchmal kaufen Sie sich etwas, obwohl Sie es sich nicht leisten können, und rechtfertigen sich damit, dass Sie es sich wert sind.
- ☐ Sie halten sich in vielen Dingen für einen Experten.

Sie können lernen, sich nicht mehr darüber zu beschweren, nicht das zu bekommen, was Sie zu verdienen glauben.

Warum wir denken, das Leben sei uns etwas schuldig

Lucas war als Einzelkind aufgewachsen. Seine Eltern hatten ihm vermittelt, er sei die geborene Führungspersönlichkeit und würde auf jeden Fall erfolgreich im Leben sein. Als er seinen College-Abschluss gemacht hatte, fühlte er sich für Großes bestimmt. Er nahm an, dass jedes Unternehmen sein Talent sofort erkennen und sich glücklich schätzen würde, ihn in seinem Team zu haben.

Menschen wie Lucas gibt es überall. Und obgleich es uns leichter fällt, diese Charakterzüge in anderen zu entdecken, denken und handeln wir selbst auch oft so, ohne es zu bemerken.

Wir leben heute in einer Welt, in der Rechte mit Privilegien verwechselt werden. Oft denken Menschen, sie hätten ein Recht darauf, glücklich zu sein und respektvoll behandelt zu werden, auch wenn dies bedeutet, dass sie die Rechte anderer beschneiden, um das zu bekommen, was sie wollen. Statt sich Privilegien zu erarbeiten, benehmen sie sich, als ob die Gesellschaft ihnen etwas schuldig sei.

Dennoch hat dieses Empfinden nicht immer nur mit einem Gefühl von Überlegenheit zu tun. Manchmal empfindet man das Leben einfach nur als ungerecht. Jemand, der zum Beispiel eine schwere Kindheit hatte, kauft sich möglicherweise später mit seinen Kreditkarten alles, was er als Kind nie besessen hat. Vielleicht meint er, die Gelegenheit nutzen zu müssen, endlich die schönen Dinge zu besitzen, die er als Kind entbehren musste. Dieses Anspruchsdenken ist genauso schlecht, wie sich für etwas Besseres zu halten.

Jean Twenge, Psychologin und Autorin der Bücher ›Generation Me‹ und ›Narcissism Epidemic‹ hat viele Studien über Narzissmus und Anspruchsdenken betrieben. Sie fand heraus, dass die jüngere Generation ein großes Konsumdenken hat, aber nicht dafür arbeiten will. Sie entdeckte verschiedene Ursachen für diesen Widerspruch:

- *Die Bemühungen, Kinder dabei zu unterstützen, ein starkes Selbstbewusstsein zu entwickeln, sind zu weit gegangen.* In der Schule und zu Hause wird Kindern vermittelt, dass sie alle etwas Besonderes sind. Kindern T-Shirts mit der Aufschrift »Alles dreht sich um mich« zu kaufen und ihnen wiederholt zu sagen, dass sie die Besten seien, verleitet sie zur Selbstgefälligkeit.
- *Kinder zu nachsichtig zu erziehen hält sie davon ab, später Verantwortung für ihr Handeln zu übernehmen.* Wenn Kinder alles bekommen, was sie wollen, und keine Konsequenzen für ihr schlechtes Verhalten spüren, dann lernen sie nicht, wie es ist, sich etwas selbst zu erarbeiten.
- *Die sozialen Medien heizen die falschen Meinungen über den eigenen Stellenwert nur an.* Junge Menschen können sich ein Leben ohne Selfies und Blogs, in denen sie sich selbst darstellen, gar nicht mehr vorstellen. Es ist nicht bewiesen, ob die sozialen Medien den Narzissmus fördern oder ob sie nur eine Plattform für das Überlegenheitsgefühl vieler Menschen sind. Menschen nutzen soziale Medien aber auf jeden Fall, um ihr Selbstwertgefühl zu steigern.

Wenn das Anspruchsdenken übermächtig wird

Lucas' Anspruchsdenken machte es ihm schwer, kollegiale Freundschaften zu schließen. Auch würde es ihm in naher Zukunft keine Beförderung einbringen.

Eine Anspruchshaltung hält einen mental davon ab, sein Leben auf Leistung aufzubauen. Sie werden wahrscheinlich weniger hart arbeiten, wenn Sie sich ständig darüber beschweren, dass Sie nicht das bekommen, was Ihnen zusteht. Stattdessen haben sie hohe Erwartungen, weil Sie sind, wer Sie sind, und weil Sie schon so viel durchgemacht haben. Sie werden nicht in der Lage sein, Verantwortung zu übernehmen, wenn Sie sich nur darauf konzentrieren, Ihre Ansprüche geltend zu machen.

Sie werden an Menschen unrealistische Forderungen stellen oder zu fokussiert darauf sein, das zu bekommen, was Sie zu verdienen glauben, um vernünftige Beziehungen führen zu können.

Wenn Sie ständig fordern »Ich verdiene es, dass man sich um mich kümmert und gut behandelt«, dann werden Sie Probleme damit haben, jemandem Liebe und den Respekt zu geben, den er verdient, und den Sie selbst auch erhalten möchten.

Wenn Sie sich auf sich selbst konzentrieren, dann ist Empathie aufzubringen eine große Herausforderung für Sie. Warum sollten Sie anderen Menschen Zeit und Geld schenken, wenn Sie immer nur denken *Ich verdiene es, mir schöne Sachen zu kaufen.* Statt Freude im Geben zu empfinden, werden Sie zu sehr darauf fixiert sein, was Sie alles noch nicht besitzen.

Wenn Sie nicht alles bekommen, was Sie möchten, dann wird Ihr Anspruchsdenken zu Verbitterung führen, weil Sie meinen, dass Sie ein Opfer Ihrer Umstände sind. Anstatt das zu genießen, was Sie haben und sich leisten können, werden Sie sich darauf konzentrieren, was Sie nicht besitzen und nicht tun können. So werden Sie das Beste im Leben verpassen.

Nehmen Sie sich nicht so wichtig

Lucas musste lernen zu verstehen, wie seine Anspruchshaltung ihn selbst und die Menschen um ihn herum beeinflusste. Als ich ihm die Augen darüber öffnete, wie andere ihn sahen, konnte er endlich damit beginnen, seine Mitarbeiter in einem anderen Licht zu sehen und ihnen anders gegenübertreten. Seine Bereitschaft, hart zu arbeiten und etwas demütiger zu sein, führte dazu, dass er seinen Job behalten konnte.

Machen Sie sich Ihr Anspruchsdenken bewusst

Wir sehen sie jeden Tag in den Medien: die Reichen, die Schönen, die Politiker. Sie verhalten sich so, als gelten normale Gesetze und Regeln für sie nicht, weil sie etwas Besonderes sind. Nehmen wir als Beispiel den Teenager, der sich vor Gericht dafür verantworten musste, in betrunkenem Zustand Auto gefahren zu sein und vier Menschen in Texas getötet zu haben. Die Verteidigung wollte geltend machen, der Junge leide unter »Affluenza«, was heißt, dass er die Gesetze nicht befolgen müsse. Es wurde ernsthaft vorgetragen, dass man ihn nicht bestrafen solle, da er in einer reichen Familie aufgewachsen sei und Eltern habe, die ihn verwöhnen und nie zur Verantwortung ziehen. Der Teenager wurde dazu verurteilt, ein Rehabilitationsprogramm für Alkoholmissbrauch zu absolvieren, und ansonsten auf Bewährung freigelassen. Dies lässt einen natürlich daran zweifeln, ob nicht für gewisse Menschen doch andere Gesetze gelten.

Andere unterschwellige Formen von Anspruchsdenken finden wir überall. Wenn man nicht seinen Traumjob bekommt, dann sagen Freunde für gewöhnlich »Nicht so schlimm, du wirst einen besseren Job finden«, oder »Du hast etwas Gutes verdient, nach allem, was du erlebt hast«. Aber obwohl eine gute Absicht dahintersteckt, funktioniert es im Leben so nicht. Egal, ob Sie die klügste Person auf der Welt sind oder das

Schlimmste erlebt haben, es steht Ihnen nicht zu, mehr Glück im Leben zu haben als andere.

Versuchen Sie, sich dieses unterschwellige Anspruchsdenken bewusstzumachen. Überlegen Sie, ob Sie nicht insgeheim Folgendes denken:

- *Ich verdiene etwas Besseres im Leben.*
- *Ich werde dieses Gesetz nicht befolgen, weil es dumm ist.*
- *Ich bin mehr wert als andere.*
- *Ich bin dazu bestimmt, erfolgreich zu sein.*
- *Mir wird Gutes widerfahren.*
- *Ich war immer schon etwas Besonderes.*

Die meisten Menschen, die eine Anspruchshaltung haben, besitzen keine gute Selbstwahrnehmung. Sie glauben, dass andere sie so sehen, wie sie sich selbst sehen. Machen Sie sich bewusst, wie Sie denken, und beachten Sie Folgendes:

- *Das Leben ist nicht fair.* Es gibt keine höhere Macht oder irgendjemand auf Erden, der dafür sorgt, dass alle Menschen fair und gleich behandelt werden. Manche Menschen machen positivere Erfahrungen als andere. So ist das Leben eben, aber das bedeutet nicht, dass Ihnen irgendjemand etwas schuldig ist, wenn Sie schlecht behandelt worden sind.
- *Ihre Probleme sind nicht einzigartig.* Obwohl das Leben anderer nicht exakt so ist wie Ihres, so haben andere Menschen doch ähnliche Probleme, erleben ähnliche Tragödien oder Leid wie Sie. Wahrscheinlich gibt es viele Menschen, denen Schlimmeres widerfahren ist als Ihnen. Niemand hat je gesagt, dass das Leben leicht ist.
- *Sie können entscheiden, wie Sie mit Enttäuschungen umgehen.* Auch wenn Sie Ihre Situation nicht verändern können, so können Sie doch entscheiden, wie Sie darauf reagieren wollen. Sie haben es in der Hand, wie Sie mit Problemen,

Umständen oder Tragödien umgehen, ohne eine Opferhaltung einzunehmen.

- *Ihnen steht nicht mehr zu als anderen.* Obwohl jeder Mensch einzigartig ist, sind Sie noch lange nicht besser als andere Menschen. Es gibt keinen Grund dafür, dass Ihnen Besseres widerfährt oder dass Sie keine Zeit und Mühe investieren müssen, um die Früchte zu ernten.

Geben Sie, statt zu nehmen

Zum ersten Mal hörte ich den Ausdruck »Sarahs Haus« in einer Radiowerbung für eine Spendensammlung. Erst später wurde mir klar, dass Sarah und ich in der gleichen Stadt aufgewachsen waren. Ich hatte sie sogar vorher schon einmal gesehen. Am Abend vor dem Tod meiner Mutter waren wir in einer Sporthalle bei einem Basketballspiel gewesen, und ich erinnere mich, dass bei dem Spiel Zwillinge mitgespielt hatten. Eine davon war Sarah Robinson.

Später lernte ich dann auch ihre Zwillingsschwester Lindsay Turner kennen, und sie erzählte mir alles über Sarah. Als Sarah vierundzwanzig Jahre alt war, hatte man bei ihr einen Gehirntumor festgestellt. Sie wurde operiert und erhielt ein Jahr lang Chemotherapie, bevor sie ihren Kampf gegen den Krebs verlor. Während der Therapie konzentrierte sich Sarah nicht darauf, wie unfair es sei, dass ausgerechnet sie Krebs bekommen hatte, denn sie war zu sehr damit beschäftigt, anderen Menschen zu helfen.

Sarah hatte während der Therapie andere Krebspatienten kennengelernt und war schockiert darüber, dass manche weite Distanzen zurücklegen mussten, um überhaupt therapiert werden zu können. Im ländlichen Gebiet von Maine zu leben hieß, dass sie bis zu fünf Stunden Fahrzeit in Kauf nehmen mussten, und das fünfmal in der Woche sechs Wochen lang, weil sie sich kein Hotelzimmer leisten konnten. Manche schliefen sogar auf dem Parkplatz von Wal Mart in ihren Autos. Sie wusste, dass das nicht besonders förderlich beim Kampf ums Überleben sein konnte.

Sarah wollte helfen und hatte zuerst darüber gewitzelt, Stockbetten zu besorgen, damit alle bei ihr übernachten konnten, aber sie wusste, dass das keine langfristige Lösung war. Daher hatte sie die Idee, ein Gästehaus in der Nähe der Klinik zu eröffnen. Sarah war seit einigen Jahren Mitglied des ortsansässigen Rotary Clubs. Das Motto des Clubs ist »Selbstloses Dienen«, was Sarahs Lebenseinstellung sehr entsprach. Sie trug ihre Idee vor, und die Mitglieder stimmten zu, ihr bei der Umsetzung ihrer Idee zu helfen.

Sie war sehr enthusiastisch bei der Sache, um ihren Traum real werden zu lassen. Ihre Familie berichtet, dass sie sogar nachts aufstand, um an dem Projekt zu arbeiten, obwohl sie selbst gerade eine Chemotherapie durchmachte. Auch als sich ihr Zustand verschlechterte, blieb Sarahs Einstellung positiv. Sie teilte ihrer Familie mit: »Ich werde die Party nicht vorzeitig verlassen.« Nicht nur ihr Glaube an Gott blieb weiterhin stark, sondern auch ihr Wille, das Projekt in die Tat umzusetzen. Innerhalb von achtzehn Monaten hatte sie fast eine Million Dollar gesammelt. Sogar Sarahs Tochter ist in die Sammelaktion involviert. Sie hat ein Gefäß, auf dem *Sarahs Haus* steht, und sie spendet das Geld, das sie beim Verkauf von Limonade für »Mama« verdient. Freiwillige Helfer haben unermüdlich daran gearbeitet, einen ehemaligen Möbelladen in ein Haus mit neun Zimmern zu verwandeln, das niemals Patienten abweisen wird.

Obwohl die meisten Patienten mit einer finalen Diagnose sich fragen »Warum ausgerechnet ich?«, entsprach das nicht Sarahs Mentalität. Als ihre Krankheit sich so sehr verschlechterte, dass sie noch nicht einmal ihren eigenen Schlafanzug anziehen konnte und ihr Ehemann sie anziehen musste, schrieb sie in ihr Tagebuch: »Ich bin die glücklichste Frau auf Erden!!! Ich bin der festen Überzeugung, dass ich in meinem Leben alles gegeben habe. Ich habe nie gezweifelt, ich bedauere nichts, und die Menschen in meinem Leben wissen, was sie mir bedeuten, weil ich Ihnen das immer gesagt habe.«

Sarah hat sicherlich alles im Leben gegeben und war daher in der Lage, dem Tod mit so viel Mut zu begegnen, obwohl sie noch so jung war.

Sarah hat nie auch nur eine Minute darüber nachgedacht, dass das Leben ihr etwas schuldig sei, weil sie Krebs hatte. Stattdessen hat sie sich darauf konzentriert, was sie anderen geben konnte. Sie hat geholfen, ohne etwas dafür zu erwarten.

Werden Sie zum Teamplayer

Ob Sie nun versuchen, mit Ihren Kollegen besser auszukommen, Freundschaften zu vertiefen oder eine Beziehung zu verbessern, Sie können nichts davon in die Tat umsetzen, wenn Sie kein Teamplayer sind. Hören Sie auf, sich darauf zu konzentrieren, was fair ist, und probieren Sie stattdessen Folgendes:

- *Konzentrieren Sie sich auf Ihre Taten und nicht darauf, für wie wichtig Sie sich halten.* Anstatt sich darauf zu fokussieren, wie überqualifiziert Sie vielleicht sind, geben Sie einfach alles in Ihrem Job. Es gibt immer Raum für Verbesserungen.
- *Nehmen Sie Kritik dankbar an.* Wenn jemand Ihnen Feedback gibt, dann denken Sie nicht gleich »Diese Person hat keine Ahnung«. Das Feedback beruht darauf, wie andere Sie sehen, was wahrscheinlich davon abweicht, wie Sie sich selbst sehen. Seien Sie bereit, die Kritik anderer anzunehmen, und denken Sie darüber nach, ob Sie Ihr Verhalten ändern möchten.
- *Nehmen Sie Ihre kleinen Fehler und Schwächen an.* Jeder Mensch hat Fehler und Schwächen, ob er das nun zugibt oder nicht. Ihre Unsicherheiten, Probleme und unguten Eigenschaften zu erkennen kann dazu beitragen, kein

überzogenes Selbstbild zu entwickeln. Nehmen Sie diese Schwächen nicht als Ausrede, dass das Leben Ihnen etwas schuldig ist.

- *Denken Sie auch einmal darüber nach, wie andere Menschen sich fühlen.* Anstatt sich darauf zu konzentrieren, was Sie zu verdienen glauben, nehmen Sie sich die Zeit, darüber nachzudenken, wie andere Menschen sich vielleicht fühlen. Mehr Empathie für andere zu entwickeln kann ihre überhöhte Selbstgefälligkeit vermindern.
- *Rechnen Sie nicht auf.* Ob Sie nun erfolgreich Ihren Drogenentzug hinter sich gebracht oder einem älteren Menschen über die Straße geholfen haben, das Leben schuldet Ihnen hierfür keine Gegenleistung. Halten Sie weder Ihre guten Taten minutiös fest noch Ihre Gründe, warum Sie schlecht behandelt wurden. Dies kann nur zu Enttäuschungen führen.

Demütig zu sein wird Sie stärken

1940 kam Wilma Rudolph als Frühgeburt zur Welt. Da sie nur knappe zwei Kilogramm wog, war sie als Kind oft krank. Mit vier Jahren bekam sie Kinderlähmung. Ihr linkes Bein und ihr linker Fuß waren seitdem verdreht, und sie musste eine Beinstütze tragen, bis sie neun Jahre alt war. Im Anschluss musste sie weitere zwei Jahre einen orthopädischen Schuh tragen. Mit Hilfe von Physiotherapie konnte sie mit zwölf Jahren wieder normal laufen, und zum ersten Mal konnte sie am Sportunterricht in ihrer Schule teilnehmen.

Zu dem Zeitpunkt entdeckte sie ihre Liebe und ihr Talent zum Laufen und trainierte fortan. Mit sechzehn Jahren war sie das jüngste Mitglied des olympischen Teams und gewann die Bronzemedaille im 4 × 100 Meter Staffellauf. Wieder zu Hause, begann Rudolph sogleich mit dem Training für die nächsten Olympischen Spiele an der Tennessee State University. Im Jahr 1960 war Rudolph die erste Amerikanerin, die gleich drei Goldmedaillen bei den Olympischen Spielen holte. Sie wurde als »schnellste Frau Amerikas« bezeichnet. Mit zweiundzwanzig Jahren beendete Rudolph ihre Karriere.

Obwohl viele Menschen Probleme der Gegenwart gerne auf eine schwierige Kindheit zurückführen, tat Rudolph das genau nicht. Sie hätte alle ihre Schwächen darauf zurückführen können, dass sie als Kind krank war oder dass sie als Afroamerikanerin rassistisch diskriminiert wurde oder dass sie in einer armen Gegend aufgewachsen war. Aber Rudolph war nicht der Meinung, dass das Leben ihr etwas schuldig sei. Rudolph sagte einmal: »Es ist egal, was man erreichen möchte. Es gehört nur Disziplin dazu. Ich wollte herausfinden, was das Leben mir zu bieten hatte.« Innerhalb von fünf Jahren hatte sie es geschafft, ihre Beinstütze nicht mehr zu benötigen und eine olympische Medaille zu gewinnen. Obwohl Rudolph 1994 verstarb, lebt ihre Legende weiter und inspiriert andere Athleten.

Darauf zu bestehen, dass man mehr verdient als man hat, wird Ihnen im Leben nicht weiterhelfen. Es ist reine Zeit- und Energieverschwendung und führt nur zu Enttäuschungen. Lucas entdeckte, dass er, als er mit seiner Aufschneiderei aufhörte, bereit war, dazuzulernen und dadurch seine berufliche Leistung verbessern konnte. Letztendlich half ihm dies bei seiner Karriere.

Wenn Sie damit aufhören, mehr zu fordern, und zufrieden sind mit dem, was Sie haben, dann wird Ihnen das große Vorteile bringen. Statt Bitterkeit und Egoismus werden Sie Ruhe und Zufriedenheit empfinden.

Fehlerbehebung und gängige Fallen

Um Ihre mentale Stärke zu erhöhen, ist es manchmal nötig, dass Sie akzeptieren, was das Leben Ihnen zu bieten hat, ohne sich darüber zu beschweren, dass Sie etwas Besseres verdient haben. Und obgleich wir uns gerne einreden, dass wir nie denken, dass das Leben uns etwas schuldig ist, weil das ja keine gute Charaktereigenschaft ist, gibt es doch Zeiten, in denen wir das alle glauben. Achten Sie darauf, wenn sich diese Einstellung bei Ihnen bemerkbar macht, und tun Sie etwas gegen diese selbstzerstörerische Haltung.

Was hilft

Eine gesunde Selbstachtung zu entwickeln.
Zu erkennen, in welchen Bereichen Sie glauben, besser zu sein als andere.
Sich darauf zu konzentrieren, was Sie zu geben haben, statt was Sie einfordern.
Menschen in Not zu helfen.
Ein Teamplayer zu sein.
Die Gefühle anderer Menschen zu respektieren.

Was nicht hilft

Sich selbst und seine Fähigkeiten zu überschätzen.
Darauf zu beharren, man könne fast alles besser als die meisten Menschen.
Dinge im Leben gegeneinander aufzurechnen.
Sich zu weigern, anderen etwas abzugeben, weil Sie glauben, dass Sie nicht alles besitzen, was Ihnen zusteht.
Immer nur den eigenen Vorteil zu sehen.
Nur an seine eigenen Gefühle zu denken.

Kapitel 13
Sie erwarten keine unmittelbaren Ergebnisse

> Geduld, Ausdauer und Schweiß sind die unschlagbare Kombination für Erfolg.
>
> *Napoleon Hill*

Marcy wusste nicht wirklich, warum sie in ihrem Leben nicht glücklich war, aber sie beschrieb es mit einem allgemeinen Gefühl von Unzufriedenheit. Sie sagte, ihre Ehe sei »okay« und sie hätte eine ganz gute Beziehung zu ihren Kindern. Ihr Job gefiel ihr auch einigermaßen, obwohl es nicht ihr Traumjob war. Sie fühlte sich einfach nicht so glücklich, wie sie sich fühlen wollte, und glaubte, es läge möglicherweise an zu viel Stress. Konkretisieren konnte sie ihr Gefühl jedoch nicht.

Jahrelang hatte sie einen Ratgeber nach dem anderen gelesen, aber keiner hatte ihr Leben wirklich verändert. Die drei Therapiestunden, die sie vor einigen Jahren genommen hatte, hatten auch nichts bewirkt. Sie war sich ziemlich sicher, dass eine erneute Therapie nichts brächte, aber sie erhoffte sich durch den Nachweis einiger Therapiestunden ein Rezept ihres Arztes über Pillen, die ihr ein größeres Glücksgefühl bescheren sollten. Sie sagte geradeheraus, dass sie momentan weder Zeit noch Energie für eine Therapie hätte.

Ich stimmte Marcy zu, denn wenn sie selbst keine Bemühungen in eine Therapie stecken wollte, dann würde sie auch nicht helfen. Aber ich erklärte ihr, dass Medikamente auch keine schnelle Lösung herbeiführen könnten. Die meisten Antidepressiva benötigen vier bis sechs Wochen, um überhaupt Wirkung zu zeigen. Manchmal dauert es Monate, um die richtigen Medikamente und die richtige Dosierung zu finden. Und manche Menschen bemerken nach der Einnahme auch gar keine Veränderung.

Ich erklärte ihr, dass Therapien keine lebenslangen Sitzun-

gen sind. Eine Kurzzeittherapie kann sehr effektiv sein. Nicht die Anzahl der Treffen waren entscheidend, sondern wie viel Arbeit ein Patient selbst hineinsteckte. Marcy entschied, ihre Optionen noch einmal zu überdenken. Nach einigen Tagen meldete sie sich bei mir und erklärte, es mit einer Therapie versuchen zu wollen und ihr für deren Dauer oberste Priorität einzuräumen.

In den ersten Sitzungen wurde bereits deutlich, dass Marcy in vielen Bereichen ihres Lebens schnelle Ergebnisse sehen wollte. Egal, was sie begann, ob es eine neue Sportart war oder ein Hobby, wenn sie keine direkten Ergebnisse sah, gab sie sofort auf. Manchmal versuchte sie, an ihrer Ehe zu arbeiten, weil sie nicht nur eine mittelmäßige, sondern eine ganz besonders gute Beziehung führen wollte. Daraufhin bemühte sie sich einige Wochen lang, die beste Ehefrau der Welt zu sein, aber wenn sich nicht sofortiges »Eheglück« einstellte, verwarf sie ihre Pläne wieder.

In den nächsten Wochen sprachen wir darüber, wie ihre Erwartungshaltung sie nicht nur persönlich, sondern auch beruflich beeinflusste. Einer ihrer Träume war, ihren Masterabschluss zu machen, um besser bezahlte Jobs zu bekommen. Da sie aber glaubte, das Studium sei zu langwierig, hatte sie diesen Plan nicht weiterverfolgt. Heute, nachdem sie diesen zweijährigen Abschluss zehn Jahre vor sich hergeschoben hatte, war sie frustrierter denn je.

Im weiteren Verlauf der Therapie entwickelten wir Methoden, die ihr halfen, Frustrationen zu tolerieren und sich in Geduld zu üben. Wir erarbeiteten kleine Schritte, die sie zum Ziel führen sollten. Wichtig war, dass Marcys Einstellung in Bezug auf ihre Ziele sich änderte. Sie wusste, dass Erfolge Zeit benötigten und stellte sich darauf ein. Sie bemerkte, dass ihr Entschluss, etwas verändern zu wollen, sich auf ihr Leben positiv auswirkte, weil es ihr Hoffnung für die Zukunft gab und sie nun Schritt für Schritt an ihrem Ziel arbeiten konnte.

Geduld ist nicht Ihre Stärke

Obwohl wir in einer schnelllebigen Welt leben, können wir nicht alles, was wir gerne besäßen, sofort haben. Ob sie nun Ihre Ehe verbessern oder ein eigenes Geschäft eröffnen wollen, direkte Resultate sehen zu wollen kann nur zu Enttäuschungen führen. Hört sich irgendetwas hiervon bekannt an?

- ☐ »Gut Ding will Weile haben« ist nicht Ihr Motto.
- ☐ Das Motto »Zeit ist Geld« entspricht schon eher Ihrer Lebensweise, und daher möchten Sie keine Sekunde verschwenden.
- ☐ Geduld ist nicht Ihre Stärke.
- ☐ Wenn Sie keine direkten Ergebnisse sehen, gehen Sie davon aus, dass etwas nicht funktioniert.
- ☐ Sie wollen alles immer sofort erledigt haben.
- ☐ Zur Erreichung Ihrer Ziele nehmen Sie gerne eine Abkürzung, um nicht so viel Mühe und Energie investieren zu müssen.
- ☐ Sie sind frustriert, wenn andere Menschen sich Ihrem Tempo nicht anpassen.
- ☐ Wenn Sie keine direkten Ergebnisse sehen, geben Sie auf.
- ☐ Sie haben Schwierigkeiten damit, Ihre Ziele zu verfolgen.
- ☐ Sie meinen, dass alles im Leben schnell passieren müsse.
- ☐ Sie unterschätzen, wie viel Zeit man benötigt, um ein Ziel zu erreichen.

Mental starke Menschen erkennen, dass eine schnelle Lösung nicht immer die beste ist. Wenn Sie Ihr volles Potential ausschöpfen möchten, müssen Ihre Erwartungen realistisch sein, und Sie müssen ein Verständnis dafür entwickeln, dass Erfolg sich nicht immer über Nacht einstellt.

Warum wir schnelle Ergebnisse erwarten

Marcy hatte das Gefühl, dass sie mit zunehmendem Alter ungeduldiger wurde. Wenn etwas nicht in ihrem Tempo erledigt wurde, wurde sie fordernd. Ihr Mantra war »Ich werde ja nicht jünger«. Ihre aggressive Vorgehensweise funktionierte in einigen Bereichen ihres Lebens prima, denn ihre Kinder und ihre Mitarbeiter gaben eher nach, wenn sie Klartext sprach. Aber ihre Ungeduld übertrug sich auch auf andere Bereiche, in denen sie weniger angebracht war, und beeinträchtigte ihre Freundschaften.

Marcy ist nicht die Einzige, die gerne eine Pille zur sofortigen Beendigung ihres Leids oder ihrer Sorgen einnähme. Einer von zehn Amerikanern nimmt heutzutage Antidepressiva. Obwohl diese Tabletten Menschen mit einer klinischen Depression helfen können, zeigt die Forschung, dass die große Mehrheit, die sie nimmt, nie von einem Psychiater als depressiv diagnostiziert wurde. Dennoch wollen viele Menschen durch Tabletten ihr Leben verbessern. Das gilt auch für Kinder. Eltern, die Kinder mit Verhaltensstörungen haben, bitten oft um eine »Pille«, um diese in den Griff zu bekommen. Obwohl es Krankheiten wie zum Beispiel Hyperaktivität gibt, bei denen ein Medikament hilfreich sein kann, gibt es jedoch keine Pille, die auf magische Weise aus unerzogenen brave Kinder macht.

Wir wollen nirgendwo lange warten. Wir müssen keine Briefe mehr schreiben und drei bis vier Tage darauf warten, dass diese beim Empfänger ankommen. Stattdessen können wir mit E-Mails innerhalb von Sekunden Menschen auf der ganzen Welt erreichen. Im Fernsehen müssen wir nicht mehr auf das Ende einer Werbesendung warten, um unsere Lieblingssendung weiter anschauen zu können. Jeder Film ist jederzeit für uns verfügbar. Mikrowellen und Fastfood ermöglichen uns in Minutenschnelle ein warmes Essen. Außerdem können wir alles, was wir begehren, online bestellen und es uns innerhalb von vierundzwanzig Stunden liefern lassen.

Nicht nur, dass unsere schnelllebige Welt uns das Warten verkürzt, man hört auch immer wieder Geschichten von Menschen, die »über Nacht« erfolgreich geworden sind. Man hört von Musikern, die auf YouTube entdeckt wurden, von Reality-Stars, die sofortige Berühmtheit erlangen, und von Start-ups, die schon kurz nach ihrer Gründung Millionenumsätze machen. All dies bestärkt uns in dem Wunsch, sofortige Ergebnisse sehen zu wollen, und zwar bei allem, was wir tun.

Trotz aller Gerüchte von »über Nacht« entstandenen Erfolgen ist die Realität eine andere. Der Gründer von Twitter hat acht Jahre lang mobile und soziale Medienprodukte entwickelt, bevor er Twitter gründete. Der erste iPod von Apple war erst nach drei Jahren und vier weiteren Versionen ein Verkaufsschlager. Da man als Verbraucher nur das Endprodukt sieht, unterschätzt man leicht, wie viel Arbeit in einem erfolgreichen Produkt steckt.

Deshalb ist es nicht verwunderlich, dass wir auch in anderen Bereichen unseres Lebens unmittelbare Resultate sehen möchten. Ob wir uns das Trinken oder Rauchen abgewöhnen wollen, einen Universitätsabschluss erlangen oder Schulden abbezahlen wollen, alles soll so schnell wie möglich geschehen. Nachfolgend einige Gründe, warum wir so denken:

- *Wir haben keine Geduld mehr.* Es ist offensichtlich, dass wir in unserem täglichen Leben möchten, dass alles sofort passiert. Wenn wir keine unmittelbaren Resultate sehen, geben wir auf. Eine Studie, die von Ramesh Sitaraman, einem Informatikprofessor der Universität UMass in Amherst durchgeführt wurde, zeigt, dass unsere Geduld in Bezug auf die Technologie genau zwei Sekunden beträgt. Wenn innerhalb von zwei Sekunden ein Online-Video nicht lädt, dann verlassen wir die Webseite. Es ist offensichtlich, dass wir keine Geduld mehr aufbringen können. Wenn wir keine unmittelbaren Ergebnisse sehen, reagieren wir entsprechend.

- *Wir überschätzen unsere Möglichkeiten.* Manchmal glauben wir, etwas so gut zu können, dass sofortige Resultate kein Problem sind. Manch einer mag irrtümlich annehmen, dass er im ersten Monat seines neuen Jobs gleich der beste Verkäufer wird. Jemand anders glaubt vielleicht, zehn Kilo in zwei Wochen abnehmen zu können. Seine eigenen Fähigkeiten zu überschätzen kann zu Enttäuschungen führen, wenn man seine Ziele nicht erreicht.
- *Wir unterschätzen, dass Veränderungen Zeit benötigen.* Wir sind so an Technologie gewöhnt, die alles schnell erledigt, dass wir glauben, auch Veränderungen müssten schnell vonstattengehen. Wir haben vergessen, dass persönliche Veränderungen und Geschäftsbeziehungen Zeit benötigen.

Wenn schnelle Ergebnisse zu erwarten zum Problem wird

Marcy ließ sich Chancen entgehen, weil alles in ihrem Leben schnell und schmerzlos gehen musste. Obwohl sie jahrelang Ratgeber gelesen hatte, hatte sie nichts davon in ihrem Leben umgesetzt. Therapien hatte sie nach kurzer Zeit wieder verworfen und stattdessen nach einer Pille verlangt, die ihr Leben auf magische Weise über Nacht verändern sollte.

Unrealistische Erwartungen darüber, wie schnell man Veränderungen herbeiführen kann, führen gewöhnlich zu Enttäuschungen. 1997 berichteten Forscher in einer Studie mit dem Namen »End-of-Treatment Self-Efficacy: A Predicator of Abstinence« darüber, dass Patienten, die nach einem Alkoholentzug sehr zuversichtlich waren, trocken zu bleiben, eher wieder rückfällig wurden als Patienten, die weniger selbstbewusst waren. Ein überhöhtes Selbstbewusstsein kann dazu führen, dass Sie glauben, ein Ziel mühelos erreichen zu können, und damit kämpfen müssen, auf Kurs zu bleiben, wenn sich ein direkter Erfolg nicht sogleich einstellt.

Unmittelbare Resultate sehen zu wollen kann auch dazu führen, dass Sie Ihre Bemühungen frühzeitig abbrechen. Wenn Sie keine direkten Erfolge sehen, könnten Sie irrtümlicherweise annehmen, Ihre Bemühungen seien umsonst gewesen. Ein Geschäftsinhaber, der Geld in eine neue Marketingkampagne investiert, geht vielleicht davon aus, dass dies keine kluge Idee war, weil sich die Verkaufszahlen nicht sogleich erhöht haben. Aber vielleicht hat sich die Investition in die Werbung dahingehend gelohnt, dass das Produkt jetzt eine größere Aufmerksamkeit erfährt, die langfristig dennoch Auswirkungen auf die Verkaufszahlen hat. Jemand trainiert vielleicht einen Monat lang im Fitnessstudio und stellt keine sofortige Muskelbildung fest, so dass er davon ausgeht, sein Training sei nicht erfolgreich. Tatsächlich stellen sich Fortschritte erst nach einigen Monaten ein und nicht sofort. Andere Studien belegen ebenso, dass wir schneller als je zuvor von unseren Zielen Abstand nehmen und aufgeben. Eine Studie aus dem Jahr 1972 mit dem Titel »Self-Initiated Attempts to Change Behavior: A Study of New Year's Resolutions« fand heraus, dass 25 Prozent der Befragten schon nach fünfzehn Wochen ihre guten Vorsätze fürs neue Jahr aufgaben. Im Jahr 1989 lag die Zeitspanne bei nur einer Woche.

Folgendes kann passieren, wenn Sie unmittelbare Ergebnisse sehen wollen:

- *Sie werden dazu neigen, nach Alternativen Ausschau zu halten.* Wenn Sie keine schnellen Ergebnisse erzielen, kann Sie das dazu verleiten, Abläufe in unnatürlicher Weise beschleunigen zu wollen. Wenn jemand, der eine Diät macht, nach einigen Wochen keine Ergebnisse sieht, macht er vielleicht eine Crashdiät, um den Prozess zu beschleunigen. Athleten, die stärker und schneller werden wollen, neigen dazu, Anabolika zu nehmen. Diese Arten von Alternativen können gefährliche Folgen haben.
- *Sie werden für die Zukunft nicht gut gerüstet sein.* Alles jetzt

und sofort zu wollen wird Sie den Gesamtüberblick verlieren lassen. Der Wunsch, direkte Ergebnisse sehen zu wollen, zeigt sich auch in der Art, wie Menschen Geld anlegen. Sie wollen heute von ihrer Rendite profitieren und nicht erst in dreißig Jahren. 2014 fand das Retirement Confidence Survey heraus, dass 36 Prozent der Amerikaner weniger als 1000 Dollar gespart oder angelegt haben. Sicherlich spielen ökonomische Faktoren eine Rolle, weshalb Menschen immer weniger Geld für ihren Ruhestand zurücklegen. Der Wunsch nach sofortiger Belohnung ist jedoch auch ausschlaggebend dafür. Menschen möchten ihr Geld heute genießen und nicht erst im Ruhestand.

- *Unrealistische Erwartungen können auch dazu führen, dass Sie falsche Schlüsse ziehen.* Wenn Sie immer direkte Ergebnisse erwarten, gehen Sie irgendwann davon aus, dass Sie genügend Kenntnisse haben, um Rückschlüsse ziehen zu können. In Wahrheit jedoch haben Sie einer Angelegenheit nicht genug Zeit gegeben, um sich ein umfassendes Bild zu verschaffen. Ein Mensch, der es im ersten Jahr einer Geschäftsgründung nicht schafft, erfolgreich zu sein, hält sich möglicherweise für einen Versager. Wahrscheinlich hat er aber seinem Start-up nicht genug Zeit gegeben, um rentabel zu sein.
- *Es führt zu negativen Gefühlen.* Wenn die eigenen Erwartungen nicht befriedigt werden, sind Sie wahrscheinlich enttäuscht, ungeduldig und frustriert. Je öfter Sie negative Gefühle empfinden, desto erfolgloser werden Sie sein, und am Ende geben Sie ganz auf, weil Sie glauben, dass das Ergebnis besser sein sollte.
- *Sie sabotieren durch Ihr Verhalten möglicherweise Ihre eigenen Ziele.* Unrealistische Erwartungen können Ihr Verhalten beeinflussen und es erschweren, die Ergebnisse zu erzielen, die Sie gerne hätten. Wenn Sie möchten, dass ein Kuchen schnell backt, dann öffnen Sie vielleicht des Öfteren die Backofentür. Doch jedes Mal, wenn Sie die Ofentür

öffnen, entweicht Hitze, was dazu führt, dass der Kuchen länger benötigt, bis er fertig ist. Wenn Sie erwarten, dass Dinge schnell passieren, kann Ihr Verhalten, ohne dass Sie es bemerken, möglicherweise Ihre Bemühungen behindern.

Planen Sie langfristig

Als Marcy akzeptierte, dass sie nicht immer unmittelbare Ergebnisse erzielen konnte, musste sie entscheiden, ob sie die Therapie fortsetzen wollte oder nicht. Sie war es aber leid, dass einiges in ihrem Leben nicht so lief, wie sie es wollte, und daher entschied sie sich für die Therapie. Ihr war bewusst, dass die Therapie jedoch nur erfolgreich sein würde, wenn sie hundertprozentig bei der Sache war. Am Ende der Behandlung erkannte sie, dass alle Veränderungen im Leben Zeit benötigten und dass sie in Zukunft mehr Zeit und Energie in ihr persönliches Wachstum investieren musste.

Seien Sie realistisch

Sie können nicht innerhalb von sechs Monaten Schulden von 100 000 Dollar mit einem Jahreseinkommen von 50 000 Dollar abbezahlen. Sie können nicht zwölf Kilo für die Bikinisaison abnehmen, wenn Sie erst im Mai mit dem Training beginnen. Und Sie werden wahrscheinlich auch nicht innerhalb des ersten Berufsjahres einen Karrieresprung machen. Mit solchen Erwartungen werden Sie Ihre Ziele vielleicht nie erreichen. Seien Sie realistisch, und planen Sie langfristig. Hier einige Strategien, wie Sie Ziele realistisch angehen können:

- *Unterschätzen Sie nicht, wie schwierig es ist, etwas zu verändern.* Akzeptieren Sie, dass es schwer sein wird, etwas anders zu machen, ein Ziel zu erreichen oder eine schlechte Angewohnheit aufzugeben.

- *Vermeiden Sie es, sich für ein Ziel eine Zeitgrenze zu setzen.* Es ist hilfreich, einen ungefähren Zeitplan zu haben, wann man Ergebnisse sehen möchte, aber setzen Sie sich kein zu enges Zeitfenster. Zum Beispiel behaupten manche Menschen, mit einer schlechten Angewohnheit in einer bestimmten Anzahl von Tagen brechen zu können (magische Zahlen sind hier, je nach Forschungsstudie, einundzwanzig oder achtunddreißig Tage). Aber wenn Sie realistisch darüber nachdenken, dann entspricht das nicht der Wirklichkeit. Es würde nur zwei Tage benötigen, um mich daran zu gewöhnen, jeden Tag als Nachtisch Eis zu essen, aber sicherlich sechs Monate, um mir das morgendliche Kaffeetrinken abzugewöhnen. Deshalb ist es besser, sich kein Zeitfenster zu setzen, wie etwas sein »sollte«. Seien Sie flexibel, und bringen Sie Verständnis dafür auf, dass viele Faktoren auf das Ergebnis Einfluss nehmen.
- *Überschätzen Sie den Einfluss der Ergebnisse auf Ihr Leben nicht.* Manchmal denken Menschen *Wenn ich zwanzig Pfund abnehme, dann wird alles besser in meinem Leben.* Aber wenn sie dann anfangen abzunehmen, stellen sich die wundersamen Veränderungen, von denen sie geträumt haben, nicht ein. Am Ende sind sie enttäuscht, weil sie das Ergebnis überschätzt haben.

Akzeptieren Sie, dass Fortschritt nicht immer greifbar ist

Zusammen mit einigen Therapeuten leitete ich einst eine Elterngruppe. Die Eltern, die daran teilnahmen, hatten meist Kinder im Vorschulalter, und das häufigste Problem waren Trotzanfälle. Natürlich werfen sich Kinder in dem Alter gerne auf den Boden, wenn sie etwas nicht bekommen. Teil des Programms war es, die Eltern zu ermutigen, dieses nach Aufmerksamkeit heischende Verhalten zu ignorieren. Obwohl wir davor warnten, dass die Anfälle zuerst noch schlimmer würden, waren die Eltern davon überzeugt, dass es nicht half, sie zu ignorieren. Wenn wir uns nach dem Warum erkundigten, antworteten sie »Dann schreit er nur noch lauter«, oder »Sie steht dann auf und schmeißt sich vor mich auf den Boden«.

Die Eltern hatten nicht erkannt, dass es schon Wirkung gezeigt hatte, ihre Kinder zu ignorieren. Die Kinder hatten verstanden, dass ihre Eltern nicht mehr nachgeben würden, und diese kleinen klugen Vierjährigen hatten ihr Trotzverhalten noch intensiviert. Sie glaubten, wenn die Mutter oder der Vater nicht einknickten, wenn sie nur ein bisschen schrien, dann müssten sie eben lauter schreien, um das zu erreichen, was sie wollten. Jedes Mal, wenn die Eltern einlenkten, verstärkte das die Wutanfälle. Aber wenn Eltern dieses Verhalten konstant ignorieren, lernen die Kinder, dass es nicht dazu führt, das zu bekommen, was man haben möchte, wenn man lauter schreit. Die Eltern benötigten lediglich die Bestätigung, dass ihr Erziehungsstil Wirkung zeigte, auch wenn sich das Verhalten des Kindes zunächst verschlimmerte.

Fortschritt verläuft nicht immer geradlinig. Manchmal müssen Dinge schlimmer werden, bevor sie wieder besser werden. Und manchmal hat man das Gefühl, zwei Schritte vorwärtszugehen und einen zurück. Wenn Sie Ihre Ziele langfristig setzen, können Sie Rückschritte besser verkraften. Bevor Sie ein Geschäft eröffnen oder Meditation lernen wollen, stellen Sie sich in Bezug auf Ihren Fortschritt folgende Fragen:

- *Wie kann ich feststellen, ob das, was ich tue, funktioniert?*
- *Was ist ein realistisches Zeitfenster, um Resultate erwarten zu dürfen?*
- *Welche Resultate kann ich realistisch in einer Woche, in einem Monat, in sechs Monaten erwarten?*
- *Wie kann ich erkennen, dass ich mich auf der Zielgeraden befinde?*

Üben Sie Belohnungsaufschub

Manche Menschen können Belohnungen besser aufschieben als andere. Die Wahrheit ist, dass jeder in die Falle tappen kann, eine sofortige Belohnung haben zu wollen. Dies ist der Grund vieler physischer und finanzieller Probleme und Abhängigkeiten. Während manche einem Plätzchen nicht widerstehen können, kann jemand anderes den Alkoholkonsum nicht aufgeben.

Nehmen wir als Beispiel Daniel »Rudy« Ruettiger, dessen inspirierende Geschichte in den frühen neunziger Jahren verfilmt wurde. Er war ein klassischer Außenseiter, der sich mit Hingabe und harter Arbeit hochgekämpft hatte. Als drittes von vierzehn Kindern hatte Rudy davon geträumt, einmal die Notre Dame Universität besuchen zu können. Er hatte eine Lese- und Rechtschreibschwäche, und es fiel ihm daher schwer, ein guter Schüler zu sein. Er bewarb sich dreimal an der Universität und wurde genauso oft abgelehnt. Daher schrieb er sich im nahe gelegenen Holy Cross College ein. Nach zwei Jahren am Holy Cross wurde er 1974 endlich an der Notre Dame Universität angenommen.

Als guter Student träumte er davon, in der Football-Mannschaft mitspielen zu dürfen. Aber mit nur 1,67 Metern und 75 Kilogramm sah er nicht gerade aus wie der ideale Anwärter. Notre Dame erlaubte es Studenten jedoch, am Training teilzunehmen. Rudy wurde also Mitglied der Trainingsmannschaft, welche die erste Universitätsmannschaft dabei unterstützen sollte, sich auf die Spiele vorzubereiten. Rudy übte intensiv und war mit ganzem Herzen bei jedem Training dabei. Durch seine Hingabe und seine harte Arbeit verdiente er sich den Respekt der Trainer und Mitspieler. Während des letzten Spiels seines letzten Universitätsjahres durfte er einige Minuten als Verteidiger mitspielen. Wie er es immer während des Trainings getan hatte, so war er auch diesmal mit vollem Elan dabei und griff den Quarterback erfolgreich an. Rudys Mitspieler waren so stolz auf ihn, dass sie ihn vom Platz trugen und »Rudy! Rudy! Rudy!« riefen.

Rudy war ein Mensch, der eine Belohnung aufschieben konnte. Er hatte jahrelang hart für sein Ziel gearbeitet, einmal bei einem Footballspiel mitspielen zu dürfen, egal für wie lange.

Aber nur, weil er hart arbeiten konnte und in manchen Bereichen seines Lebens ausdauernd war, war er noch lange nicht immun gegen eine sofortige Bedürfnisbefriedigung. 2011 wurde er des Wertpapierbetruges angeklagt, nachdem die US-amerikanische Börsenaufsicht herausgefunden hatte, dass er an einem Pump-and-Dump-Betrug beteiligt gewesen war. Rudy hatte eine Firma gegründet, die ein Sportgetränk namens »Rudy« herstellte. Die Börsenaufsicht entdeckte jedoch, dass Rudy und andere Teilhaber der Firma falsche Angaben in Bezug auf die Erfolgszahlen ihrer Firma gemacht hatten, damit die Aktienpreise stiegen und sie ihre Anteile gewinnbringend verkaufen konnten. Obwohl er sich nie öffentlich schuldig bekannte, beglich er die Strafe von 300 000 Dollar anstandslos.

Der Mann, der einst als Held für seine harte Arbeit und seine Ausdauer gefeiert wurde, wurde später Opfer einer schnellen Bereicherung. Rudys Geschichte zeigt, dass wir einerseits bemüht sind, den Kurs zu halten, andererseits aber auch schnell dazu bereit, davon abzuweichen.

Gehen Sie mit Frustrationen und Ungeduld gelassen um. An manchen Tagen werden Sie dazu neigen aufzugeben und sich fragen, ob Sie weitermachen sollten. Nur weil Sie wütend, verzweifelt und frustriert sind, heißt das nicht, dass Sie aufgeben sollen. Stattdessen sollten Sie diese Gefühle beherrschen lernen, denn sie gehören dazu.

Legen Sie Ihr eigenes Tempo fest. Egal was Sie tun, Sie riskieren ein Burn-out, wenn Sie immer mit sofortigen Resultaten rechnen. Gehen Sie methodisch und langsam vor. Dies kann Ihnen dabei helfen, sich in Geduld zu üben, und Sie darin bestärken, auf dem richtigen Weg zu sein.

Belohnungen aufzuschieben wird Sie stärken

James Dysons Weg zum Erfolg begann 1979. Seine Frustration über einen schlecht funktionierenden Staubsauger ließ in ihm die Idee aufkommen, einen besseren zu erfinden, einen ohne Staubsaugerbeutel. Fünf Jahre lang baute er Prototyp nach Prototyp, insgesamt 5000 Modelle, bis er mit dem Ergebnis zufrieden war.

Nachdem der Staubsauger fertiggestellt worden war, ging es erst richtig los. Jahrelang suchte er nach einem Produzenten, der daran interessiert war, sein Produkt als Lizenz zu vertreiben. Als er keinen fand, entschloss sich Dyson, ihn selbst zu produzieren. Sein erster Staubsauger wurde 1993 verkauft, vierzehn Jahre nach der Fertigstellung seines Prototyps. Seine harte Arbeit hat sich bezahlt gemacht, denn sein Staubsauger wurde in England ein Verkaufsschlager. Schon 2002 besaß jeder vierte Haushalt in England einen Dyson-Staubsauger.

Wenn James Dyson über Nacht hätte erfolgreich werden wollen, hätte er schon lange vorher aufgegeben. Aber seine Geduld und Ausdauer machten sich bezahlt. Über drei Jahrzehnte später verkauft er seine Staubsauger in vierundzwanzig Länder, und seine Firma macht einen jährlichen Umsatz von mehr als zehn Milliarden US-Dollar.

Um Ihr volles Potential entfalten zu können, müssen Sie das Durchsetzungsvermögen haben, kurzfristigen Versuchungen zu widerstehen:

- Selbstdisziplin ist wichtiger als ein hoher Intelligenzquotient, wenn man Erfolg haben will.
- Die Fähigkeit zur Selbstkontrolle korreliert mit einem höheren Selbstwertgefühl, einem höheren Notendurchschnitt und besseren zwischenmenschlichen Fähigkeiten.
- Wenn man in der Lage ist, den erwarteten Erfolg aufzuschieben, verringert das Depressionen und Angstzustände.
- Kinder mit einer hohen Selbstkontrolle haben weniger

mentale und physische Krankheiten, weniger Probleme mit Alkohol und Drogen und sind weniger kriminell. Als Erwachsene haben sie eine größere finanzielle Sicherheit.

Ob es nun Ihr Ziel ist, genug Geld zu sparen, um im nächsten Jahr in Urlaub fahren zu können, oder Sie sich der Erziehung Ihrer Kinder widmen, damit diese verantwortungsbewusste Erwachsene werden: Stellen Sie realistische Erwartungen an sich selbst, und erwarten Sie keine schnellen Ergebnisse. Stattdessen sind langfristige Planungen sinnvoll und erhöhen Ihre Chance, Ihre Ziele zu erreichen.

Fehlerbehebung und gängige Fallen

Wahrscheinlich gibt es Bereiche in Ihrem Leben, in denen es leicht ist, realistische Erwartungen zu haben. Vielleicht sind Sie bereit, wieder zur Universität zurückzukehren, und verstehen, dass es Jahre dauern wird, bis Sie Ihren Abschluss haben und mehr Geld verdienen. Oder vielleicht sind Sie bereit, für Ihre Rente anzusparen und wissen, dass es dreißig Jahre dauert, bis Sie eine Auszahlung bekommen. Aber es gibt wahrscheinlich auch Bereiche in Ihrem Leben, in denen Sie möchten, dass etwas sofort passiert. Vielleicht möchten Sie nicht darauf warten, dass Ihre Ehe sich bessert, oder Sie wollen nicht auf die Speisen verzichten, die Sie lieben, obwohl Ihr Arzt Sie davor warnt. Schauen Sie sich die Bereiche in Ihrem Leben an, die verbessert werden können, und konzentrieren Sie sich auf Strategien, die Ihnen helfen, die Fähigkeiten zu entwickeln, die Sie benötigen, um langsam, aber sicher Fortschritte zu machen.

Was hilft

Realistische Erwartungen zu haben, wie lange es dauern wird, bis Sie Ihr Ziel erreichen, und dass es schwierig sein wird.
Möglichkeiten zu finden, wie Sie Ihren Fortschritt messen können.
Zwischenerfolge zu feiern.
Mit negativen Gefühlen gelassen umzugehen.
Einen Plan zu entwickeln, der dabei hilft, Versuchungen zu widerstehen.
Langsam auf ein Ziel zuzugehen.

Was nicht hilft

Sofortige Ergebnisse sehen zu wollen.
Anzunehmen, dass Sie keine Fortschritte machen, auch wenn sich keine sofortige Besserung zeigt.
Erst am Ende seines Erfolgs zu feiern.
Ihr Handeln von Frustration und Ungeduld beherrschen zu lassen.
Zu behaupten, dass man genug Willensstärke hat, um allen Versuchungen widerstehen zu können.
Abkürzungen zu nehmen, um Arbeit zu vermeiden, die nötig ist, um Ihr Ziel zu erreichen.

So bewahren Sie Ihre mentale Stärke!

Wenn Sie Ihre mentale Stärke erhöhen wollen, reicht es nicht, dieses Buch zu lesen oder sich für stark zu halten. Wichtiger ist, Strategien zu entwickeln, die Ihnen helfen, Ihr volles Potential auszuschöpfen. Genauso, wie Sie daran arbeiten müssen, Ihre Muskelkraft aufzubauen und zu erhalten, müssen Sie an Ihrer mentalen Stärke arbeiten. Und dazu haben Sie jeden Tag die Möglichkeit. Wenn Sie Ihre mentalen Muskeln nicht stärken, werden diese genauso verkümmern.

Jeder Mensch macht Fehler und hat mal einen schlechten Tag. Es wird Tage geben, da werden Ihre Gefühle Sie überwältigen, Zeiten, in denen Sie in die falsche Richtung denken, und solche, in denen Sie destruktiv und unproduktiv handeln. Aber diese Phasen werden seltener werden, wenn Sie aktiv daran arbeiten, Ihre mentale Stärke zu erhöhen.

Coachen Sie sich selbst

So wie jeder gute Coach Ihnen eine Mischung aus Unterstützung und Rat geben sollte, damit Sie sich verbessern, können Sie dies auch für sich selbst tun. Schauen Sie, was Sie gut können, und bauen Sie darauf auf. Finden Sie Bereiche, die verbessert werden müssen, und fordern Sie sich heraus. Verschaffen Sie sich Möglichkeiten zu wachsen, aber akzeptieren Sie, dass Sie nie perfekt sein werden. Versuchen Sie, sich jeden Tag ein wenig zu verbessern, indem Sie folgende Schritte anwenden:

- **Beobachten Sie Ihr Verhalten** – Schauen Sie, wann Ihr Verhalten Ihre Bemühungen zunichtemacht, mentale Stärke aufzubauen; zum Beispiel wenn Sie Fehler wiederholen, Veränderungen scheuen oder nach der ersten Niederlage aufgeben. Entwickeln Sie Strategien, die Ihnen helfen, produktiver zu handeln.
- **Bringen Sie Ordnung in Ihre Gefühlswelt** – Beobachten Sie, ob Sie sich selbst bemitleiden, kalkulierbare Risiken scheuen, glauben, dass das Leben Ihnen etwas schuldig ist, neidisch auf den Erfolg anderer sind oder es allen recht machen wollen. Lassen Sie nicht zu, dass diese Empfindungen Sie davon abhalten, Ihr volles Potential auszuschöpfen. Vergessen Sie nicht, dass Sie Ihr Verhalten und Ihre Gedanken verändern müssen, wenn Sie sich besser fühlen möchten.
- **Seien Sie sich Ihrer Gedanken bewusst** – Es bedarf zusätzlicher Mühe und Energie, sich seine Gedanken wirklich bewusstzumachen. Zu positive und zu negative Gedanken können Einfluss darauf nehmen, wie Sie sich fühlen und wie Sie handeln, Sie können Ihre mentale Stärke beeinträchtigen. Überprüfen Sie, ob Ihre Pläne realistisch sind, bevor Sie diese in die Tat umsetzen, damit Sie die besten Entscheidungen für Ihr Leben treffen können. Machen Sie sich Ihre Ansichten und Gedanken bewusst, die Sie davon abhalten, etwas in die Tat umzusetzen, oder solche, die Sie ermutigen, Ihre Macht abzugeben, Ihre Energie an Dinge zu verschwenden, die Sie nicht kontrollieren können, in der Vergangenheit zu leben oder sofortige Ergebnisse erzielen zu wollen. Ersetzen Sie diese Gedanken durch realistischere und produktivere.

Genauso, wie ein guter Trainer im Fitnessstudio Sie dazu ermutigt, gesund zu leben, ermutigt Sie ein guter Coach, einen Lebensstil zu führen, der mentale Stärke fördert. Es ist unmöglich, mental stark zu sein, wenn Sie physisch nicht auf sich achtgeben. Nicht richtig zu essen und nicht genug zu schlafen erschwert es, Ihre Emotionen in den Griff zu bekommen, klar zu denken und produktiv zu handeln. Leben Sie so, wie es Ihnen guttut, damit Sie in allem, was Sie erreichen möchten, erfolgreich sein können.

Obwohl mentale Stärke aufzubauen eine persönliche Angelegenheit ist, müssen Sie dies nicht alleine tun. Es ist schwer, ohne die Hilfe anderer Menschen sein Bestes zu geben. Bitten Sie um Hilfe, wenn Sie diese benötigen, und umgeben Sie sich mit Menschen, die Sie unterstützen. Manchmal können andere Menschen Ihnen Tipps geben und Ihnen helfen, Strategien zu entwickeln. Wenn Sie glauben, dass Ihre Freunde und Ihre Familie Ihnen nicht die Unterstützung geben können, die Sie benötigen, dann suchen Sie sich professionelle Hilfe. Ein trainierter Berater kann Ihnen bei Ihren Bemühungen, Veränderungen herbeizuführen, helfen.

Sie werden feststellen, dass nicht jeder daran interessiert ist, mentale Stärke aufzubauen. Natürlich können Sie niemanden dazu zwingen, sein Leben zu verändern. Das muss jeder für sich selbst entscheiden. Aber anstatt sich über Menschen zu beschweren, die mental nicht stark sind, seien Sie ihnen einfach ein gutes Vorbild. Bringen Sie Ihren Kindern bei, wie man mental stark sein kann. Wenn Sie daran arbeiten, Ihr Bestes zu geben, werden andere, auch Ihre Kinder, es bemerken.

Der Erfolg Ihrer Arbeit

Lawrence Lemieux ist ein kanadischer Segler, der an zwei Olympischen Spielen teilgenommen hat. Schon als Kind ist er gesegelt, und in den siebziger Jahren hat er sich auf das Solo-Regattasegeln konzentriert. Er hat hart daran gearbeitet, um an Wettsegeln teilnehmen zu können. 1988 reiste er zu den Olympischen Spielen in Seoul, und die Chancen, eine Medaille zu gewinnen, standen für ihn gar nicht so schlecht.

Am Tag des Wettkampfes waren die Wetterbedingungen herausfordernd. Starker Wind und starke Strömungen erzeugten ungewöhnlich hohe Wellen. Trotz dieser Hindernisse führte Lemieux. Aber die über zwei Meter hohen Wellen machten es unmöglich, die Leuchtbojen zu sehen, die den Kurs vorgaben, und er segelte an einer vorbei. Er war dazu gezwungen, zu der Leuchtboje zurückzusegeln und sich seinen Platz im Rennen erneut zu sichern. Obwohl er diesen Umweg machen musste, wurde er Zweiter und war damit immer noch Anwärter auf eine Medaille.

Als er gerade wieder auf Kurs gegangen war, entdeckte er das umgekippte Zweimann-Dinghy aus Singapur. Ein Mann war schwerverletzt und hielt sich am Rumpf fest, der andere trieb schon vom Boot weg. Bei diesen Wetterbedingungen konnte er leicht abtreiben, bevor ein Rettungsboot ihm zur Hilfe eilen konnte. Obwohl er Jahrzehnte auf diesen Tag hingearbeitet hatte, gab Lemieux alles in einer Sekunde auf. Ohne zu zögern drehte er um, rettete die Segler aus Singapur und wartete mit ihnen auf die koreanische Marine.

Lemieux nahm das Rennen wieder auf, aber es war zu spät, um noch eine Medaille zu gewinnen. Er wurde Zweiundzwanzigster. Bei der Preisverleihung übergab der Präsident des Olympischen Komitees ihm die Pierre-de-Coubertin-Medaille für guten Sportsgeist, für seinen Mut und seine Aufopferungsbereitschaft.

Lemieux' Selbstwertgefühl hing nicht davon ab, eine Goldmedaille gewinnen zu müssen, um sich als Sieger zu fühlen. Er hatte nicht das Gefühl, dass das Leben oder die Olympischen Spiel ihm etwas schuldig seien. Stattdessen war er mental stark genug, nach seinen Werten zu leben und das zu tun, was er für richtig hielt, auch wenn es bedeutete, dass er sein ursprüngliches Ziel nicht erreichen konnte.

Mentale Stärke zu entwickeln heißt nicht, der Beste in allem zu sein. Es geht nicht darum, viel Geld zu verdienen oder alles zu erreichen. Mentale Stärke zu haben heißt, dass man sich annimmt, wie man ist. Ob Sie nun persönliche Probleme haben, eine finanzielle Krise oder eine Familientragödie überwinden müssen, wenn Sie mental stark sind, werden Sie mit allem fertig werden. Sie werden nicht nur Ihr Leben meistern, sondern Sie werden nach Ihren Werten leben, egal, was das Leben für Sie bereithält.

Wenn Sie mental stark sind, werden Sie Ihr Bestes geben, den Mut haben, das zu tun, was Sie für richtig halten, und sich wohl in Ihrer Haut fühlen.

Literatur

Kapitel 1

Denton, Jeremiah: ›When Hell Was in Session‹. Washington 2009.

Emmons, Robert, and Michael McCullough: »Counting Blessings Versus Burdens: An Experimental Investigation of Gratitude and Subjective Well-Being in Daily Life«. *Journal of Personality and Social Psychology* 84, no. 2 (2003): 377–389.

Milanovic, Branko: ›The Have and the Have-Nots: A Brief and Idiosyncrative History of Global Inequality‹. New York 2012.

Runyan, Marla: ›Mein Weg an die Spitze‹. Köln 2002.

Stober, J.: »Self-pity: Exploring the Links to Personality, Control Beliefs, and Anger«. *Journal of Personality* 71 (2003): 183–221.

United Nations Development Programme (2013). *Human Development Report 2013*. New York.

Kapitel 2

Arnold, Johann Christoph: ›Why Forgive?‹. Walden 2014.

Carson, J., F. Keefe, V. Goli, A. Fras, T. Lynch, S. Thorp, and J. Buechler: »Forgiveness and Chronic Low Back Pain: A Preliminary Study Examining the Relationship of Forgiveness to Pain, Anger, and Psychological Distress«. *Journal of Pain*, no. 6 (2005): 84–91.

Kelley, Kitty: ›Oprah: A Biography‹. New York 2011.

Lawler, K. A., J. W. Younger, R. L. Piferi, E. Billington, R. Jobe, K. Edmondson, et al: »A Change of Heart: Cardiovascular Correlates of Forgiveness in Response to Interpersonal Conflict«. *Journal of Behavioral Medicine*, no. 26 (2003): 373–393.

Moss, Corey: »Letter Saying Madonna ›Not Ready‹ for Superstardom for Sale«. MTV. July 17, 2001.

http://www.mtv.com/news/1445215/letter-saying-madonna-not-ready-for-superstardom-for-sale/.

Ng, David. »MoMA Owns Up to Warhol Rejection Letter from 1956«. *LA Times*. October 29, 2009.
http://latimesblogs.latimes.com/culturemonster/2009/10/moma-owns-up-to-warhol-rejection-letter-from-1956.html.
Toussaint, L. L., A. D. Owen, and A. Cheadle: »Forgive to Live: Forgiveness, Health, and Longevity«. *Journal of Behavioral Medicine* 35, no. 4 (2012): 375–386.

Kapitel 3

Lally, P., C. H. M. van Jaarsveld, H. W. W. Potts, and J. Wardle: »How Are Habits Formed: Modelling Habit Formation in the Real World«. *European Journal of Social Psychology*, no. 40 (2010): 998–1009.
Mathis, Greg, and Blair S. Walker: ›Inner City Miracle‹. New York 2002.
Prochaska, J. O., C. C. DiClemente, and J. C. Norcross: »In Search of How People Change: Applications to Addictive Behaviors«. *American Psychologist*, no. 47 (1992): 1102–1114.

Kapitel 4

April, K., B. Dharani, and B. K. G. Peters: »Leader Career Success and Locus of Control Expectancy«. *Academy of Taiwan Business Management Review* 7, no. 3 (2011): 28–40.
April, K., B. Dharani, and B. K. G. Peters: »Impact of Locus of Control Expectancy on Level of Well-Being«. *Review of European Studies* 4, no. 2 (2012): 124–137.
Krause, Neal, and Sheldon Stryker: »Stress and Well-Being: The Buffering Role of Locus of Control Beliefs«. *Social Science and Medicine* 18, no. 9 (1984): 783–790.
Scrivener, Leslie: ›Terry Fox: His Story‹. Toronto 2000.
Stocks, A., K. A. April, and N. Lynton: »Locus of Control and Subjective Well-Being: A Cross-Cultural Study in China and Southern Africa«. *Problems and Perspectives in Management* 10, no. 1 (2012): 17–25.

Kapitel 5

Exline, J. J., A. L. Zell, E. Bratslavsky, M. Hamilton, and A. Swenson: »People-Pleasing Through Eating: Sociotropy Predicts Greater Eating in Response to Perceived Social Pressure«. *Journal of Social and Clinical Psychology*, no. 31 (2012): 169–193.
»Jim Buckmaster«. Craigslist. August 12, 2014.
http://www.craigslist.org/about/jim_buckmaster.
Muraven, M., M. Gagne, and H. Rosman: »Helpful Self-Control: Auto-

nomy Support, Vitality, and Depletion«. *Journal of Experimental Social Psychology*, no. 44 (2008): 573–585.
Ware, Bronnie: ›5 Dinge, die Sterbende am meisten bereuen: Einsichten, die Ihr Leben verändern werden‹. München 2015.

Kapitel 6

»Albert Ellis and Rational Emotive Behavior Therapy«. REBT Network. May 16, 2014.
http://www.rebtnetwork.org/ask/may06.html.
Branson, Richard: »Richard Branson on Taking Risks«. *Entrepreneur*. June 10, 2013.
http://www.entrepreneur.com/article/226942.
Harris, A.J.L, and U.Hahn: »Unrealistic Optimism About Future Life Events: A Cautionary Note«. *Psychological Review*, no. 118 (2011): 135–154.
Kasperson, R., O.Renn, P.Slovic, H.Brown, and J.Emel: »Social Amplification of Risk: A Conceptual Framework«. *Risk Analysis* 8, no. 2 (1988): 177–187.
Kramer, T., and L.Block: »Conscious and Non-Conscious Components of Superstitious Beliefs in Judgment and Decision Making«. *Journal of Consumer Research*, no. 34 (2008): 783–793.
»Newborns Exposed to Dirt, Dander and Germs May Have Lower Allergy and Asthma Risk«. *Johns Hopkins Medicine*, September 25, 2014.
http://www.hopkinsmedicine.org/news/media/releases/newborns_exposed_to_dirt_dander_and_germs_may_have_lower_allergy_and_asthma_risk.
Rastorfer, Darl: ›Six Bridges: The Legacy of Othmar H.Ammann‹. New Haven 2000.
Ropeik, David: »How Risky is Flying?«. PBS. October 17, 2006.
http://www. pbs.org/wgbh/nova/space/how-risky-is-flying.html.
Thompson, Suzanne C.: »Illusions of Control: How We Overestimate Our Personal Influence«. *Current Directions in Psychological Science*, no. 6 (1999): 187–190.
Thompson, Suzanne C., Wade Armstrong, and Craig Thomas: »Illusions of Control, Underestimations, and Accuracy: A Control Heuristic Explanation«. *Psychological Bulletin* 123, no. 2 (1998): 143–161.
Trimpop, R.M.: ›The Psychology of Risk Taking Behavior‹ (Advances in Psychology). Amsterdam 1994.
Yip, J.A., and S.Cote: »The Emotionally Intelligent Decision Maker: Emotion-Understanding Ability Reduces the Effect of Incidental

Anxiety on Risk Taking«. *Psychological Science*, no. 24 (2013): 48–55.

Kapitel 7

Birkin, Andrew.: ›J. M. Barrie and the Lost Boys: The Real Story Behind Peter Pan‹., Hartford 2003.
Brown, Allie: »From Sex Abuse Victim to Legal Advocate«. CNN. January 7, 2010.
http://www.cnn.com/2010/LIVING/01/07/cnnheroes.ward/.
Denkova, E., S. Dolcos, and F. Dolcos: »Neural Correlates of ›Distracting‹ from Emotion During Autobiographical Recollection«. *Social Cognitive and Affective Neuroscience* 9, no. 4. (2014): doi: 10.1093/scan/nsu039.
»Dwelling on Stressful Events Can Cause Inflammation in the Body, Study Finds«. Ohio University. March 13, 2013.
http://www.ohio.edu/re-search/communications/zoccola.cfm.
Kinderman, P., M. Schwannauer, E. Pontin, and S. Tai: »Psychological Processes Mediate the Impact of Familial Risk, Social Circumstances and Life Events on Mental Health«. *PLoS ONE* 8, no. 10 (2013): e76564.
Watkins, E. R.: »Constructive and Unconstructive Repetitive Thought«. *Psychological Bulletin 134*, no. 2 (2008): 163–206.

Kapitel 8

Ariely, D., and K. Wertenbroch: »Procrastination, Deadlines, and Performance: Self-Control by Precommitment«. *Psychological Science* 13, no. 3 (2002): 219–224.
D'Antonio, Michael: ›Hershey: Milton S. Hershey's Extraordinary Life of Wealth, Empire, and Utopian Dreams‹. New York 2006.
Grippo, Robert: ›Macy's: The Store, The Star, The Story‹. Garden City Park 2008.
Hassin, Ran, Kevin Ochsner, and Yaacov Trope: ›Self Control in Society, Mind, and Brain‹. New York 2010.
Hays, M. J., N. Kornell, and R. A. Bjork: »When and Why a Failed Test Potentiates the Effectiveness of Subsequent Study«. *Journal of Experimental Psychology: Learning, Memory, and Cognition* 39, no. 1 (2012): 290–296.
Moser, Jason, Hans Schroder, Carrie Heeter, Tim Moran, and Yu-Hao Lee: »Mind Your Errors. Evidence for a Neural Mechanism Linking Growth Mind-Set to Adaptive Posterror Adjustments«. *Psychological Science* 22, no. 12 (2011): 1484–1489.

Trope, Yaacov, and Ayelet Fishbach: »Counteractive Self-Control in Overcoming Temptation«. *Journal of Personality and Social Psychology* 79, no. 4 (2000): 493–506.

Kapitel 9

Bernstein, Ross: ›America's Coach: Life Lessons and Wisdom for Gold Medal Success: A Biographical Journey of the Late Hockey Icon Herb Brooks‹. Eagan 2006.

Chou, H. T. G., and N. Edge: »They Are Happier and Having Better Lives than I Am: The Impact of Using Facebook on Perceptions of Others' Lives«. *Cyberpsychology, Behavior, and Social Networking* 15, no. 2 (2012): 117.

Cikara, Mina, and Susan Fiske: »Their Pain, Our Pleasure: Stereotype Content and Shadenfreude«. *Sociability, Responsibility, and Criminality: From Lab to Law* 1299 (2013): 52–59.

»Hershey's Story«. The Hershey Company. June 2, 2014.

http://www.the-hersheycompany.com/about-hershey/our-story/hersheys-history.aspx.

Krasnova, H., H. Wenninger, T. Widjaja, and P. Buxmann: »Envy on Facebook: A Hidden Threat to Users' Life Satisfaction?«. 11th International Conference on Wirtschaftsinformatik (WI), Leipzig 2013.

»Reese's Peanut Butter Cups«. *Hershey Community Archives.* June 2, 2014.

http://www.hersheyarchives.org/essay/details.aspx?EssayId=29.

Kapitel 10

Barrier, Michael: ›The Animated Man: A Life of Walt Disney‹. Oakland 2008.

Breines, Juliana, and Serena Chen: »Self-Compassion Increases Self- Improvement Motivation«. *Personality and Social Psychology Bulletin* 38, no. 9 (2012): 1133–1143.

Dweck, C.: »Self-Theories: Their Role in Motivation, Personality and Development«. Philadelphia 2000.

Mueller, Claudia, and Carol Dweck: »Praise for Intelligence Can Undermine Children's Motivation and Performance«. *Journal of Personality and Social Psychology* 75, no. 1 (1998): 33–52.

Pease, Donald: ›Theodor SUESS Geisel‹ (Lives and Legacies Series). New York 2010.

Rolt-Wheeler, Francis. ›Thomas Alva Edison‹. Ulan Press, 2012. »Wally Amos«. Bio. June 1, 2014.

http://www.biography.com/people/wally-amos-9542382«awesm=~-oHt3n9O15sGvOD.

Kapitel 11

Doane, L.D., and E.K.Adam: »Loneliness and Cortisol: Momentary, Day-to-Day, and Trait Associations«. *Psychoneuroendocrinology* 35, no.3 (2010): 430–441.

Dugosh, K.L., P.B.Paulus, E.J.Roland, et al. Department of Psychology, University of Texas at Arlington: »Cognitive Stimulation in Brainstorming«. *Journal of Personality and Social Psychology* 79, no.5 (2000): 722–735.

Harris, Dan: ›10% Happier: How I Tamed the Voice in My Head, Reduced Stress Without Losing My Edge and Found Self-Help That Actually Works – A True Story‹. New York 2014.

Hof, Wim, and Justin Rosales: ›Becoming the Iceman‹. Minneapolis 2011.

Kabat-Zinn, Jon, and Thich Nhat Hanh: ›Full Catastrophe Living: Using the Wisdom of Your Body and Mind to Face Stress, Pain, and Illness‹. Revised Edition New York 2013.

Larson, R.W.: »The Emergence of Solitude as a Constructive Domain of Experience in Early Adolescence«. *Child Development*, no.68 (1997): 80–93.

Long, C.R., and J.R.Averill: »Solitude: An Exploration of the Benefits of Being Alone«. *Journal for the Theory of Social Behaviour*, no.33 (2003): 21–44.

Manalastas, Eric: »The Exercise to Teach the Psychological Benefits of Solitude: The Date with the Self«. *Philippine Journal of Psychology* 44, no.1 (2010): 94–106.

Kapitel 12

Cross, P.: »Not Can but Will College Teachers Be Improved?«. *New Directions for Higher Education*, no.17 (1977): 1–15.

Smith, Maureen Margaret: ›Wilma Rudolph: A Biography‹. Westport 2006.

Twenge, Jean: ›Generation Me: Why Today's Young Americans Are More Confident, Assertive, Entitled and More Miserable Than Ever Before«. New York 2014.

Twenge, Jean, and Keith Campbell: ›The Narcissism Epidemic: Living in the Age of Entitlement‹. New York 2009.

Zuckerma, Esra W., and John T.Jost: »It's Academic«. *Stanford GSB Reporter* (April 24, 2000): 14–15.

Kapitel 13

Duckworth, A., and M. Seligman: »Self-Discipline Outdoes IQ in Predicting Academic Performance in Adolescents«. *Psychological Science*, no. 16 (2005): 939–944.

Dyson, James: ›Against the Odds: An Autobiography‹. New York 2000.

Goldbeck, R., P. Myatt, and T. Aitchison: »End-of-Treatment Self-Efficacy: A Predictor of Abstinence«. *Addiction*, no. 92 (1997): 313–324.

Marlatt, G. A., and B. E. Kaplan: »Self-Initiated Attempts to Change Behavior: A Study of New Year's Resolutions«. *Psychological Reports*, no. 30 (1972): 123–131.

Moffitt, T., et al.: »A Gradient of Childhood Self-Control Predicts Health, Wealth, and Public Safety«. *Proceedings of the National Academy of Sciences*, 108 (2011): 2693–2698.

Mojtabai, R.: »Clinician-Identified Depression in Community Settings: Concordance with Structured-Interview Diagnoses«. *Psychotherapy and Psychosomatics* 82, no. 3 (2013): 161–169.

Norcross, J. C., A. C. Ratzin, and D. Payne: »Ringing in the New Year: The Change Processes and Reported Outcomes of Resolutions«. *Addictive Behaviors*, no. 14 (1989): 205–212.

Polivy, J., and C. P. Herman: »If at First You Don't Succeed. False Hopes of Self-Change«. *The American Psychologist* 57, no. 9 (2002): 677–689.

»Ramesh Sitaraman's Research Shows How Poor Online Video Quality Impacts Viewers«. UMassAmherst. February 4, 2013.

https://www.cs.umass.edu/news/latest-news/research-online-videos.

Ruettiger, Rudy, and Mark Dagostino: ›Rudy: My Story‹. Nashville 2012.

Tangney, J., R. Baumeister, and A. L. Boone: »High Self-Control Predicts Good Adjustment, Less Pathology, Better Grades, and Interpersonal Success«. *Journal of Personality*, no. 72 (2004): 271–324.

»2014 Retirement Confidence Survey«. *EBRI*. March 2014.

http://www.ebri. org/pdf/briefspdf/EBRI_IB_397_Mar14.RCS.pdf.

Vardi, Nathan. »Rudy Ruettiger: I Shouldn't Have Been Chasing the Money«. *Forbes*. June 11, 2012.

http://www.forbes.com/sites/nathan-vardi/2012/06/11/rudy-ruettiger-i-shouldnt-have-been-chasing-the-money/.

Dank

Viele Menschen haben mir bei der Erstellung dieses Buches geholfen.

Zunächst möchte ich mich bei Cheryl Snapp Conner bedanken, die mir dabei geholfen hat, meine Erkenntnisse über mentale Stärke zu veröffentlichen. Die Bereitschaft Cheryls hat wahrscheinlich dazu geführt, dass meine phantastische Agentin Stacey Glick auf mich aufmerksam wurde. Stacey hat von Anfang an an dieses Projekt geglaubt, und ich bin dankbar für ihre unermüdliche Hilfe.

Natürlich möchte ich mich auch bei meiner Lektorin Amy Bell und ihrer Assistentin Paige Hazzan für ihre klugen Ratschläge und Ideen bedanken.

Auch danke ich meinen Freunden und Bekannten, die mir erlaubten, sie zu interviewen, und mir ihre persönlichen Geschichten anvertrauten: Alicia Theriault, Heather Von St. James, Mary Deming, Mose Gingerich, Peter Bookman und Lindsey Turner.

Auch meiner Familie möchte ich danken, die mich sehr unterstützt hat. Ein besonderes Dankeschön geht an meine besten Freundinnen Melissa Shim, Alyson Saunders und Emily Morrison, die mich dazu ermutigt haben, auch meine persönliche Geschichte zu erzählen. Besonders hilfreich waren für mich Emilys Korrekturen und ihre redaktionelle Unterstützung. Danke auch an meine Mitarbeiter beim Health Access Network, dass sie mein Vorhaben unterstützt haben.

Ich danke meinem Mann Stephen Hasty, dem geduldigsten

Menschen, den ich kenne, dafür, dass ich dieses Buch fertigschreiben konnte. Nicht zuletzt möchte ich meinen Eltern Richard und Cindy Hunt danken, meiner Schwester Kimberley House und allen ehemaligen und heutigen Vorbildern, die mich dazu inspirieren, ein besserer Mensch zu werden.